国家社科基金丛书
GUOJIA SHEKE JIJIN CONGSHU

我国农民专业合作社规范化问题研究

Research on the Standardization of
Farmers' Specialized Cooperatives in China

马彦丽　著

人民出版社

目　　录

前　言

我国农村家庭承包经营制度的确立，为微观经济主体提供了有效的激励机制，与此同时，也将农户推到市场前沿，独自面对各种风险。但是，单个农户是弱小的，既不能有效应对市场风险，也难以应对由于非对称的市场力量而带来的利益损失，在技术引进和扩散方面的能力也有所不足。此外，随着消费者质量意识不断觉醒，单个农户难以满足农产品生产标准化和质量可追溯的要求。在此背景下，农民专业合作社作为一种将农民组织起来进入市场的制度安排，被看作促进农业发展、提高农民收入水平、促进城乡和谐发展的有效手段之一。

自《农民专业合作社法》施行以来，我国农民专业合作社数量快速增长，农民专业合作社产业类型日趋多样，合作内容不断丰富，服务能力持续增强，已成为组织服务农民群众、激活乡村资源要素、引领乡村产业发展和维护农民权益的重要组织载体，在助力脱贫攻坚、推动乡村振兴、引领小农户步入现代农业发展轨道等方面发挥了重要作用。然而，农民专业合作社快速发展的过程中也出现了比较明显的不规范现象。实践中，部分合作社出于追求“政策性收益”目标而成立，出现“一块牌子、一个章子、一张桌子”的空壳合作社，许多合作社没有开展活动；合作社呈现“大群体、小规模”特征，服务能力较弱，市场竞争力不足；合作社本质的规定性（自我服务和民主控制）发生漂移，大股东控股普遍而普通社员受益不多，出现较为明显的“名实分离”现象。

那么，是什么原因导致了农民专业合作社发展过程中的不规范现象？只有深刻认识产生问题的原因，才能进一步促进农民专业合作社的质量提升。

国内学者对我国农民专业合作社发展中“不规范”现象的关注由来已久。学者们从合作社发展的外部条件、小农户合作的集体行动困境、成员异质性与合作社的治理结构、资本控制与合作社的功能和绩效、政府规制与政府俘获等方面研究合作社异化的原因；社会学领域从社会关系嵌入、非科层选择性再分配体系中制度化进程的意外后果、农民的合作文化与传统等视角来分析合作社不规范现象，取得了丰富的研究成果。但是迄今为止，系统梳理合作社发展中的不规范现象，分析其成因和影响的研究成果还比较少。

首先，农民专业合作社发展中的不规范现象有不同的层次，不能一概而论。按照中央农办、农业农村部等 11 部门联合印发的《开展农民专业合作社“空壳社”专项清理工作方案》（2019 年），合作社的不规范问题可以概括为空壳社问题、异化问题和经营中的违法违规问题，其中经营中的违法违规问题不属于合作社特有的问题，因此合作社不规范现象的重点应该是空壳社问题和异化问题。二者相比，鉴于空壳社问题相对容易解决，又应该把重点放在影响更为深远的异化问题上。其次，从研究视角看，目前的研究成果对合作社社员异质性带来的影响关注不够。在欧美国家，纯投资者一般不能作为普通社员进入合作社，社员的异质性主要限定在成员的地理分布、经营品种、农场规模、产品质量以及农场主个人特征等差异的范围内。在我国，社员异质性突破了生产者之间的差异，纯投资者（一般是产业链上下游的企业）可以和农业生产者共同组建合作社，这是我国农民专业合作社最重要的制度特征。虽然很多学者都注意到社员异质性给合作社所有权分配带来的影响，强调应该逐步完善合作社的利益分配机制，但是针对其利益耦合的可能性的学理性分析不多，同时基于参与人视角的参与意愿分析也有所不足。实践中，我国政府一直强调合作社的核心社员应该通过“领办”合作社，使普通社员获得比不加入合作社更高的收入，为此合作社应该完善民主管理，规范盈余分配，实现核心社员和普通社员的双赢格局。然而，在社员异质性很强的情况下，二者的利益耦合的可能性有多大？在什么条件下才能实现？无论从理论分析还是从经验研究方面，都应该进一步深入探究。再次，我国政府一直采取财政、金融、税收等多种手段大力支持合作社的发展，也非常重视合作社的规范问题。作为合作社发展中重要的参与人，我国政府对合作社的支持和规制经历了哪些阶段，有哪些特征，产生了什么影响，有哪些方面需要进一步优化？要回答上述问题，需要详细梳理政府扶持规制合作社发展的法律法规、具体手段、政策思路的演变和存在的主要问题。

基于以上问题，本书的研究内容主要在集中在以下几个方面。第一，详细梳理我国农民专业合作社发展中的不规范现象。所谓空壳社，是指虽然具备法律规定的形式要件，但没有实质性业务活动的合作社。导致空壳社现象的原因主要有政绩考核压力催生、为追求政策性收益盲目注册、因经营不善导致停止运行等。清理整顿空壳社的主要障碍在于甄别困难、退出程序复杂和发起人主动清理的积极性不够等。清理整顿空壳社需要普及有关空壳社问题的相关法律知识，加强空壳社甄别工作，出台快捷的合作社注销程序，方便现有空壳社退出。“所有者与惠顾者同一”是判断合作社是否异化的标准，有大量文献基于案例研究或者基于较大面积的问卷调查评估合作社的异化程度。实践中，有些合作社采取多种手段模糊合作社的异化问题，如模糊合作社的社员资格边界、用“N个统一”淡化社员参与不够问题、错误理解“按惠顾额返还盈余”的概念、混淆领办企业、合作社和社员的资产和收入，用难以证实的数据夸大合作社的服务成效等。对待合作社的异化的态度也有“包容论”和“规范论”之分，本书认为应该重视合作社的规范发展，防止不规范合作社挤占规范合作社的发展空间。

第二，采用汉斯曼的企业所有权分析框架，分析由异质性社员组建的合作社难以规范的原因。由核心社员（运销商、涉农企业等）领办合作社的实质是由纯投资者和惠顾者共有合作社。按照汉斯曼的企业所有权分析框架,投资者与惠顾者共有合作社会导致很高的所有权成本,违背了企业所有权配置的基本规律,这是“领办型”合作社难以“规范”的根本原因。国内外合作社发展经验和典型案例表明:首先,农业合作社大多出现在社员利益一致性较高、比较容易协调的领域;其次,合作社一直朝着提高社员间利益一致性的方向进行制度创新;再次,从美国的经验看,将纯外部投资者引入合作社的“有限合作社”模式创新是失败的;最后,国内某农机合作社的发展案例表明,如果不能降低社员间的异质性,即使是事先设计好的、被认为非常规范的公司领办的合作社也可能会走向异化。以上经验都支持保持社员利益一致性是合作社可持续发展的必要前提。

第三,基于参与人视角考察纯投资者社员和惠顾者社员利益耦合的可能性。研究从两个方向进行:一是基于对合作社社员的调查数据,分析社员的合作社参与行为与影响因素;二是基于对合作社理事长的调查数据,了解合作社理事长对激发普通社员的参与行为的认识、态度和影响因素。研究发现,合作社普通社员的资本参与、业务参与和管理参与的水平都比较低,影响社员参与行为的因素主要是“是否核心社员”和社员对合作社作用的正向认知。缓解合作社被大股东控制的问题需要合作社的理事长具有提高社员有效参与的行为意向。研究发现,理事长的行为目标、态度和知觉行为控制均对其分享合作社事务参与权有正向影响,知觉行为控制还可通过行为态度对行为意向产生间接正效应;由于现实中政策、法规等指令性规范的实施力度对理事长的约束力较弱,理事长的主观规范对行为意向没有显著效应。同样是社员参与的可能性问题,普通社员和理事长对这一问题的认识有明显不同,这一问题值得进一步深入研究。

第四,详细梳理了我国政府对合作社的扶持和规制政策,从规制失灵的角度探讨我国农民专业合作社出现不规范现象的原因。本书认为,目前我国已经建立了较完备的合作社法律体系和政策框架,一方面通过税收优惠、财政补贴、金融支持等手段支持合作社的发展，另一方面也通过法律约束规范合作社的财务工作，引导农民专业合作社的章程制定，完善农民专业合作社监测制度等来规范合作社的发展。示范社建设是我国规范和壮大农民专业合作社的重要手段，目前不仅形成了国家、省、市、县四级示范社体系，还推出了比较规范的示范社统一评定和监测体系，在合作社规范发展中发挥了重要作用。整体看，《农民专业合作社法》立法还存在进一步优化的必要性，已有法律、制度、章程等落实力度还需要加大，对已有合作社的监测和评价制度应该进一步完善，示范社评比制度的技术缺陷和制度困境也需要进一步改进。

尽管本书的研究实现了一些突破，但是限于研究条件、研究方法和本人学识和能力等原因，仍然存在诸多缺陷和不足。当前，规范发展和质量提升是我国农民专业合作社发展中的主要问题，必然受到学者们的持续关注。本书抛砖引玉，一方面希望同行斧正，另一方面希望有更多的成果涌现出来。本书的写作得到国家社会科学基金"基于参与人行为视角的农民专业合作社'内卷化'问题研究"（13BJY104）、"政府支持对农民专业合作社发展的影响与政策调适研究"（20BJY134）的资助。本书出版还获得河北经贸大学现代商贸服务业研究中心、"双一流"应用经济学科、河北省城乡融合发展协同创新中心、河北经贸大学学术著作出版基金资助。本书主体由马彦丽教授执笔，同时特别感谢孙大合副研究员和孙永珍副教授、孙玉竹副教授所做的贡献，感谢研究生王赛赛、钟美艳、李岳垚、姜文、胡志鹏、孙慧的辛苦付出，感谢人民出版社柴晨清博士所做的大量工作。

马彦丽

2024 年 5 月 14 日

第一章　导　论

第一节　写作背景与问题提出

一、写作背景

在家庭承包经营背景下，我国政府对通过发展农民专业合作社提高农民的组织化程度寄予厚望。自《中华人民共和国农民专业合作社法（2007 年）》（以下简称《农民专业合作社法》）施行以来，在政府的大力支持下，我国的农民专业合作社数量迅速增长。根据“浙大卡特-企研”农民专业合作社数据库，截至 2021 年底，经市场监督管理局注册登记的合作社共计 241.9 万家，平均每个行政村拥有 5 家以上的合作社；登记在册的社员人数 6682.8 万，占全国农户总数的 50%左右。合作社产业类型日趋多样，合作内容不断丰富，服务能力持续增强，已成为组织服务农民群众、激活乡村资源要素、引领乡村产业发展和维护农民权益的重要组织载体，[①]在助力脱贫攻坚、推动乡村振兴、引领小农户步入现代农业发展轨道等方面发挥了重要作用。

---

① 参见中国政府网：《中央农办副主任、农业农村部副部长就〈关于开展农民合作社规范提升行动的若干意见〉答记者问》，https://www.gov.cn/zhengce/2019-09/05/content_5427681.htm。

然而,在合作社迅速发展的同时,其发展中的不规范现象也引起研究者的重视。实践中,一些合作社出于追求"政策性收益"目标而成立,出现"一块牌子、一个章子、一张桌子"的空壳合作社;①农民合作社发展起步晚、时间短,发展基础仍然薄弱,呈现"大群体、小规模"特征,服务能力不强,市场竞争力不足;②合作社质的规定性(自我服务和民主控制)发生漂移,③出现"名实分离"的现象,④大股东控股普遍,普通社员的经济参与不足,⑤一些社员仅仅具有合作社成员的身份,却无法享受组织成员理应享有的身份权利,背离了合作社的发展宗旨。⑥

我国政府很早就注意到合作社发展中的不规范现象,并采取措施加以引导。首先,配合《农民专业合作社法》的施行,出台了一系列法规、条例、章程等,建立了较为完整的合作社规制法律体系。其次,以示范社建设为抓手,引导合作社规范运行。早在 2009 年,示范社建设就被写入中央"一号文件",目前已经建立了较为完善的国家、省、市、县四级示范社体系。第三,不断完善对合作社的监测体系。2013 年颁布了《国家农民专业合作社示范社评定及监测暂行办法》,成立了合作社发展部际联席会议,实行有进有出的示范社监测制度。2014 年,国家工商行政管理总局颁布《农民专业合作社年度报告公示暂行办法》,实行农民专业合作社年报制度,将监测对象拓展到全体合作社。

然而,以上举措未能全面遏制合作社发展中的不规范现象。2018 年 11

① 参见苑鹏、曹斌:《"空壳社"的解题思路》,《决策》2020 年第 Z1 期。

② 参见张羽:《农民合作社呈现"大群体小规模"特征》,《新京报》2019 年 4 月 19 日。

③ 参见黄祖辉、邵科:《合作社的本质规定性及其漂移》,《浙江大学学报(人文社会科学版)》2009 年第 4 期。

④ 参见熊万胜:《合作社:作为制度化进程的意外后果》,《社会学研究》2009 年第 5 期。

⑤ 参见邵科、徐旭初:《合作社社员参与:概念、角色与行为特征》,《经济学家》2013 年第 1 期。

⑥ 参见赵晓峰、付少平:《多元主体、庇护关系与合作社制度变迁——以府城县农民专业合作社的实践为例》,《中国农村观察》2015 年第 2 期;肖荣荣、任大鹏:《合作社资本化的解释框架及其发展趋势——基于资本短缺视角》,《农业经济问题》2020 年第 7 期。

月,《半月谈》发表《80%以上合作社沦为空壳?乡村振兴莫让形式主义带歪》一文,将一直以来业内不断讨论的空壳社问题和合作社的异化问题推到公众面前,产生很大反响。2019 年 2 月,中央农办、农业农村部等 11 部门联合印发了《开展农民专业合作社“空壳社”专项清理工作方案》,计划在年度内全面清理整顿空壳社;同年 9 月又印发了《关于开展农民合作社规范提升行动的若干意见》,以“运行管理制度更加健全,民主管理水平进一步提升,成员权利得到切实保障,支持政策更加完善”为核心内容,部署农民合作社规范提升行动。此外,农业农村部于 2018 年、2019 年、2021 年先后发布通知,开展农民合作社质量提升整县推进试点工作,目前已经有三批 406 个县级单位被纳入试点范围。规范发展成为当前农民专业合作社发展的主基调。

二、问题提出

正确认识农民专业合作社发展中的“不规范”现象及其成因,对促进我国农民专业合作社的健康发展具有重要意义。合作社不是唯一的能够提高农户组织化程度的组织形式,可能也不是最有效率的组织形式,之所以在大多数国家都受到政府重视和支持,是因为它是社员所有、社员控制和社员受益的组织。合作社不仅追求更高的经济目标,还追求自助、互助、民主、可持续发展等社会目标,在很多领域成为弱小者抱团取暖的武器。然而,政府支持的是真正的合作社,不是异化的合作社。当前,全球化加速带来的竞争压力增强,国际上出现较为普遍的合作社制度变迁,部分合作社公司化、股份化的倾向增强,一些合作社甚至转变为投资者所有的企业(Investor-owned Firms,IOFs),即使如此,在合作社和非合作社之间也有较为清晰的界限和不同的法律地位,是不同类型的经济组织。在我国,合作社的“不规范”现象之所以引人担忧,是因为其不仅起了错误的示范作用,而且挤占了真正的合作社的发展空间,导致政策资源的错配,从长期看可能损害我国农民专业合作社的发展基础。事实上,非合作社的农民组织或者企业同样有自己的发展空间,而且在我国的各类经营主体中占主体地位。如果成员更重视自我的投资者身份而不是惠顾者身份,可以引导其按照公司法注册为普通的公司,而不是作为"不规范"的合作社继续存在。正视合作社发展中存在的不规范现象,研判合作社异化的程度,明确其产生的原因,是促进我国合作社"规范化"的前提。

本书关注我国农民专业合作社发展中出现不规范现象的原因,是合作社本身制度安排的缺陷,还是现行法律法规及其落实存在不足?政府部门的规制政策有没有优化空间?当前我国是否存在适于合作社规范发展的内外部环境?对以上问题的回答可以为有关部门进一步优化促进农民专业合作社的规范提升的相关政策提供参考依据。

第二节　概念界定和研究范围

一、概念界定

本书的研究对象是农民专业合作社发展中的不规范现象。

根据《农民专业合作社法(2007 年)》,"农民专业合作社是在农村家庭承包经营基础上,同类农产品的生产经营者或者同类农业生产经营服务的提供者、利用者,自愿联合、民主管理的互助性经济组织"。① 农民专业合作社依照《农民专业合作社登记管理条例》(2007 年 7 月 1 日起施行),在(原)市场工商行政管理部门注册成立。②

① 2017 年《农民专业合作社法》修订,去掉了"同类"二字,扩展了农民专业合作社的社员范围。中国的《农民专业合作社法》界定的合作社范围较窄,前文提到的其他几个合作社概念均涵盖了除"农业合作社"外的其他合作社。如 UWCC 的合作社分类中包括:营销合作社、消费合作社、购买合作社、农业投入品合作社、工人合作社、利益相关团体(Multi-stakeholder)合作社等;中国台湾的合作社法中则包括了生产、运销、供给、利用等十二种类型的合作社。——笔者注。

② 《中华人民共和国市场主体登记管理条例》和《实施细则》于 2022 年 3 月 1 日起施行,《农民专业合作社登记管理条例》(2007 年 7 月 1 日起施行)同时废止。——笔者注。

农民专业合作社发展中的不规范现象主要指合作社发展中的空壳社现象和异化现象。所谓空壳社，是指虽然具备法律规定的形式要件，但没有实质性业务活动的合作社，表现为没运行、没收入、没分配。① 所谓异化的合作社，是指在实践中，合作社偏离了“惠顾者所有”的质性底线，合作社往往由发起企业或大股东控制，普通社员的利益不能得到改善。

二、研究范围

我国农民合作事业的发展历史曲折，出现了类型多样的含有“合作”之意的组织。从计划经济时期的初级社、高级社、人民公社、供销合作社、信用合作社，到改革开放以后出现的农村社区合作组织、农村专业技术协会、农产品行业协会、股份合作社、土地股份合作社、农民专业合作经济组织、农民专业合作社等，再到村集体经济产权制度改革之后出现的村集体（股份）合作经济组织，这些组织均有“合作”之意，但在其起源和性质上均具有很大差别。如果把具有“合作”性质的组织当作“农民专业合作社”，会使理论研究中合作社的概念被“泛化”。因此需要逐一剖析不同类型“合作”组织的特征，界定本书的研究范围。

（一）不同类型合作组织的性质辨析

1. 计划经济时期的三大合作经济体系

新中国成立初期，适应计划经济体系的建立，在农村逐步建立了生产、供销和信用三大合作体系。其中，生产合作体系已经退出历史；信用合作社逐步向商业性质的金融机构转型，其合作属性逐步弱化；供销合作社本身难以恢复组织上的群众性和管理上的民主性，但是作为深耕农村的经济组织，各地基层供销社领办了一批农民专业合作社。

---

① 参见何慧丽：《合作社如何“不空壳”》，《人民论坛》2019 年第 4 期。

（1）互助组、初级社、高级社和人民公社

新中国成立初期，农业劳动生产率低下，农民普遍缺乏役畜、生产工具和劳动力，此时组成的互助组、初级社具有农民合作社的雏形，对当时恢复生产、促进经济健康发展都起到重要作用。但随着合作形式不断升级，农业生产资料的个人所有转变为集体所有，农民失去了自由进入退出的权利，也失去了生产决策权，[①]成员之间平等自主的契约关系和受到严格保护的财产权利受到破坏，[②]在此基础上成立的高级社、人民公社不再是生产者的自愿联合组织，因此，它们不是本书所研究的农民专业合作社。应瑞瑶指出，迄今为止，在我国的一些政策文件和一些人的观念上，一直把传统集体经济等同于合作经济，甚至把合作社定义为“土地和劳动者的联合”，这种观念显然受到了计划经济体制下生产合作论的影响。[③]

（2）供销合作社和信用合作社

供销合作社最初是按照传统的合作社原则组建起来的，吸收农民入股，民主管理，按交易额分红。但是在之后的发展中，随着“两社”转变为集体所有制甚至公有制，逐渐失去了农民合作社的性质，转变为农村基层的“官办”机构。20世纪80年代以来，供销合作社历经改革，试图恢复“三性”，即组织上的群众性、管理上的民主性和经营上的灵活性。但现实状态是，供销社最终所有者（即投资者主体）缺位，“名义上是明确的最终所有权，实际上根本无法落实”，[④]很难再恢复合作社的群众性和管理的民主性，不符合本书所讲的农民

---

① 参见林毅夫、沈明高：《我国农业技术变迁的一般经验和政策含义》，《经济社会体制比较》1990年第2期；林毅夫：《90年代中国农村改革的主要问题与展望》，《管理世界》1994年第3期。

② 参见王曙光：《农民合作社的全要素合作、政府支持与可持续发展》，《农村经济》2008年第11期。

③ 参见应瑞瑶：《合作社的异化与异化的合作社——兼论中国农业合作社的定位》，《江海学刊》2002年第6期。

④ 参见徐旭初、黄祖辉：《转型中的供销社——问题、产权与演变趋势》，《浙江大学学报（人文社会科学版）》2006年第3期。

专业合作社定义。但需要注意的是，在新一轮的合作社发展热潮中，供销合作社利用自己服务农村的人才、资本、市场和网点优势，带头组建了一批农民专业合作社，这类专业合作社与乡村的能人、大户、龙头企业领办的合作社一样，属于本书的研究范畴。①

与供销合作社类似，我国的农村信用合作体系一开始是按照合作原则举办，由农民入股，实行社员民主管理，主要为社员提供金融服务。但是在公社管理时期，信用合作社的管理权经过多次变更，由民办民管走向官办官管，服务范围脱离了社员群众，入股社员失去了管理权，信用社的合作属性逐渐弱化。② 改革开放以来，信用合作社试图通过改革回归合作制，但是依照合作金融必备的自愿性、民主管理性、互助合作性三原则来考量，改革并不成功。③ 2003 年 6 月，国务院颁发了《深化农村信用社改革试点的方案》，要求加快农村信用合作社管理体制和产权制度改革，把信用社逐步办成社区性地方金融机构，从国家层面明确了农村信用社转向社区性地方金融机构，逐渐弱化了合作金融的性质。

2. 改革开放以后出现的农民合作经济组织

改革开放以来，"合作组织"的类型日益多样化。本书根据合作社赖以形成的基础（社区/专业）差异，将其分为农村社区合作组织和农民专业合作经济组织。其中，社区合作社以地缘为基础，社员资格主要基于其集体经济组织的资格权天然取得；专业合作经济组织以业缘为基础，是农民为了共同的利益目标，自愿组织起来，为成员服务的经济组织。此外，我国的农民专业合作经

---

① 2015 年 3 月，中共中央、国务院发布《关于深化供销合作社综合改革的决定》，提出供销合作社要坚持为农服务根本宗旨，强化基层社合作经济组织属性，领办创办农民专业合作社。2023 年中央"一号文件"进一步提出持续深化供销合作社，推动政事分开、社企分开，改革的道路还在探索中。——笔者注。

② 参见罗剑朝、张珩：《农村信用社发展现状及改革方向》，《人民论坛》2023 年第 21 期。

③ 参见易棉阳、陈俭：《中国农村信用社的发展路径与制度反思》，《中国经济史研究》2011 年第 2 期。

济组织还可以以《农民专业合作社立法(2007)》施行为界限，在此之前被称为农民专业合作经济组织，之后则正式称为农民专业合作社。

(1)农村社区合作组织

早期的农村社区合作组织主要作为人民公社制度被废除以后的社区合作遗产而存在，存在许多不同叫法，有村经济联合社、社区股份合作社、社区土地股份合作社等。"村经济联合社"是"统分结合、双层经营"体制的组织载体，①但是，由于村庄集体经济的萎缩，这类组织在很多地方都不能发挥应有的功能。早期的"社区股份合作社"、"社区土地股份合作社"主要出现在少数经济发达地区以及大城市的城乡接合部，一方面在工业化进程中农民逐渐失去了耕地，另一方面在原来土地上建立起来的村集体工商业收入十分丰厚，村集体用这笔收入为村民提供公共设施、教育和福利保障以及红利，村民以土地入股，对集体工商业实行某种形式的民主管理。② 这类社区合作社被认为是在特定条件下主要由工业化、城市化带来的土地增值收益所诱致的，是一种过渡性的制度安排，③其所有权安排上的主要特点是从"共同共有"到"按份共有"，体现了社区组织明晰产权的努力。④

21 世纪以来，我国东部一些二三产业发达的地区陆续出现一些以追求农业规模经营为主要目标的社区土地股份合作组织。⑤ 之后，传统农区的土地

① 参见赵铁桥：《对社区合作社若干问题的认识》，《中国农村经济》1991 年第 10 期。

② 当时影响力较大的社区股份合作经济组织有广东佛山的南海模式，上海的昆山模式，山东的周村模式等。以山东淄博的周村模式为例，周村区集体经济发达，在实行家庭承包经营制度后，首先需要解决原来属于集体的乡镇企业的政企不分、产权不清问题。周村区长行村首先引入股份制，对村集体财产进行清产核算，折股量化到人，然后合作起来，实行民主管理，一人一票与一股一票相结合、按资分配与按劳分配相结合，以及在税后利润中提取一定比例的不可分割的公共积累等。——笔者注。

③ 参见王小映：《土地股份合作制的经济学分析》，《中国农村观察》2003 年第 6 期。

④ 参见解安、朱慧勇：《股份合作制的治理机制及其创新实践——西班牙蒙德拉贡合作社的借鉴与启示》，《中共浙江省委党校学报》2016 年第 5 期。

⑤ 参见冀县卿：《企业家才能、治理结构与农地股份合作制制度创新——对江苏渌洋湖土地股份合作社的个案解析》，《中国农村经济》2009 年第 10 期；参见陈会广、钱忠好：《土地股份合作制中农民土地财产的剩余权与退出权研究》，《中国土地科学》2011 年第 7 期。

资源利用制度创新提上日程。贵州六盘水、安顺，安徽宿州的“三变”（即资源变资产、资金变股金、农民变成股东）和四川崇州的“土地股份合作社+农业职业经理人+农业综合服务”模式备受瞩目。2016年，中共中央、国务院发布《关于稳步推进农村集体产权制度改革的意见》，确立股份合作制作为农村集体产权的改革方向。2016年12月，中共中央、国务院联合下发《关于稳步推进农村集体产权制度改革的意见》，要求在清产核资、确定村经济组织成员的基础上，明确成员股权，成立村集体（股份）经济合作社。农村集体经济组织作为特别法人，通过登记赋码明确了市场主体地位。到2021年底，这项工作在全国范围内基本完成，村集体（股份）经济合作社的发展壮大正提上日程。

虽然在很多时候农村社区合作组织被称为“（股份）经济合作社”，但按照本书的判断标准，这类组织属于村集体经济组织的制度遗产或者再创新，不在本书研究的农民专业合作社范围内。首先，这类组织的成员资格由于村民是村集体的一员而天然取得，进入和退出都存在壁垒，不符合农民专业合作社社员资格开放的原则。其次，上述经济组织所经营的业务与农民的生产经营活动没有必然的联系，农民虽然从集体组织中受益，但并不一定是该组织业务的主要惠顾者。从这两个方面来看，上述“农村社区合作组织”均不在本书研究范围之内。

（2）农民专业合作社

在《农民专业合作社法（2007年）》颁布以前，“农民专业合作经济组织”涵盖了一系列当时出现的具有合作性质的专业组织，包括农村专业技术协会和以农业专业化生产为基础的股份合作社、农产品行业协会等。农村专业技术协会是社团组织，不是经济实体，当然也不是合作社，但有些专业技术协会经济功能活跃，在合作社法颁布以后转而注册为合作社。农业股份合作社是合作社，但是倾向于强调股本的贡献，有被大股东控制出现异化的可能。农产品行业协会一般由同一产业内的工商企业组成（也常常包括一些生产规模较大的农户），它一方面作为企业和政府的中介，争取政府的政策支持；另一方面通过行业自律协调各成员的生产经营行为，并向成员提供技术、信息、共同开拓市场等服务；农产品行业协会是社团组织，有自己的发展空间，不能与合作社混为一谈。但是，也有一些“农产品行业协会”实际上开展经营业务，并为社员提供服务，在合作社法颁布以后，一部分“农产品行业协会”也注册为农民专业合作社。以上组织中注册为农民专业合作社的组织都在本书的研究范围之内。

(3)以农地流转和规模经营为目标的农地股份合作社

农地股份合作社也被称为“土地托管合作社”“土地流转合作社”，是近年在全国发展较快的一种合作组织，目标是促进农户土地流转，实现规模经营。其运作模式主要有两种：一种是农民以土地承包经营权入股，成立农地股份合作社，将集中起来的土地统一整理，然后租赁给从事农业生产经营的专业公司和种植大户经营，农户获得租金，或者是“保底收益+按股分红”，公司或大户根据需要聘用部分入股农民打工。另一种是农户将土地承包经营权流转到合作社，合作社统一经营，并组织有劳动力的农民在合作社参加劳动，社员获得“保底收益+按股分红”，参加劳动的社员还获得工资收入。上述土地流转模式对整合农地和劳动力资源、引进工商资本以及提高农业收益起到很好的作用。

上述“土地股份合作社”合作社中，前一种本质上是一个土地流转平台，后者则是一个租赁土地进行农业生产的大户、家庭农场或农业企业，所谓的合作社社员不再是独立的生产者，也不是合作社服务的利用者，不再是所谓“规范”的合作社。有研究者建议将土地股份合作社社员的“惠顾”做扩展性解释，用以扩大“农民专业合作社”的涵盖范围。具体讲，是将惠顾分为直接惠顾和间接惠顾，前者是指成员以其自己生产的产品(服务)进行投售(专业合作社就是如此)，后者是指成员以其自己拥有的基本生产要素(如土地、资本)进行委托生产并进行投售。据此，或许可以将合作社分为业务惠顾型合作社与要素惠顾型合作社，这样就可以把社员的要素投入理解为惠顾，将这类合作社包含到农民专业合作社的范畴内。① 但是，概念和分类体系的重要属性在于其较强的本体性，或者说每一个概念和分类体系对应的都是外延和内涵较为确定的实体性的存在。② 扩大“惠顾”的内涵固然可以扩大合作社的范围，但是也会导致合作社本身虚无化，并使合作社研究失去基础。所谓的要素惠顾型合作社很难与投资者所有的股份制企业区别开来。徐旭初提到土地股份合作社与普通的股份制企业的区分问题，认为二者的主要区别在于合作社实行“一人一票”，而普通的股份制企业是典型的资合组织，实行“一股一票”。③ 但是，实践中，土地股份合作社社员一般只获取土地出租收入，④与所谓的“农地股份合作社”是一般的市场交易关系，并不介入合作社的治理，既没有“一股一票”，也没有“一人一票”。离开这一现实讨论“人合”与“资合”的差别是没有意义的。

综上所述，实践中很多土地股份合作社可能不是所谓“规范”的合作社，但是本书仍将其纳入研究范围，一是因为很多土地股份合作社都是依据《农民专业合作社法》登记成立的；二是因为本书本来就在研究农民专业合作社发展中的不规范现象，即使其不规范，也不影响本书对这一类合作社的关注。⑤

（4）农机服务合作社

农机服务合作社是由农户根据自身需求而联合起来的共享机械服务收

① 参见徐旭初：《如何看待没有“惠顾”的惠顾问题》，《中国农民合作社》2018 年第 8 期。

② 参见赵鼎新：《社会科学研究的困境：从与自然科学的区别谈起》，《社会学评论》2015 年第 4 期。

③ 参见徐旭初：《如何看待没有“惠顾”的惠顾问题》，《中国农民合作社》2018 年第 8 期。

④ “保底收益+按股分红”既反映了土地入股农户的风险意识，也说明这种“股份合作制”其实更多地具有租赁或流转的成分（徐旭初，2019）。实践中，有二次分红的土地股份合作社很少，即使有，分红的金额也很小。马彦丽（2019）认为，基于交易成本分析以及合作社的治理结构特征，农地股份合作社固定租金契约优于分成契约，这是实践中分成契约被固定租金契约广泛替代被广泛替代的原因所在。——笔者注。

⑤ 还需要注意土地股份合作社和社区股份合作社的区别。社区股份合作社是全体村民以村民资格天然成为社员的，不存在进入问题，并且退出困难，其目标是集体财产确权和经营管理；对于农业区的土地股份合作社，农户原则上可以加入，也可以不加入，主要的目标是实现土地流转和规模经营。——笔者注。

益、共担机械成本的经济组织。[①] 实践中,根据农机服务合作社和土地结合的松紧程度,可以分为松散结合模式和紧密结合模式。松散结合模式是指农机服务合作社不经营耕地,合作社仅通过提供机械化服务取得收益,具体包括单环节作业、半托管和全托管方式,农户享受最终农产品增值收益。紧密结合的模式主要是指农户以土地作为股份,或者通过流转经营权的方式参与入社,由合作社统筹规划农机作业,日常管理,农产品收益也由合作社统一分配。

对照农民专业合作社的定义,大多数农机服务合作社也不是严格意义上的农民专业合作社。在农机服务合作社与土地的松散结合模式中,农机服务合作社更倾向于是"农机手合作社",农机手携带自己的机械加入合作社,由合作社统一协调农机服务作业,但是合作社和农户之间一般是市场交易关系。农机服务合作社通常把这些农户算作自己的社员,但实际上他们仅仅是惠顾者,而不是所有者。在紧密型农机服务合作社中,合作社更倾向于租种农户的土地,他们更像是大户、家庭农场或者农业企业。由于农机服务合作社一般按照农民专业合作社注册成立,虽然不规范,但是也在本书的研究范围之内。

(二)合作社类型归纳和研究范围的确定

对我国各类农民合作组织的历史沿革以及性质进行简要归纳,如图 1-1。可以看到,本书关注的农民专业合作社不包括农村社区合作组织、供销合作社、信用合作社、农产品行业协会等,仅仅是《农民专业合作社法》施行以后,按照《农民专业合作社登记管理条例》登记注册的合作社,如图 1-1 中阴影部分所示。

需要注意的是,农民专业合作社涵盖的范围是不断拓展的。2007 年的《农民专业合作社法》定义的农民专业合作社是一个较窄的概念,该法将社员

---

① 参见张梅、杨志勇、高志杰:《农机合作社的管理机制和模式——来自法国和加拿大的经验》,《世界农业》2016 年第 2 期。

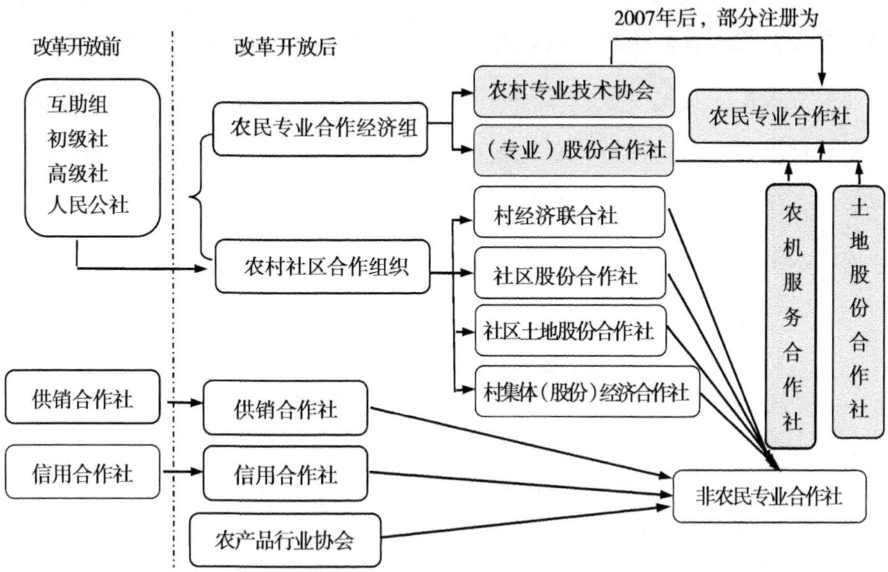

图 1-1 各类农民合作组织的识别与判定

限定在"同类农产品的生产经营者或者同类农业生产经营服务的提供者、利用者"，主要业务是"提供农业生产资料的购买，农产品的销售、加工、运输、贮藏以及与农业生产经营有关的技术、信息等服务"。在丰富的实践中，合作社的经营范围从单纯的生产服务扩展到信用合作，从农业生产领域扩展到第二第三产业，信用合作社、手工业者合作社、乡村旅游合作社（有的地方叫作民宅合作社）都有所发展。在分工和专业化程度不断提高的基础上，还出现了专业性很强的单一功能的合作社，例如农机服务合作社、农业用水合作社等；一些地方出现了以地缘为基础的号称生产、供销、信用"三位一体"的综合性合作社；此外，合作社联社不断涌现，起到越来越重要的作用，而且成为政府鼓励的发展方向。为了将新的合作社类型纳入合作社范围，官方对合作社的表述中开始去掉"专业"二字，称为"农民合作社"，①但是，2017 年 12 月修订的

① 2013 年中央"一号文件"首次使用"农民合作社"概念，一些地方的合作社条例和细则也沿用了"农民合作社"的概念。——笔者注。

《农民专业合作社法》仍然保留了“专业”二字，但取消了“同类农产品的生产经营者或者同类农业生产经营服务的提供者、利用者”中的“同类”二字，同时以列举方式扩大农民专业合作社的服务类型，将农村民间工艺及制品、休闲农业和乡村旅游资源的开发经营等新型农民专业合作社，以及农机、植保、水利等专业合作社纳入进来，拓展了农民专业合作社的调整范围。上述各种合作社均在本书的研究范围之内。

第三节　创新之处

第一，从合作社的基本概念、遵循的原则出发，讨论农民专业合作社的判定和识别标准。详细梳理了我国各类合作经济组织的历史渊源和演进过程，明确农民专业合作社的性质规定并界定其范围，将有“合作”之意但非“合作社”的组织与农民专业合作社区别开来。分析了对合作社发展中不规范现象的“包容论”和“规范论”的分歧和共识。

第二，基于汉斯曼的企业所有权分析框架，论证了投资者与惠顾者共有合作社的不可能性，并从正反两个方向予以经验验证。本书认为，当制度设计者允许农业生产经营服务的提供者、利用者共同组建合作社时，应该充分考虑到社员异质性对合作社所有权成本的影响。社员间异质性程度提高是投资者和惠顾者之间难以建立紧密的利益联结的根本原因，应该针对社员异质性高的现实来创新制度设计，实现合作社的规范发展。

第三，从参与人行为的视角研究我国农民专业合作社“内卷化”问题。一方面基于合作社社员问卷，在已有对农户入社意愿和行为的研究的基础上，在参与者行为的度量、可能的影响因素、样本选择和数据收集方面均有所改进；另一方面合作社理事长提高社员有效参与的行为意向研究，进一步丰富了这一领域的研究成果。一个有趣的发现是：合作社普通社员与合作社的领办者对什么是合作社以及社员参与行为的认识落差很大，普通社员普遍积极性不高,而理事长眼中的合作社则是规范运行、合作社带动能力不断提高。对这一问题的深入研究,特别是加强对已入社社员行为的研究是未来重要的研究方向。

第四,详细梳理了我国政府对合作社的法律体系、扶持手段和示范社建设政策,并以历年中央"一号文件"为基础,梳理了我国政府合作社扶持政策的演变。

第二章　理论基础和研究综述

第一节　理论基础

一、交易费用理论

在新古典经济学家那里，交易费用被视为市场经济中的噪音，引进交易费用使漂亮的经济学模型复杂化，只有消除噪音，才能孤立出经济中真正变数和被变数之间的关系。然而，新古典的经济学家虽然发展了优美的经济学模型，但对经济生活中一些常见的现象缺乏解释力。一个非常令人迷惑的问题是，假定市场可以有效地配置资源，为什么还会存在企业？将交易费用引入经济学分析是新制度经济学家的贡献。

科斯(Coase R.H.)开创性地提出交易费用理论，用来解释市场和企业的边界。科斯认为，市场和企业是两种可以相互替代的资源配置方式，前者利用价格机制引导资源的配置，后者则用长期契约替代短期契约，用内部命令来替代价格机制。在市场中订立交易契约需要耗费各种成本，包括搜寻获得商品及价格信息的成本、议价成本、签约和决策成本、监督交易的成本以及违约索赔的成本。企业作为市场的替代物，通过内部的科层结构的协调替代市场的价格机制协调，可以节约市场交易费用。但企业运行本身也需耗费成本，因此企业的规模不可能无限扩大。当在企业内部组织一笔额外交易的成本等于在公开市场上完成这笔交易所需的成本，或者等于由另一个企业家来组织这笔交易的成本时，就确定了企业的边界。①

在科斯之后，研究者继续深究交易费用产生的原因及其对企业的边界的影响。威廉姆森（Williamson O.E.）认为，交易费用可以分为两部分：一是事先的交易费用，即为签订契约、规定交易双方的权利、责任所花费的费用；二是签订契约后，为解决契约本身所存在的问题，从改变条款到退出契约所花费的费用。交易费用的存在取决于三个因素：有限理性、机会主义和资产专用性。机会主义是指狡诈地追求利润的利己主义，资产专用性指耐用人力资产或实物资产在何种程度上被锁定于某一特定的贸易关系。倘若有限理性、机会主义和资产专用性这三个因素不是同时出现的话，交易费用就不会出现。为了节约交易费用，除市场治理外，经济中还出现了各种各样的治理结构，如投资者所有的企业、合作社、特许权、专利权、企业联盟等。那么采取什么样的治理结构为好呢？交易成本理论认为，一种经济组织的组织形式或治理结构反映了在特定的环境条件下该组织试图使生产和交易成本之和最小化的努力。在给定环境下可以最大限度地减少这些成本的组织形式将成为该领域内处于优势地位的组织形式。②

张五常进一步将科斯的理论一般化。他认为，企业和市场都是一种契约，前者是要素契约，后者是商品契约。当要素所有者为取得收益而在交换中通过契约放弃其投入要素的有限使用权后，他将受“看得见的手”，而不是价格机制这只看不见的手的指挥。当这种契约形式增加时，产品市场就会减少。张五常认为，要素所有者之所以会选择企业这种契约安排，主要是基于以下四个一般的理由：第一，可以减少缔约数量。企业替代市场，就是“一份契约取

① Coase R.H.，“The Nature of the Firm”，*Econmica*，1937，4（16）.

② Williamson O.E.，“The economics of organization：The Transaction Cost Approach”，*American Journal of Sociology*，1981，87（3）.

代一系列的契约”。第二，可以减少熟悉一种产品的信息费用。第三，可以减少考核的费用。企业可以用“代理人”考核来避免对各种投入活动的直接考核。第四，可以减少计酬的费用。企业取代市场的程度，应该是由取代引起的代理费用边际增量等于定价费用边际减量为宜。①

与投资者所有的企业相比，组建合作社有利于将与农民之间的市场交易成本内部化。在与农民的交易中，农业合作社更有利于节约由于不完全和非对称信息以及资产专用性的存在所产生的交易费用，这是农民组建合作社的主要动机，因此交易费用理论对理解合作社的产生和发展非常重要。

二、企业所有权分配理论

企业所有权分配的重要性源自契约的不完全性。现代企业理论把企业视为一系列契约的组合，是个人之间交易财产权的一种方式，产权交易的结果就形成了企业所有权。企业的所有权包括企业的剩余索取权和剩余控制权。企业剩余的存在是企业的契约不完全性（或不完备性）的内生特征，它可以用不确定性以及由此导致的交易成本来解释。由于契约是不完全的，契约双方的行动和支付通常只能在事后才能确定，所以谁拥有剩余索取权就变得至关重要。②

从帕累托效率的角度讲，企业所有权的分配应当使企业所有权成本最小或效率最高。从这一点出发，现代企业理论从不同的视角来解释企业所有权的分配问题。归纳起来，有以下几类解释框架：

1. 间接定价理论：剩余索取权应当由定价成本过高的要素的所有者获得。

---

① Cheung S.N.S.，“The Contractual Nature of the Firm”，The Journal of Law and Economics，1983，26（1）.

② 参见杨瑞龙、周业安：《一个关于企业所有权安排的规范性分析框架及其理论含义——兼评张维迎、周其仁及崔之元的一些观点》，《经济研究》1997 年第 1 期；Grossman S.J.，Hart O.D.，“The costs and benefits of ownership：A theory of vertical and lateral integration”，Journal of political economy，1986，94（4）.

张维迎将科斯、张五常及杨小凯和黄有光归于间接定价理论的旗下。① 科斯认为企业的功能在于节省市场中直接定价的成本（或市场交易费用）。② 张五常拓展了科斯的分析框架，他认为企业并非取代市场，而是用要素市场替代产品市场，即私有要素的所有者按合约将要素的使用权转让给代理者以获取收入。由于估价某产品或获得某产品的有关信息通常需要支付成本，通过对某些投入品代替物进行估价的定价方式，其成本通常小于对产出物直接定价。③ 杨小凯认为，企业所有权的内部结构是与要素的定价成本相联系的。由于管理活动十分复杂，对管理服务的直接定价成本过高，所以企业的剩余索取权最好由管理者获得，换句话说，管理者对剩余的索取权体现了管理服务的间接价格。④

2. 激励和监督理论：可抵押的物质资产的所有者成为剩余索取者。阿尔钦和德姆赛茨（Alchian A. A., Demsetz H.）认为，企业实质上是一种“团队生产”的方式，由于团队生产的最终产出物是一种共同努力的结果，每个成员的个人贡献不可能精确地进行分解和观测，因此不可能按照每个人的真实贡献去支付报酬，这就产生了偷懒问题。为了减少偷懒行为，就必须让部分成员专门从事监督其他成员的工作，但是谁来监督被监督者呢？有效的解决办法是将剩余索取权赋予监控者，这样他就有了监督的积极性。为了便于监督，这个监督者必须在企业这一合约中享有特殊的、处于中心的位置，并且由于这一位置也存在着较大的风险，所以适宜由能够承担风险的人（一般是物质资产所有者）来担当监督者。⑤ 这样就出现了资本家和管理者合二为一的古典企业。

---

① 参见张维迎、余晖：《西方企业理论的演进与最新发展》，《经济研究》1994 年第 11 期。

② Coase R.H., “The Nature of the Firm”, *Econmica*, 1937, 4(16).

③ Cheung S.N.S., “The Contractual Nature of the Firm”, *The Journal of Law and Economics*, 1983, 26(1).

④ 参见杨小凯：《企业理论的新发展》，《经济研究》1994 年第 7 期。

⑤ Alchian A.A., Demsetz H., “Production, information costs, and economic organization”, *The American Economic Review*, 1972, 62(5).

3. 产权保护理论:对资产平均收入影响更大的一方应当获得更多的剩余索取权。巴泽尔(Barzel)从产权保护的角度讨论资产所有权的分配。他认为,由于交易双方都能够影响资产交换产生的收入流,这个事实使所有权得不到充分的保障。于是,一些收入流就留在了公共领域,部分又被其行动不同于所有者—使用者的各方再攫取。决定所有权最优分配的原则是:对资产的平均收入影响倾向更大的一方,得到剩余的份额也应该更大。①

4. 资产专用性理论——专用性程度较高的资产所有者应当获得企业所有权。以威廉姆森为代表的交易费用经济学理论强调组织或合约安排的目的和功能在于保护专用性的投资免受所谓"套牢"等机会主义行为的侵害。他将企业看成是连续生产过程之间不完全合约所导致的纵向一体化实体,企业之所以出现,是因为当合约不可能完全时,纵向一体化能够消除或至少减少资产专用性所产生的机会主义的问题。

在威廉姆森之后,一些经济学家沿用其资产专用性理论讨论企业所有权的分配问题。格罗斯曼和哈特(Grossman and Hart)以及哈特和莫尔(Hart and Moore)认为,虽然通过纵向一体化可以消除由于资产专用性带来的企业间的机会主义行为,但是,用要素市场代替产品市场却有可能将机会主义带入企业内部,这时合适的做法可能是其中的一方将所有的剩余权利都购买过去,投资行动最重要的一方更应该取得对剩余权利的所有权。② 克莱因、克劳福特和阿而钦(Klein B. et al.)认为,由于专用性资产的可挤占准租金问题,通常企业剩余收益索取者也是企业主要资本的所有者。③ 费茨罗和穆勒(FitzRoy F.R.

---

① [以色列]Y · 巴泽尔,《产权的经济分析》,上海三联书店、上海人民出版社 1997 年版,第 1—8 页。

② Grossman S.J., Hart O.D., "The costs and benefits of ownership: A theory of vertical and lateral integration", *Journal of political economy*, 1986, 94(4); Hart O., Moore J., "Property Rights and the Nature of the Firm", *Journal of Political Economy*, 1990, 98(6).

③ Klein B, Crawford R.G., Alchian A A, "Vertical integration, appropriable rents, and the competitive contracting process", *The Journal of Law and Economics*, 1978, 21(2).

and Mueller D.C.)认为资本的“非流动性”是企业内部结构的主要决定因素。①企业是一种合作契约，即使所有的成员在加入企业时是可流动的，他们也可能因为进入和退出企业的交易费用或者不可转换的人力资本的积累而变得难以流动。偷懒的动机因非流动性而减少，而监督的动机则因非流动性而增加，因此，企业的剩余索取权应当分配到资产专用性程度很高、因而难以流动的成员手中。道(Dow G.K.)认为，企业的组织形式依赖于专用性资产的提供者占有准租金的可能性。当专用性投资不可能完全合约化时，企业内的权威就能够影响沉淀资产的准租金的分配，从而影响可选择的组织形式的生存能力。一种组织形式必须要满足专用性资产所有者的参与约束才能生存下去，因此，在资本比劳动更专门化的产业里，资本管理型企业将是均衡的组织形式；而在劳动比资本更专门化的产业里，劳动管理型企业则是均衡的组织形式。②

5.“状态依存”的企业所有权分析框架。实践中，很多企业是多元主体共同治理。对于多元主体共同治理企业，各类参与人究竟如何分享企业的所有权？杨瑞龙、周业安发展了一个企业所有权安排的规范的分析框架来解释多远主体之间的所有权分配。他们认为，首先，如果把企业看作是一系列契约的组合，那么契约当事人作为独立的、平等的产权主体，有权利从未来的交易活动中获取自己的产权权益，片面强调其中一方的产权权益是不恰当的。其次，虽然各产权主体都有获得“组织租金”的权利，但是这并不意味着企业所有权和组织租金会按某种天然的比例在当事人中分配，事实上这些权利的安排既是企业成员争夺的对象也是斗争的结果。在契约达成之前，参与博弈的各个产权主体的获利机会在原则上是平等的，结果的不平等是在一定的约束条件

① FitzRoy F.R., Mueller D.C.,“Cooperation and conflict in contractual organizations”, *Quarterly Review of Economics and Business*, 1984, 24(4).

② Dow G.K.,“Why Capital Hires Labor: A Bargaining Perspective”, *The American Economic Review*, 1993, 83(1).

下产权主体理性选择、谈判实力与技巧的反映。企业所有权的现实安排是有限选择条件下签约方博弈的均衡解。① 这意味着企业所有权只是一种状态依存所有权,谁是企业的所有者,是依赖于企业的状态而定的。如果企业所有权安排的初始合约在一个合约期内不作任何修正,那么随着某一方参与人累积的专用性资本价值升值,或有关利益相关者联合起来采取一致行动等,都可能使他们与现存的既得利益状态产生矛盾。经过一个复杂的讨价还价过程,初始合约在本期结束后必然会得到修正,以消除上述矛盾。

6. 汉斯曼的企业所有权论。在实践中可以看到,在不同行业、不同国民经济条件下,所有权形式的分布会呈现不同的形势。投资者所有的企业是一种经常处于主导地位的所有权形式,但并不意味着它在任何情况下都一定占据优势地位。雇员所有的企业以及各种类型的合作社大量存在,在不同的时间和空间,还可以看到引入不同类型的主体共同拥有企业所有权的尝试。② 那么,在不同条件下,谁应该成为企业的所有权人?不同类型的主体能不能成为企业的共同所有者?汉斯曼(Hansmann H.)集前人之所成,发展了一个"市场交易成本——所有权成本"的分析框架,给现实世界中存在的几乎所有的企业所有权形式提供了一般性的分析框架,并且强调成员间的利益一致性是决定企业所有权配置的最重要的因素。③

汉斯曼从更一般的意义上理解企业的所有权结构,认为企业的所有人同时是企业的"客户"(Patrons)。同企业有商业往来的"客户"很多,包括原材料供应商、劳动力、资本的提供者以及企业产品的购买者等。④ 典型的上市公司

① 参见杨瑞龙、周业安:《一个关于企业所有权安排的规范性分析框架及其理论含义——兼评张维迎、周其仁及崔之元的一些观点》,《经济研究》1997 年第 1 期。

② 这里"不同类型的主体"是指他们与企业打交道的方式不同,可以分为企业的资本的提供者、劳动力、原材料供应商、企业产品或服务的购买者等。——笔者注。

③ [美]亨利·汉斯曼:《企业所有权论》,中国政法大学出版社 2001 年版,第 27—32 页。

④ 显然,汉斯曼将"惠顾"做了扩大化解释,把各类主体与企业的商业往来均看作"惠顾"。本书为了与前面行文保持一致,除本处以外,仍然从狭义的角度理解惠顾,专指对企业服务的直接利用,如提供原材料和购买产品,并将这类主体称为"惠顾者"。——笔者注。

是由资本的出借方拥有的企业，在更一般的意义上可以看作是资本或债权人合作社，消费者和生产者合作社则是由惠顾者拥有的企业。汉斯曼认为，企业本质上是一系列合同的共同签署人，企业进行的每一笔交易都建立在它与交易者非此即彼的两种关系上，即“市场合约关系”和“所有权关系”。无论是利用市场还是企业的所有权都是有成本的，即市场交易成本和所有权成本。要实现成本最低的所有权配置状态，需要实现上述两种成本之和最小。汉斯曼认为，降低所有权成本比节约市场交易成本更重要，而利益一致性是决定企业所有权配置最基本的因素。

汉斯曼的贡献在于，他没有停留在讨论企业和市场的边界在哪里，而是进一步讨论这些因素对企业所有权配置的影响。使用汉斯曼的企业所有权分析框架，可以很好地回答以下问题：(1)为什么企业的所有权通常都掌握在他们的客户手中？(2)在一个特定的企业里，是什么样的因素决定了企业把所有权配置给某一特定类型的客户？(3)为什么实践中很少看到两类及以上的客户分享企业的所有权。汉斯曼的企业所有权论对于理解合作社所有权的出现以及合作社的发展空间和制度变迁都很有启发。

三、集体行动的逻辑

合作社是处于弱势地位的人们联合行动以改善自身处境的组织。要理解合作社的组织和发展，就需要了解集体行动的规律。曼瑟尔·奥尔森的《集体行动的逻辑》是公共选择理论的奠基之作，可以用来解释合作社的发展。其基本观点可以概括为：在追求集体行动的收益的过程中，除非一个集团中人数很少，或者除非存在强制或其他某些特殊手段使个人按照他们共同的利益行事，有理性的、寻求自我利益的个人不会采取行动以实现他们共同的或集团的利益。[①] 上述观点可分解为以下几个要点：

---

① ［美］曼瑟尔·奥尔森：《集体行动的逻辑》，格致出版社、上海三联书店、上海人民出版社 1995 年版，第 51 页。

首先,由于个人利益与集体利益往往不完全一致,因此,对集体有益的目标难以自动实现。奥尔森认为,在一个组织中,个人利益与集体利益相结合的情况与竞争性市场类似。竞争性市场中所有厂商的共同利益是获得更高的价格,个人利益则是在既定的价格下,只要边际收益大于边际成本就生产更多的产品。每个人都从个人利益最大化角度出发,结果是整个产业供给的增加,从而更高的价格不可能实现。奥尔森的这一观点描述的其实就是集体行动的“囚徒困境”。在典型的大型组织中,个人的努力不会对组织产生显著的影响,而且不管它是否为组织出过力,他都能够享受其他人带来的好处,因此产生“搭便车”行为。其次,小集团尤其是存在明显的异质性的小集团中,采取集体行动的可能性较高。因为小集团中的每个成员,或至少其中的一个成员会发现他从集体物品中获得的个人收益超过了提供一定量的集体物品的总成本。进一步而言,只要少数几个实力雄厚的成员联合提供某项公共产品的收益大于成本,由于其协调成本很低,这项公共产品就倾向于被提供。第三,强制和向成员提供“选择性激励”是实现集体行动的手段。实际生活中,除小集团外,通过集体行动实现共同目标的例证也并不少见,如何解释这个现象呢?奥尔森认为,实现集体行动的一个简单有效的办法就是强制,例如国家就是通过强制的手段来运作;工会通过强制成员制,包括限期加入工会、只雇佣工会会员等来稳定自己的组织。除此之外,奥尔森的一个重要观点是关于副产品和选择性激励理论。奥尔森认为,一些实际上已经实现的集体目标其实是组织已经存在之后产生的副产品,而组织能够存在的原因是它能够向成员提供不同于共同或集团利益的独立的激励,即选择性激励。例如工会对政府的游说疏通活动可以提高工人的整体工资和福利水平,但前提是工会必须存在。为了成立工会,工会必须通过向成员提供选择性激励来提高工会的吸引力。

奥尔森的集体行动的逻辑理论对合作社的社员制度为何从开放走向封闭,社员人数变化,以及社员异质性程度加深等对合作社制度带来的影响等问题都有很强的解释力。

四、农户理论

农户是主要依靠家庭劳动力从事农业生产的单位，具有生产和消费的两重性质。经济学中的农户理论是不断发展的，恰亚诺夫（A. Chayanov）范式的“生计小农”和舒尔茨（T.W. Schultz）范式的“理性小农”处于两个极端。

恰亚诺夫范式将农民家庭经济看作一个独立的经济系统，遵循与企业主不同的行为逻辑与动机。家庭农场既是一个生产单位也是一个消费单位，农民生产的主要目的是满足家庭对实物形式农产品的需求，其消费需求根据家庭中人口结构的变化而变化。小农的最优化选择就取决于自身的消费满足与劳动辛苦程度之间的均衡，而不是成本收益间的比较。相比之下，一个资本主义农场在边际收益低于市场工资时就会停止劳动力的投入；而对于小农农场来说，只要家庭消费（或生存）需要没有得到满足，就依然会投入劳动力，不论此时的边际收益是否已经低于市场工资。① 根据恰亚诺夫的“生计小农理论”，当不存在土地市场，而且劳动力市场缺失，农户又存在剩余劳动力时，这些剩余的劳动力只能配置于土地面积固定的农业生产中，从而导致土地边际产出和劳动边际产出持续下降，就会出现黄宗智所说的农业“内卷化”问题。②由于小农追求生产的最低风险而非利益最大化，当家庭需要得以满足后就缺乏增加生产投入的动力，因而小农经济是保守的、落后的、非理性的、低效率的。

沿着“生计小农”的思想，斯科特（Scott Jr J. H.）提出“道义经济”命题，认为小农经济坚守的是“安全第一”的原则，具有强烈生存取向的农民宁可选择避免经济灾难，也不会冒险追求平均收益的最大化。农户的经济行为实际上遵循生存法则，他们所表现出的一些表面上看似不合理的行为实质上是出于

---

① ［俄］恰亚诺夫：《农民经济组织》，中央编译出版社 1996 年版，第 240、270 页。

② 参见黄宗智：《略论华北近数百年的小农经济与社会变迁——兼及社会经济史研究方法》，《中国社会经济史研究》1986 年第 2 期。

避免灾难的理性考虑。①

与"恰亚诺夫小农"相对，舒尔茨将小农完全等同于和资本主义企业家一样的"理性人"。舒尔茨在《改造传统农业》中提出了利润最大化的理性小农理论。他认为，农户在自己的农场上以获取利润最大化为目标进行生产，就像任何资本主义企业家一样，其生产要素配置行为也符合帕累托最优原则，小农在既定的条件下已经做到最好，包括实现了最大产量，不存在过剩劳动力，因此，小农经济是"贫穷而有效率"的。"小农"之所以落后，是因为没有新生产要素的注入，为此他提出人力资本理论，主张加强农业劳动力培训与技术推广，改善农业生产条件。舒尔茨的该理论开创了农户行为研究的"理性"视角，但是因为假设存在完全竞争的市场环境而受到批评。②

斯科特提出的农户的"风险规避理论"是一个折中的视角，该理论假定农户是追求期望目标最优化的经济单元，但考虑到了风险和不确定因素，追求风险最小化。张五常提出的分成制农户理论不止于对风险的讨论，而且将信息要素纳入农户与地主的契约关系中，对土地产权和地租进行了更为深入的讨论，提出在交易费用不为零且出于风险规避的目的，农户会采用分成合约的形式来进行生产。③ 黄宗智提出要分析小农动机与行为，必须将企业行为理论和消费者行为理论结合起来，前者追求利润最大化，后者追求效用最大化。他认为我国的农民既不完全是恰亚诺夫式的生计生产者，也不是舒尔茨意义上的利润最大追逐者。中国小农家庭的收入是农业家庭收入加非农佣工收入，后者是前者的拐杖。④

农户是合作社发展的微观基础，农户的行为直接决定合作社能否成立，也

① ［美］詹姆斯·C.斯科特：《农民的道义经济学》，译林出版社2013年版，第19页。

② ［美］西奥多·舒尔茨：《改造传统农业》，商务印书馆1999版，第78—80页。

③ Cheung, S.N.S., "Theory of Share Tenancy with Special Application to Asian Agriculture and the First Phase of Taiwan Land Reform", *International Affairs*, 1969, 47(1).

④ 参见黄宗智：《略论华北近数百年的小农经济与社会变迁——兼及社会经济史研究方法》，《中国社会经济史研究》1986年第2期。

决定了成立后的制度安排；反过来，作为一种制度安排，合作社的出现可能影响农户生产的外部条件，进而影响农户的决策行为。

第二节　研究综述

一、国外研究

一直以来，国外主要从政府扶持及合作社自身的竞争力两个角度关注合作社的发展问题。20 世纪早期，萨皮诺（Aron Sapiro A.）主张的“合法垄断”和诺斯（E.G. North）提出的“竞争标尺”（Yardstick）理论均对政府立法产生了深远影响。研究者从新古典的视角出发，研究合作社的价格和产量决定问题，并证明实行开放的社员资格制度的合作社不能控制产品的数量和价格，因而不会形成垄断。① Sexton 证明，在开放的社员资格制度下，合作社的存在确实具有促进市场竞争的效应；②奥尔森从集体行动的逻辑角度出发，认为合作社具有先天的弱质性；③Staatz 用交易费用理论论证了合作社存在的必要性。④在这一时期，政府对合作社基本都持鼓励态度。

20 世纪中后期，欧美国家的合作社出现持续的合并浪潮以及显著的内部制度变迁，主要表现在三个方面：一是“一人一票”制向承认差别发展，二是公

① Robotka F.,“A Theory of Cooperation”,*American Journal of Agricultural Economics*,1947,29(1); Helmberger P. H. S.,“Cooperative enterprise and organization theory”, *Journal of Farm Economics*,1962,44(2);Rhodes V.J.,“The large Agricultural Cooperative as a Competitor”,*American Journal of Agricultural Economics*,1983,65(5).

② Sexton R.J.,“Imperfect Competition in Agricultural Markets and the Role of Cooperatives:A Spatial Analysis”,*American Journal of Agricultural Economics*,1990,72(3).

③ ［美］曼瑟尔·奥尔森：《集体行动的逻辑》，格致出版社、上海三联书店、上海人民出版社 1995 年版，第 146 页。

④ Staatz J.M.,“Cooperative as a Coalition:a Game-theoretic Approach”,*American Journal of Agricultural Economics*,1983,65(5);Staatz J.M.,“Farmers' Incentives to Take Collective Action via Cooperatives:a Transaction Cost Approach”,In:Condon A.M.W.,Rhodes V.J.,Shaffer J.D.,Staatz J.M.,(Eds.),Cooperative Theory:New Approaches,Report,1987,87-107.

共积累的不可分割性向产权明晰化方向发展，三是资本报酬率严格限制向外来资本实行按股分红方向发展，①一部分合作社甚至不能坚持法律规定的合作社原则，转变为投资者所有的企业，合作社的制度变迁成为国际合作社研究的热点。此时，研究的重点日益转移到合作社内部的制度安排和治理结构方面，合作社内部不同层面和不同类型成员之间的合约或交易关系、合作社的边界、合作社与其他类型组织在市场中的竞争和博弈关系等都受到重视，新制度经济学理论、委托代理理论、交易成本理论以及博弈论研究方法都被广泛采用。

在早期的研究中，关于农业合作社经济行为的模型大都假定合作社追求由单一代理人决定的单一目标函数的最优化，或者一群代理人有一致的目标，或者社员通过简单多数原则保持目标的一致性，因而缺乏群体选择视角。当合作吸收了越来越多的异质性很强的社员时，很难再假定合作社的社员有同样的目标函数，此时合作社的成本和收益如何在社员之间分配就成为重要问题。Staatz 构建了一个由 N 个异质性成员构成的合作博弈，分析合作社如何做出成本和收益的分配决策问题，并提出在某些情况下，为了保持合作社的稳定性，有必要对成员的服务进行差别定价。② Sexton 采用一个 N 人博弈的分析框架来分析个人采取集体行动的动机和决策行为。他认为，除非从参与合作社中可以获得更高的收益，否则农民不会参加合作社。③ Zusman 根据契约理论建立了一个合作社的集体选择模型。这个模型解释了成员之间存在差异的合作社如何在信息不完全、不确定和有限理性等情况下来制定规则以及在这种情况下如何选择集体规则。④

① 参见应瑞瑶：《合作社的异化与异化的合作社——兼论中国农业合作社的定位》，《江海学刊》2002 年第 6 期。

② Staatz J.M.,"Cooperative as a Coalition: a Game-theoretic Approach",*American Journal of Agricultural Economics*,1983,65(5).

③ Sexton R.J.,"The Formation of Cooperatives: a Game-theoretic Approach with Implications for Cooperative Finance, Decision Making, and Stability",*American Journal of Agricultural Economics*,1986,68(2).

④ Zusman P.,"Constitutional Selection of Collective-choice Rules in a Cooperative Enterprise",*Journal of Economic Behavior & Organization*,1992,17(3).

之后,Zusman 将体现在合作章程中的“宪政选择”(constitutional choice)视为一个选择长期有效合约的问题,认为由于合约不可能是完全的,包括不同决策机制和群体选择原则的装置就被用来解决这些或然事件。① Reynolds 通过农业发展历史上农产品的分级和标准化的例子说明,集体行动的问题可以通过执行集体行动的原则来解决。行动原则可以通过约束和协调个体的行为促使集体行动实现,从而实现帕累托改进。当合作社的发展面临新的挑战时,合作社可以通过重新修订和阐释符合产权原理的合作原则来促使集体行动实现。②

在讨论合作社集体选择的过程中,一个重要的研究视角是观察社员异质性给合作社发展带来的影响。Cook 提出了一个随着环境的变化,农业合作社诞生、发展和消亡的五阶段“生命周期”模型。认为最初合作社由于应对因过度供给而导致的价格下降或市场失灵而出现,其中对抗市场失灵的合作社会逐渐发展起来,但是由于合作社内部产权不清造成了一系列问题,包括免费搭车问题(Free Rider Problem)、短视问题(Horizon Problem)、投资组合问题(Portfolio Problem)、控制问题(Control Problem)和影响成本问题(Influence Problem)。他认为,从所有权成本的角度看,合作社比 IOF 的组织绩效更低。③ Hart and Moore 的研究则发现,哪种组织效率更为有效取决于成员的异质性程度和该组织所处市场环境的竞争激烈程度。当成员(农户)异质性增强和市场竞争更加激烈时,IOF 变得更为有效,而在成员较为同质以及市场竞争较缓和的条件下,合作社是一种更有效的组织形式。④ 合作社能否通过内

① Zusman P.,“Public policy for agriculture:the Role of Constitutions,Institutions and Political Economy”,Proceedings of The Twenty－second International Conference of Agricultural Economists,1995.

② Reynolds B.J.,“A Property Rights Approach to Preserving Subsidized Multifamily Rural Housing with Cooperatives”,NCERA 194 Annual Meeting,2005.

③ Cook M.L.,“The Future of US Agricultural Cooperatives:A Neo - Institutional Approach”,*American Journal of Agricultural Economics*,1995,77(5).

④ Hart O.,Moore J.,“The governance of exchanges:members' cooperatives versus outside ownership”,*Oxford review of economic policy*,1996,12(4).

部的制度创新提高组织效率也是研究者关注的焦点问题。Cook and Iliopoulos 详细描述了合作社定义模糊的产权，以及合作社如何通过制度创新激励社员对合作社投资。① Fulton 使用产权理论，分析了传统合作社在加拿大遇到的困难以及新一代合作社的发展。② 在这一阶段，社员的异质性、社员资格制度是否封闭、是否对不同质量的产品采取差异化的定价策略、组织内部的信任问题以及合作社的纵向一体化等都是关注的重点问题。

如果合作社是一种低效率的组织，那么政府扶持合作社是否会导致资源的低效率配置？如果合作社已经异化为类似 IOF 的组织，对合作社的支持是否还具有合法性？随着质疑增多，一些国家政府减少了对合作社的直接扶持，转向政府提供服务，合作社自主经营。

二、国内研究

在国内，早期的合作社研究主要介绍西方国家合作社发展的经验，分析我国发展合作社的必要性和可行性，③之后逐步转向对合作社内部制度安排和治理机制的关注。④ 社员异质性对合作社治理结构的影响、⑤合作社内部的

---

① Cook M.L., Iliopoulos C., "Ill-Defined Property Rights in Collective Action: The Case of US Agricultural Cooperatives", In: Ménard C (Ed.), Institutions, contracts, and organizations: perspectives from new institutional economics, Edward Elgar Publishing Limited, 2000, 335-348.

② Fulton M., "The future of Canadian agricultural cooperatives: a property rights approach", *American journal of agricultural economics*, 1995, 77(5).

③ 参见：黄祖辉：《农民合作：必然性、变革态势与启示》，《中国农村经济》2000 年第 8 期；苑鹏：《农民专业合作经济组织：农业企业化的有效载体》，《农村经营管理》2003 年第 5 期；杜吟棠、潘劲：《我国新型农民合作社的雏形——京郊专业合作组织案例调查及理论探讨》，《管理世界》2000 年第 1 期。

④ 参见应瑞瑶：《合作社的异化与异化的合作社——兼论中国农业合作社的定位》，《江海学刊》2002 年第 6 期；傅晨：《"新一代合作社"：合作社制度创新的源泉》，《中国农村经济》2003 年第 6 期；应瑞瑶：《论农业合作社的演进趋势与现代合作社的制度内核》，《南京社会科学》2004 年第 1 期。

⑤ 参见黄胜忠：《转型时期农民专业合作社的组织行为研究——基于成员异质性的视角》，浙江大学 2007 年博士学位论文。

委托—代理问题、[1]合作社双重控制（股权控制和社会资本控制）问题、[2]合作社生产决策权配置问题、[3]社员的机会主义行为（或者搭便车问题）、[4]对合作社所有权安排和盈余分配制度的讨论、[5]合作社的绩效评价、增长机制和影响因素[6]等都是研究的热点。

与国外研究颇为不同的是，合作社的异化问题一直是我国的合作社研究热点之一。早在《农民专业合作社法》出台以前，一些学者已经注意到经济较为发达地区的“农民合作经济组织”出现异化现象。杜吟棠、潘劲介绍了3个京郊的农民合作组织案例，认为如果按照经典的合作社原则来衡量，这3个合作社都不符合要求，如果放松一点，其中有两个合作社的制度安排比较接近新一代合作社（New generation cooperative）。[7] 应瑞瑶调查了江苏省13家登记为“农民专业协会”的合作社，按照是否遵守合作社的几项核心原则（入社自愿、一人一票、按惠顾额返还盈余）来衡量其是否合作社，发现这些组织都没

---

① 参见马彦丽、孟彩英：《我国农民专业合作社的双重委托—代理关系——兼论存在的问题及改进思路》，《农业经济问题》2008年第5期。

② 参见崔宝玉、谢煜：《农民专业合作社：“双重控制”机制及其治理效应》，《农业经济问题》2014年第6期。

③ 参见蔡荣：《农业合作社的合约安排：生产决策权配置——基于农户视角的实证分析》，《中国农村经济》2013年第4期。

④ 参见肖云、陈涛、朱治菊：《农民专业合作社成员“搭便车”现象探究——基于公共治理的视角》，《中国农村观察》2012年第5期；谭智心、孔祥智：《不完全契约、内部监督与合作社中小社员激励——合作社内部“搭便车”行为分析及其政策含义》，《中国农村经济》2012年第7期；王军：《中国农民专业合作社社员机会主义行为的约束机制分析》，《中国农村观察》2011年第5期。

⑤ 参见任大鹏、于欣慧：《论合作社惠顾返还原则的价值——对“一次让利”替代二次返利的质疑》，《农业经济问题》2013年第2期；黄胜忠、伏红勇：《成员异质性、风险分担与农民专业合作社的盈余分配》，《农业经济问题》2014年第8期；米新丽：《论农民专业合作社的盈余分配制度——兼评我国〈农民专业合作社法〉相关规定》，《法律科学（西北政法大学学报）》2008年第6期。

⑥ 参见周振、孔祥智：《盈余分配方式对农民合作社经营绩效的影响——以黑龙江省克山县仁发农机合作社为例》，《中国农村观察》2015年第5期。

⑦ 参见杜吟棠、潘劲：《我国新型农民合作社的雏形——京郊专业合作组织案例调查及理论探讨》，《管理世界》2000年第1期。

有执行一人一票的原则,合作社按照惠顾额返还利润的为0,因此,他认为当时的农业专业协会和专业合作社大多不具有合作社的特征,而是异化的合作组织。[①] 郭玮将当时合作社的发展状况概括为"总量不多""分布不广""影响不大""寿命不长",强调经济学家不要对合作社的发展抱有过度热情。[②] 随着《农民专业合作社法(2007年)》施行,我国的农民专业合作社进入快速发展阶段,迅速成长为农村经济社会发展中的一支重要力量。然而正如前文所述,学术界很早就注意到合作社发展中的不规范现象。就学术研究而言,面对合作社的异化,所有对合作社战略决策、成长机制和效率评价的讨论的意义似乎都要打个折扣。如果正在讨论的合作社不是真正的合作社,那么所有基于合作社原则的研究假设就会存在问题,在此基础上的实证研究的结论也会存疑,因此国内大量的合作社研究都集中在对合作社不规范现象的讨论上。

(一)环境影响与合作社的发展空间

合作社是环境的产物,什么样的环境适宜合作社发展是首先要关注的问题。黄祖辉、徐旭初等认为,"不对称的市场弱势(通常表现为难以抗衡的低价格或市场失灵效应)和境况类似的同业者,构成了生产者进行某种专业性集体行动的动力或倾向",合作社的发展受到产品特性因素(农民专业合作组织通常率先兴起于农产品商品率较高、农业剩余较多、市场风险较大、单个农户博弈弱势较明显的情况下)、生产集群因素(任何基于市场目标的联合或合作行为,都必须以在一定区域内具有一定的生产群体或集群为条件)、合作成员因素(特别是合作社企业家的素质和能力、社员和合作意识)以及制度环境因素的影响,具备相应的条件,合作社才能发展。[③] 苑鹏认为,合作社是社会

① 参见应瑞瑶:《合作社的异化与异化的合作社——兼论中国农业合作社的定位》,《江海学刊》2002年第6期。

② 参见郭玮:《农民的合作:经济学家不应过度热情》,《经济学消息报》2005年6月17日。

③ 参见黄祖辉、徐旭初:《基于能力和关系的合作治理——对浙江省农民专业合作社治理结构的解释》,《浙江社会科学》2006年第1期。

时代变革的产物,只有当原子结构的生产者面临垄断、远离市场、具有生产集群优势、农业专业化初具规模的时候,才会产生合作社。[①] 林坚、马彦丽认为,与投资者所有企业相比较,在与农民进行的交易中,农业合作社是更有利于节约交易费用的制度安排,但同时它又是一个高成本的组织。在由于信息不对称严重和资产专用性较强,因而机会主义风险较高的领域容易出现合作社,而导致合作社组织成本进一步上升的因素则限制了合作社的发展空间。邓衡山、徐志刚等认为,由于我国的食品质量监管体系还不够完善,农产品市场上不能充分实现优质优价,使合作社有利于降低市场交易成本的优势难以发挥。只有约束条件发生变化,才能产生对合作社发展的有效需求。[②] 马彦丽调研了大量蔬菜合作社发现,当前我国农业生产资料流通和生鲜蔬菜流通领域竞争比较充分,很难形成垄断结构,使农户组建合作社的动机减弱。[③] 应瑞瑶认为,由于信息产业的发展,世界范围内商品的自由流动,灵活的生产制度、依靠廉价资源供应的专业化工场,流水线作业和没有封建等级的管理结构,使很多人认为未来完全属于资本经济,对于那些相信合作社价值的人带来了挑战。[④] 在国内,可观察到的现象是,在很多市场竞争充分的领域,农户并不特别依赖合作社的发展,可能会压缩合作社的生存空间。20 世纪中后期,国际上许多农民合作社退出合作领域,转为投资者所有的企业,市场环境的变化是主要的影响因素。从上述角度讲,我国农民专业合作社发展中的不规范现象至少有一部分原因可以归结为缺乏适宜合作和成长的环境。

---

① 参见林坚、马彦丽:《农业合作社和投资者所有企业的边界——基于交易费用和组织成本角度的分析》,《农业经济问题》2006 年第 3 期。

② 参见邓衡山、徐志刚:《〈农民专业合作社法〉需要大改吗?——兼论名实之辨的意义与是否需要发展中国特色合作社理论》,《农业经济问题》2016 年第 11 期。

③ 参见马彦丽:《规范的合作社为何难发现》,《中国农民合作社》2017 年第 6 期。

④ 参见应瑞瑶:《论农业合作社的演进趋势与现代合作社的制度内核》,《南京社会科学》2004 年第 1 期。

(二)社员异质性与合作社的异化

与西方国家合作社发展的约束条件相比较,我国最显著的特色是由于农村的阶层分化带来的农户的异质性增强,一端是大量的小规模兼业农户,另一端是改革开放以后涌现的大户、能人、村干部、企业家等乡村精英,二者拥有的资源差异明显。为了解决组建合作社过程中对资本、人力资源和销售网络等的需求,我国《农民专业合作社法》允许农业生产者和农业生产经营服务的提供者一起组建合作社,使合作社在组建之初就具有明显的成员异质性,这成为合作社异化的主要原因。

异质性的社员如何共同拥有合作社?现代企业理论的一个基本命题是,企业是一系列契约(合同)的组合,是个人之间交易产权的一种方式,明确的产权(包括剩余索取权和剩余控制权)是企业存在的前提。现代企业理论发展了不同的视角来解释企业所有权的分配问题,包括间接定价理论、激励和监督理论、产权保护理论以及资产专用性理论等。经济学界的共识是,从生产要素边际贡献的计量问题出发,应当重视要素使用的监督、激励和定价问题,企业的剩余索取权分配原则应当有利于降低企业对不同生产要素的监督成本(增强激励机制)和定价成本,同时要考虑不同生产要素的相对重要性。① 在企业理论的框架下解释我国农民专业合作社特殊的治理结构是一个重要的研究内容。

黄祖辉、徐旭初基于能力和关系的视角构建了一个合作社的治理结构的解释框架,他们认为,最有生命力的企业制度是那些最能吸引关键性生产要素所有者的企业制度。② 而我国当前由拥有比较显著的资本、市场和社会关系等资源和能力的企业、大户或相关组织来主导合作社,更可能使合作社得到市

① 参见张维迎、余晖:《西方企业理论的演进与最新发展》,《经济研究》1994 年第 11 期。

② 参见黄祖辉、徐旭初:《基于能力和关系的合作治理——对浙江省农民专业合作社治理结构的解释》,《浙江社会科学》2006 年第 1 期。

场地位和组织发展。黄胜忠分析了农户的资源禀赋差异对合作社治理带来的影响,认为资源禀赋差异导致了成员的要素投入、参与目的、对合作社的贡献以及所承担的风险的差异性,进而形成异质性的社员结构。① 林坚、黄胜忠指出,在异质性社员结构下,普通农户只拥有少数自然资源,导致其在所有权分配中处于劣势地位。② 核心成员充当了合作社的资本家和企业家的双重角色,他们通过把剩余索取权和剩余控制权相对应,使得风险承担者和风险制造者相统一,是一种有效率的制度安排。邓衡山等继承这一分析思路,认为农户在经营规模、人力资本及资金实力等方面的确存在着明显的差异,而农户与公司之间的差异就更加明显,异质性使得合作社的控制权通常掌握在大户手中,从而演变成“大户小户”的合作模式,而小户的“搭便车”心理也对此起到了推波助澜的作用。③ 徐旭初提出,当成员出现异质性时,当一人一票被打破时,当资本报酬不再有限时,当公共积累可以分配时,合作社就必然地开始了异化。④

(三)合作社异化对利益分配的影响

如果社员间的异质性不可避免,接下来需要追问的就是,由异质性社员组建起来合作社有没有可能建立起风险共担、利益共享的良性的利益分配关系？按照杨瑞龙、周业安提出的状态依存的所有权框架,虽然各产权主体都有获得“组织租金”的权利,但是这并不意味着企业所有权和组织租金会按某种天然的比例在当事人中分配,事实上这些权利的安排既是企业成员

① 参见黄胜忠:《转型时期农民专业合作社的组织行为研究——基于成员异质性的视角》,浙江大学 2007 年博士学位论文。

② 参见林坚、黄胜忠:《成员异质性与农民专业合作社的所有权分析》,《农业经济问题》2007 年第 10 期。

③ 参见邓衡山、王文烂:《合作社的本质规定与现实检视——中国到底有没有真正的农民合作社?》,《中国农村经济》2014 年第 7 期。

④ 参见徐旭初:《谈谈合作社的真假:先谈“理想类型”》,《中国农民合作社》2015 年第 11 期。

争夺的对象也是斗争的结果，是在一定的约束条件下产权主体理性选择、谈判实力与技巧的反映。[①] 张明林、付春认为，农业合作组织的发展不仅取决于市场机制、环境因子等外部要素影响，更多受到合作组织内部的合作机制的制约，农业组织进行有效合作的条件取决于三点：一是合作组织提供的集体产品要有较高的超可加效益；二是农业合作组织成员存在着差异性；三是合作组织的制度安排能给每一成员带来合作激励，关键在于建立一套有效的利益分配和成本分摊机制。[②] 在我国，农户常常被认为具有善分不善合的传统，而造成这个传统的深层原因则是集体理性和个体理性的冲突以及信息不对称和机会主义行为的存在，这些原因使得农户面临合作的困境，重复博弈机制以及信任资本是改善合作困境的可能途径。[③] 张雪莲、冯开文运用完全信息动态博弈模型，对合作社社员异质性前提下的决策权分割过程以及纳什均衡的形成进行了博弈分析。研究表明，由于农民专业合作社中管理者和普通社员资源禀赋的差异，现实中形成了决策权在他们之间的偏畸分割，这种有利于管理者的决策权分割格局在目前虽然有一定的合理性，但不利于合作社的长期稳定发展。[④] 温铁军等基于博弈论分析"大农吃小农"的合作机制，从博弈模型中发现合作社本应该是"反市场化"的产物，而资本和部门主导下的农民合作组织实际上是按照市场逻辑运行并进行利益分配的，因此，小农无论是单独面对市场，还是加入大户主导的合作组织，都处于被边缘化的地位。[⑤] 赵晓峰认为，合作制度演变中的"会员制"困境，是参与合作社发展的多元利益主体不

---

① 参见杨瑞龙、周业安：《一个关于企业所有权安排的规范性分析框架及其理论含义——兼评张维迎、周其仁及崔之元的一些观点》，《经济研究》1997 年第 1 期。

② 参见张明林、付春：《集体选择、智猪博弈与农业组织的合作机制研究——一个林业合作社的例子》，《商业研究》2006 年第 6 期。

③ 参见黄珺、顾海英、朱国玮：《中国农户合作行为的博弈分析和现实阐释》，《中国软科学》2005 年第 12 期。

④ 参见张雪莲、冯开文：《农民专业合作社决策权分割的博弈分析》，《中国农村经济》2008 年第 8 期。

⑤ 参见温铁军：《部门和资本"下乡"与农民专业合作经济组织的发展》，《经济理论与经济管理》2009 年第 7 期。

断博弈和斗争的结果，要切实保护普通社员或弱势农户合法的合作权益，就必须注入新的推动力量，打破这种不合理的制度博弈均衡状态。① 应瑞瑶等从成员异质性的角度解释合作社利益分配机制的安排，建立了一个不同资源禀赋的成员（主要投资者和惠顾者）参与合作利益分配博弈模型，结论是“如果合作社发起人所占股份比例高于其交易量所占比例，则合作社更倾向于按股分红，且发起人的股份比例越大于其交易量比例，按股分红的比例也就越大”。②

（四）集体行动的逻辑与小农的合作困境

合作社异化的另一个重要原因是小农户的搭便车行为。奥尔森认为，除非一个集团中人数很少，或者除非存在强制或其它某些特殊手段使个人按照他们共同的利益行事，否则有理性的、寻求自我利益的个人不会采取行动以实现他们共同的或集团的利益。③ Cook 分析了合作社的搭便车问题，既包括外部的搭便车（不入社却享受合作社发展带来的好处）也包括内部的搭便车问题（生产低质量产品的社员搭高质量产品社员的便车，不积极的社员搭积极参与的社员的便车），这使合作社成为高成本的组织，在与 IOF 的竞争中处于劣势。④ 马彦丽、林坚认为，我国的兼业小农导致一定规模下合作社社员的数量大幅度增加，除非有更加有效地组织安排（例如选择性激励、社员代表制度等），否则兼业小农由于加入合作社投入的成本高（时间、经历和资金），采取集体行动以追求一致的集体目标的难度很大。集体行动的悖论是农民专业合

---

① 参见赵晓峰：《农民专业合作社制度演变中的“会员制”困境及其超越》，《农业经济问题》2015 年第 2 期。

② 参见应瑞瑶、唐春燕、邓衡山、徐志刚：《成员异质性、合作博弈与利益分配——一个对农民专业合作社盈余分配机制安排的经济解释》，《财贸研究》2016 年第 3 期。

③ ［美］曼瑟尔 · 奥尔森：《集体行动的逻辑》，格致出版社、上海三联书店、上海人民出版社 1995 年版，第 51 页。

④ Cook M.L.,“The Future of US Agricultural Cooperatives: A Neo - Institutional Approach”, *American Journal of Agricultural Economics*, 1995, 77(5).

作社发展缓慢的重要原因。[1] 宫哲元等认为我国农民合作组织发展缓慢的根本原因是小农户合作面临的集体行动困境,合作社原则的变迁过程实质上是一个合作社各类成员的利益不断得以调整的过程,合作社核心原则的变化源自为促进合作行为的实现而产生的激励性需求。[2] 蔡荣等利用数据实证分析集体行动中内部搭便车现象,认为合作社员规模越大或社员异质性越突出,社员搭便车程度越高。[3] 谭智心、孔祥智从不完全契约角度分析我国农民专业合作社中小社员"搭便车"行为产生的原因,认为专业合作社内部的不完全产权、不完全治理机制和交易费用将导致中小社员产生"搭便车"的行为动机。合作社核心社员由于投入较多,一般都会主动采取监督行为,所以中小社员"搭便车"就成为必然。[4]

(五)政府规制与合作社的异化

国内研究者非常重视政府和合作社之间的关系。苑鹏、刘凤芹认为,政府服务合作社的出发点和归属应当以提高农民的自助能力为中心,避免用行政手段推进合作社建设,政府应该只支持真正的合作社。[5] 任梅认为,当前我国农民专业合作社政府规制的价值取向存在一定偏差,主要体现在对农民主体地位的维护不够,对"规范"与"发展"的平衡上偏向"先发展,再规范",对"公平"与"效率"的取舍中"重效率轻公平",需要进行矫正。[6] 崔宝玉认为政府

---

① 参见马彦丽、林坚:《集体行动的逻辑与农民专业合作社的发展》,《经济学家》2006 年第 2 期。

② 参见宫哲元:《集体行动逻辑视角下合作社原则的变迁》,《中国农村观察》2008 年第 5 期。

③ 参见蔡荣、李丰、胡应得:《成员异质性对集体行动的影响——来自村落共用设施和资源管理的研究证据》,《华中农业大学学报(社会科学版)》2014 年第 5 期。

④ 参见谭智心、孔祥智:《不完全契约、内部监督与合作社中小社员激励——合作社内部"搭便车"行为分析及其政策含义》,《中国农村经济》2012 年第 7 期。

⑤ 参见苑鹏、刘凤芹:《美国政府在发展农民合作社中的作用及其启示》,《农业经济问题》2007 年第 9 期。

⑥ 参见任梅:《农民专业合作社政府规制的价值取向:偏差与矫正》,《中国行政管理》2013 年第 10 期。

规制与政府俘获的夹杂共同造就了合作社的“二元化”发展格局与分化路径，把以小农为主体的合作社排挤出我国的财政扶持体系之中，催生出大量的大农控制型合作社，同时加剧了合作社对政府规制资源的依赖。① 胡联等认为，由于监管力量不足，我国的合作社法律和政策体系一直是“重扶持，轻监管”，他们构建了政府与合作社间的演化博弈模型，分析合作社经营过程中二者之间的博弈行为和策略均衡，认为政府监管对于促进合作社规范经营至关重要，缺乏长效监管机制会导致一些合作社再次采取俘获行为，新的时代背景下我国应加快完善专业合作社的监管体系，形成适合国情的有效监管体系。②

社会学的研究视角进一步丰富了农民合作社的研究内容。熊万胜从非科层性集权关系在地方经济生活中的存在与强化来概述我国合作社所面临的制度化进程，这种非科层性的集权关系越来越以选择性再分配体系的强化为基础，异化的合作社是这一制度化进程的意外后果。③ 冯小认为，当前乡村的社会结构分化、基层治理方式之变以及乡村经济发展动力之变，使下乡资本与权力形成了不同的结合形态，即下乡资本和部门权力的结合、下乡资本与暴力权威的结盟以及与少数乡村精英的合谋，一些农民专业合作社被这些结合的权力主体策略化运作，这构成了合作社制度异化的乡土逻辑。④ 赵晓峰等构建了多元主体与庇护关系的分析框架，地方政府、企业、农村能人、普通社员之间存在着一种复杂的庇护关系网络，由此衍生出的庇护型社会结构阻隔了中央政府与普通农民的连接机制，使国家推出的引导与扶持合作社发展的法律与

① 参见崔宝玉：《政府规制、政府俘获与合作社发展》，《南京农业大学学报（社会科学版）》2014 年第 5 期。

② 参见胡联、卢杨、张小雨、王唤明：《新形势下我国农民专业合作社外部监管完善的必要性》，《农业经济问题》2020 年第 3 期。

③ 参见熊万胜：《合作社：作为制度化进程的意外后果》，《社会学研究》2009 年第 5 期。

④ 参见冯小：《农民专业合作社制度异化的乡土逻辑——以“合作社包装下乡资本”为例》，《中国农村观察》2014 年第 2 期。

政策难以取得预期的效果。①

综上所述,从国际合作社研究的趋势看,社员异质性和定义模糊的产权带来的合作社制度变迁一直是研究的热点。从国内研究看,研究者对合作社不规范现象的各种影响因素都有较为充分的讨论,产权理论、交易成本理论、博弈论、集体行动的悖论等分析框架被广泛应用。但是从整体来看,国内还缺乏有关合作社规范发展问题的系统性研究。首先,对合作社发展中的不规范现象缺乏系统梳理,对如何看待合作社不规范问题的分歧缺乏深入讨论。其次,学者们注意到社员异质性结构下合作社产权的资本化特征,从产权经济学角度分析了这种所有权结构的合理性,但是对其导致合作社异化的后果重视不够,对其未来的演化趋势缺乏深入讨论。第三,从研究视角看,从参与人行为的视角来观察合作社的普通社员和核心社员(例如理事长)利益耦合的研究不多。第四,有关我国合作社政府规制系统梳理也相对较少。本书试图对以上几个问题予以回应,深入探讨我国农民合作社规范发展的可能性以及未来的发展思路。

① 参见赵晓峰、付少平:《多元主体、庇护关系与合作社制度变迁——以府城县农民专业合作社的实践为例》,《中国农村观察》2015年第2期。

第三章　农民专业合作社发展中的不规范现象

在农民专业合作社发展过程中，合作社的不规范现象一直是学术界关注的热点问题。2018 年 11 月，《半月谈》刊发《80%以上合作社沦为空壳？乡村振兴莫让形式主义带歪》一文，将一直以来业内讨论的不规范问题展现在公众面前，引起很大社会反响。2019 年的中央"一号文件"提出要"开展农民合作社规范提升行动"。2019 年 2 月，中央农办、农业农村部等 11 部门联合印发《开展农民专业合作社"空壳社"专项清理工作方案》，计划在年度内全面清理整顿空壳社。按照该方案，需要清理的问题包括六个方面，包括①无农民成员实际参与；②无实质性生产经营活动；③因经营不善停止运行；④涉嫌以合作社名义骗取套取国家财政奖补和项目扶持资金；⑤群众举报的违法违规线索；⑥从事非法金融活动。[①] 其中，①属于合作社的异化问题，②和③属于合作社空壳社问题，④⑤⑥都属于违法违规问题。违法违规问题不是合作社本身特有的问题，不在本书的研究范围，本书主要关注的是合作社的空壳社问题和异化问题。

---

① 参见中国政府网：《开展农民专业合作社"空壳社"专项清理工作方案》，https://www.gov.cn/zhengce/zhengceku/2019-10/28/content_5445887.htm。

第一节　农民专业合作社的空壳社现象

一、空壳社现象的成因

所谓空壳社，是指虽然具备法律规定的形式要件，但没有实质性业务活动的合作社，表现为没运行、没收入、没分配。①

导致空壳社现象的原因有很多种，包括合作社发起人政策投机、基层政府政绩考核压力、涉农经营主体套取税收优惠、精准扶贫政策催生、业务停止后未及时注销等。② 何慧丽将合作社空壳的外因归纳为政府失位，包括政策诱变，以及政府的缺位、越位；内因则源于主体性内生力的缺失，由于缺乏合作社的本质内涵，所以缺少灵魂。③ 归纳起来有以下几个方面：

（一）政府政绩考核压力催生空壳社

一是一些地方政府出于促进农业产业化发展、增加农民收入等目的，督促基层部门协助农民设立合作社，并且把当地实际登记注册的合作社数量列为年末绩效考核内容。二是部分县级政府在开展精准扶贫工作中，要求每村都要建立扶贫合作社，用来承接扶贫项目。④ 上述合作社出于考核目标和政府的工作要求而成立，不是源于农民对合作社的实际需求，以致于很多合作社沦为空壳社。

（二）为追求政策性收益盲目注册合作社

由于农业农村政策不断向合作社倾斜，农民普遍认为注册成立合作社能

---

① 参见何慧丽：《合作社如何"不空壳"》，《人民论坛》2019 年第 4 期。

② 参见苑鹏、曹斌：《"空壳社"的解题思路》，《决策》2020 年第 Z1 期。

③ 参见何慧丽：《合作社如何"不空壳"》，《人民论坛》2019 年第 4 期。

④ 鉴于合作社理论上的"益贫性"，一些地方在扶贫攻坚工作中，要求村村建立合作社。——笔者注。

够获得更多的政策眷顾,因此拉着自己的亲属去注册申办。但是这类合作社不是出于对合作社的现实需求,往往规模很小,或者根本没有开展经营活动,因此也得不到政府的资金支持。等拿到合作社营业执照,才发现实际用途不大,反而增加了报税、年报等业务的负担,于是又弃之不管,久而久之造成了空壳社。

(三)因经营不善导致空壳社

一些合作社注册成立时想着发展壮大,但对市场缺乏准确判断,或者自身资金不足,逐渐暂停了经营,但是又由于合作社注销程序比较繁琐,或者是抱着等等看心理,也就没有注销合作社,造成空壳社存在。与前两种情况相比,这种类型的空壳社所占比例较低。①

二、空壳社数量估计

实践中,不同的部门对于空壳社数量的判断存在分歧,有三成、四成,甚至是七成等不同说法。② 认识的分歧一方面源于对空壳社认定标准的差异,另一方面则是由于缺乏数据的支撑。本书基于"浙大卡特—企研中国涉农研究数据库"中的中国农民专业合作社数据库,估计现实中的空壳社在全部合作社中所占比重。该数据库涵盖 2007 年以来在国家市场监督管理总局注册的全部农民专业合作社以及联合社的注册和变更信息、2013—2020 年合作社年报数据、地理位置、专利申请和商标注册、认证认可,以及主要管理者是否是失信被执行人、参与政府招投标、获得的荣誉等各类信息等。本书从合作社年度报告报送情况和"活跃度"指标两个角度来估计空壳社的比例。将 2020 年的

① 参见曹斌:《清理空壳农民专业合作社中面临的"四难"问题和对策建议》,《农村金融研究》2020 年第 8 期。

② 参见促进农民专业合作社健康发展研究课题组:《空壳农民专业合作社的形成原因、负面效应与应对策略》,《改革》2019 年第 4 期。

年报报送率与合作社“活跃度”得分相结合，本书认为，在 2020 年底仍在册的合作社中，大约六成合作社活跃度不高。

（一）未按时报送年度报告的合作社数量

数据整理发现，每年约 20% 的合作社未按时报送年度报告，且被列入经营异常名录。合作社年度报告报送比例及其信息质量是反映合作社是否空壳的重要依据。在《农民专业合作社法》颁布时，出于减轻合作社负担的目的，未对合作社规定与企业类似的年检制度。2013 年 12 月，原国家工商行政管理总局、农业部联合印发《关于进一步做好农民专业合作社登记与相关管理工作的意见》，首次提出合作社年报制度。之后，配合《中华人民共和国公司法》（以下简称《公司法》）的第三次修订（2013 年 12 月）和国务院发布的《企业信息公示暂行条例》①（2014 年 10 月 1 日起施行），原国家工商行政管理总局颁布《农民专业合作社年度报告公示暂行办法》（2014 年 10 月 1 日起施行），要求农民专业合作社应于每年上半年通过企业信用信息公示系统向工商行政管理部门报送上年年度报告，并向社会公示。未按照该办法规定的期限报送年度报告并公示的，工商行政管理部门应当将其列入经营异常名录，并向社会公示。2017 年修订的《农民专业合作社法》规定，农民专业合作社连续两年未从事经营活动的（主要看其是否提交年度报告），吊销其营业执照。按时上交合作社年度报告成为正常运营的合作社必须履行的义务，合作社是否按时上交年报以及年报的质量可以在很大程度上反映其是否为空壳社。

2013 年是实施年报制度的第一年，由于时间紧张，当年只有 3.7% 的合作社提交了年报信息。之后，上交年报的合作社比例大幅上升（见表 3-1）。2014—2019 年，每年按时提交年度报告的合作社比例在 70%—90%。

① 相关背景是，伴随注册资金认缴制改革，《企业信息公示暂行条例》要求企业主动披露相关经营信息，在公司资本问题上形成了“工商登记认缴资本、企业公示实收资本”的二元资本公示格局。——笔者注。

表 3-1　合作社按时提交年度报告情况

年份	各年度按时提交年度报告情况	
	合作社存量(万家)	按时提交年度报告的合作社比例(%)
2013	102.47	3.7
2014	131.65	86.9
2015	154.64	87.1
2016	181.6,2	72.6
2017	203.55	83.3
2018	219.57	80.2
2019	223.35	77.4
2020	229.61	63.6

注:①按时提交年度报告的合作社比例等于每年提交年报的合作社数量除以各年年底仍然在册的合作社中存量;②"其他原因"包括列入异常名录的原因缺失、不配合市场监督部门、隶属主体列入异常名录等。

2020 年底,合作社存量为 229.6 万家,被列入经营异常名录的合作社约有 49.8 万家,①占合作社总数的 21.7%。这些合作社中的绝大部分(96.9%)是由于未按时上交年报信息而被列入,因其他原因被列入的("无法取得联系""信息造假"等),也与"未按时提交年度报告"相关。将未按时提交年报的合作社列入"经营异常名录"体现了政府清理整顿空壳社专项行动取得的进展。

表 3-2　2020 年度被列入经营异常名录的合作社的列入原因

原因	数量(家)	比重(%)
未按时报送年报	482866	96.9
信息造假	2002	0.4
无法取得联系	12873	2.6
其他原因	625	0.1
合计	498366	100

注:"其他原因"主要包括列入异常名录的原因缺失、不配合市场监督部门、隶属主体列入异常名录等。

① 由于办事流程导致的滞后,这一数量小于当年未提交年报的合作社数量。——笔者注。

（二）合作社“活跃度”估计

即使按时上交年报也不一定是一个活跃的合作社。实践中，由于一些地方将合作社按时上交年报的比例与政绩考核挂钩，出现了人为提升年报率的现象。因此，还需要根据年报质量以及其他情况捕捉更多信息。为此，本书构建了合作社的“活跃度”指标，综合观察合作社是否为空壳社。这个指标体系是一张搜集合作社可能的业务活动信息的网格，合作社越活跃，越有可能在相关领域留下记录，留下记录越多，合作社就越活跃。

1.“活跃度”指标体系构建

合作社业务活动信息的来源主要有以下几类。其一，按照《农民专业合作社登记管理条例》，农民专业合作社的名称、住所、成员出资总额、业务范围、法定代表人姓名发生变更的，应当自做出变更决定之日起 30 天内向原登记机关申请变更登记，并提交相应文件。其二，根据《农民专业合作社年度报告公示暂行办法》，合作社年度报告的内容包括成员增减、资产状况信息是否公示、①是否新设分支机构、是否有行政许可、是否建设网站、是否开办网店、是否进行对外股权投资、是否接受股权投资、是否获得政府财政补贴、是否获得金融贷款。其三，在年报信息之外，还有来自国家知识产权局、全国认证认可信息公共服务平台、中国政府采购网、国家税务总局等单位的信息，包括合作社的专利申请、商标注册、有机产品认证、绿色食品认证、其他食品农产品认证、参与招投标、获得荣誉（主要是国家 A 级纳税人称号）等情况，都可以反映合作社的活跃程度。基于此，本书构建了包含 6 类数据来源、16 种经营活动的合作社“活跃度”指标。任意一项经营活动在该合作社发生了一次及以上记为 1，未发生则记为 0，将这些数字的综合作为合作社的“活跃度”得分，满分为 16 分。表 3-3 是农民专业合作社的“活跃度”指标体系。需要注意的

① 信息公示是重要的信号传递机制，有利于彰显自身实力，取得各方信任。在一定程度上，可以认为选择不公示资产状况信息的合作社倾向于不活跃。——笔者注。

是,使用这个指标体系的假定前提是合作社都愿意主动配合国家企业信用信息系统的信息变更和信息公示工作,不排除有部分合作社虽然信息变更和公示工作做得不够好,但在实际经营中是一个比较活跃的合作社,但是可以认为被错误评价的合作社属于少数。

表 3-3 农民专业合作社“活跃度”指标体系

数据来源	信息
国家企业信用信息系统	合作社信息变更信息:名称、住所、成员出资总额、业务范围、法定代表人姓名(任何一项变更即可)
	合作社年报信息:资产状况信息是否公示、是否有成员增减、是否新设分支机构、是否有行政许可、是否建设网站、是否有网店、是否进行对外股权投资、是否接受股权投资、是否获得过政府扶持资金、是否有金融贷款
国家知识产权局下属专利局	是否有专利
国家知识产权局商标局	是否注册商标
全国认证认可信息公共服务平台	是否有食品农产品认证(含有机产品认证、绿色食品认证、其他食品农产品认证)
中国政府采购网	是否参与政府招投标
国家税务总局	是否获得荣誉(主要是 A 级纳税人称号)

2. 2020 年度报送年报的合作社的“活跃度”得分

考虑到研究的时效性,这里仅考察到 2020 年底仍然在册的合作社中上交年报的合作社(约 145. 9 万家),这些合作社在运行期间发生的所有业务活动都在观测范围内。表 3-4 是根据上述指标体系计算的合作社“活跃度”得分。统计发现,截至 2020 年底,在上交年报信息的合作社中,“活跃度”得分为 0 的合作社大约占四成,“活跃度”得分为 1 的合作社占比约为 35%,“活跃度”得分为 2 的合作社占比约为 13. 6%,“活跃度”得分在 3 分及以上的合作社占比仅为 9. 9%。

表 3-4　2020 年度上交年报的合作社的“活跃度”及社员规模情况

“活跃度”(分)	数量(万家)	占比(%)
0	60.53	41.5
1	51.09	35.0
2	19.81	13.6
3	8.93	6.1
4	3.54	2.4
5	1.30	0.9
≥6	0.67	0.5
合计	145.86	100

注:2020 年底在册的合作社共计 229.6 万家,剔除没有年报信息的合作社后,样本量为 145.9 万。

将 2020 年的年报报送率(63.6%,见表 3-1)与合作社“活跃度”得分(41.5%的合作社得分为 0,表 3.4)相结合,本书认为,保守估计,在 2020 年底仍在册的合作社中,约六成(63.6%+63.6%×41.5%)不够活跃。

三、清理空壳社面临的问题

(一)空壳社甄别困难

地方政府一般以“是否开展生产经营活动”作为甄别空壳社重要依据。然而,由于基层农村经管部门和市场监管部门人手有限,难以掌握合作社实际经营情况,难以逐一甄别。如果按照是否报送“企业年度报告”作为清理依据,由于年度报告内容不多,精度不高,不能防止有些空壳社突击报送年度报告,从而掩盖了空壳社的程度;也可能出现一些合作社不了解合作社年报制度,不能按时完成年报报送的情况。

(二)空壳社的退出程序复杂

按照市场监管部门相关规定,注销合作社需要提供三项文件,包括在市级以上公办新闻上发布注销法人资格的声明45天,《清算清单》和《完税证明》,但是提供任何文件都有一定困难。首先,登报声明需要支付大约几百元的费用,对于本就没有经营的合作社是一项负担。其次,按照法律规定,为保护中小股东的利益,合作社的清算清单需要登记在市场监管部门的全体成员签字同意,对于成立时就不规范的合作社来讲,重新取得所有成员的签名非常麻烦,如果有些成员在外打工,难度会更大。第三,一些空壳社长期不经营,也从来不报税,无法取得完税证明。关于合作社注销的有关规定兼顾了合作社的交易伙伴、社员、政府各方面的利益,对于正常的企业注销无疑必要的,但是考虑到合作社非常弱小,能力有限,就显得过于复杂,一些空壳社即使想注销,也因为程序问题难以实现。

(三)发起人不积极主动清理

由于对相关法律责任和义务宣传不到位,信息不对称,合作社发起人或理事长并不清楚登记注册合作社和保留空壳社需要承担的责任和风险,主观上不积极主动清理。容易出现认识误区主要有三个:首先,一些合作社的发起人不了解资本金认缴制度,在注册时承诺过高的资本金。按照法律规定,如果在承诺期限内不缴齐资本金,将会被认定为虚假出资,面临罚款。而且,在合作社发生债务纠纷导致破产清算时,发起人和成员要以出资数额为限承担责任。其次,即便合作社被免税或者未运营,仍然需要零报税,不按照税务部门规定提交税务报表将会被纳入黑名单,留下信用污点。第三,部分合作社理事长对保留空壳社表示无所谓,不按时提交年报,但是如果持续两年就会被列入异常经营名录,合作社及法人代表所有对外申办业务将全部被限制。

四、进一步清理空壳社的建议

(一)大力普及空壳社相关问题法律知识

在各类培训和宣传工作中,除了介绍政府对合作社的支持政策,还应该使合作社理事长或者成员了解注册合作社以后的责任和义务，以及可能面临的法律风险，使其在全面掌握相关政策和信息的前提下做出更加理性的选择。在当前正在进行的“农民专业合作社质量提升整县推进试点”工作中，一直在强调要提升县域对合作社的指导扶持服务能力，建立健全辅导员队伍，创建农民合作社服务中心，规范服务标准，提供公共服务，强化监督管理，都是有益的尝试。

（二）以税务部门为核心加强空壳社甄别工作

根据法律规定，市场主体即便不用纳税，也必须按月向税务机关提交有关纳税事项书面报告。《中华人民共和国税收征收管理法》第六十二条规定，超过一定期间未能零申报的市场经营主体被列入经营异常，一旦被列入到异常名单直接会影响到日常工作，会影响到合作社的信用记录，如果被列入黑名单，甚至会影响法人代表出国等活动。正常运营的合作社都会发生现金流，并且需要记账、开发票，这些市场经营活动都与税务部门产生千丝万缕的关系，因此理论上凡是正常运营的合作社都会按规定零申报。因此，以税务部门掌握的合作社经营异常名录为依据，能够相对准确地甄别出空壳社的实际经营情况。因此需要加强税务部门和合作社主管部门的信息共享。

（三）出台方便空壳社注销的措施

在空壳社清理整顿专项行动中，一些基层政府探索了系列措施，帮助空壳社快速注销，降低注销成本。以浙江省泰顺县为例，泰顺县是全国农民合作社质量提升整县推进试点单位，该县推出一系列措施，方便空壳社注销。一是推出代办专员制度，由各乡镇指定代办专员，免费提供注销代办服务。二是加大对空壳社的惩戒力度，对未按照规定期限报送年度报告并公示的，年度报告公示信息隐瞒真实情况、弄虚作假的，或通过登记的住所无法取得联系的，将列入经营异常名录并予以公示；合作社连续两年未从事经营活动的，吊销其营业执照。吊销满三年仍未申请注销的，依照相关规定强制予以注销。[①] 三是提供更简易的注销途径。对于未办理过涉税事宜或办理过涉税事宜但未领用发票、无欠税费（滞纳金）及罚款的，以及无经营未申报并无偷税行为的注销申请纳税人，免予到税务机关办理清税证明；市场监管部门和税务部门已共享合作社清税信息的，合作社无须提交纸质清税说明文书。对无实质性生产经营活动的合作社，自愿注销的，可提供相关资料委托乡镇代办员办理。

2022 年 3 月 1 日，《中华人民共和国市场主体登记管理条例》和《中华人民共和国市场主体登记管理条例实施细则》开始施行，规定了市场主体的简易注销手续，符合条件的市场主体（包括合作社）提交申请书和全体投资人承诺书，通过国家企业信用信息公示系统公示 20 日即可。这是国家颁布的囊括所有市场主体的条例，将更有力地规范农民专业合作社的登记和注销工作。

第二节　农民专业合作社的异化问题

如前文所述，造成空壳社的原因主要是合作社发起人政策投机、地方政府政绩考核、涉农经营主体套取税收优惠、精准扶贫政策催生、[②]业务停止后未及时注销等，经过专项清理整顿，可以预期会有明显好转。与空壳社问题相比较，导致合作社的异化问题的原因更为复杂，其影响也更加深远。

一、农民专业合作社判定和识别标准

企业的组织类型多样，究竟是什么使合作社称其为合作社而不是其他组织？本书认为，合作社与投资者所有企业的根本区别在于“所有者与惠顾者

---

① 参见：浙江省农业农村厅合作经济指导处：《浙江省泰顺县 10 项措施目标准，“空壳社”注销不再难》，《农业机械》2019 年第 10 期。

② 鉴于合作社理论上的“益贫性”，一些地方在扶贫攻坚工作中，要求村村建立合作社。——笔者注。

是否同一”,这也是判断合作社是否异化的标准。

(一)从概念看合作社的本质

国际上对合作社的定义有很多不同的表述。通常认为,合作社是一种兼有企业和共同体双重属性的社会经济组织。① 按照国际合作社联盟(International Cooperative Alliance,ICA)的定义,“合作社是自愿联合起来的人们通过联合所有民主控制的企业来满足他们共同的经济、社会与文化的需求与抱负的自治联合体”。这个概念除强调合作社的经济功能外,还强调合作社的社会功能和价值理念。相比之下,各国合作社立法实践中,则更强调其经济功能。② 美国农业部农村发展中心(USDA Rural Development)将合作社明确界定为一种经济组织,认为合作社是由其服务的使用者拥有和控制的企业,其特征是“用户所有、用户控制和用户受益”。③ 威斯康星大学合作社研究中心(UWCC)认为:“合作社是为了满足社员需求而建立的组织,社员拥有并通过民主选举的理事会控制合作社,收益和利润基于社员的使用和惠顾进行分配。”④我国《农民专业合作社法》规定,“农民专业合作社是在农村家庭承包经营基础上,同类农产品的生产经营者或者同类农业生产经营服务的提供者、利用者,自愿联合、民主管理的互助性经济组织”,同样强调其互助性和经济组织性质。综上所述,可以看到合作社的鲜明特征,即“用户所有、用户控制和用户受益”。

(二)合作社原则与合作社的质性底线

实践中,每个合作社都会执行特定的合作社原则,以保证合作社不会偏离

---

① 参见梁巧、黄祖辉:《关于合作社研究的理论和分析框架:一个综述》,《经济学家》2011年第12期。

② 参见国际合作社联盟官网:https://ica.coop/en。

③ 参见美国农业部官网:http://www.rurdev.usda.gov/BCP_Coop_StartingACoop.html。

④ 参见威斯康星大学合作社研究中心(UWCC)网站:http://www.uwcc.wisc.edu/whatisacoop/。

其质性底线。最早的、影响广泛的合作社原则是由罗虚戴尔合作社制定的，被称为“罗虚戴尔原则”（Rochdale Principles），内容包括①入社自由；②一人一票；③现金交易；④按时价销售；⑤货真价实，不短斤少两；⑥限制股金分红，盈余按购买额分配；⑦重视对社员的教育；⑧政治和宗教中立。1921 年，国际合作社联盟在“罗虚戴尔原则”基础上制定了国际合作社联盟的合作社原则，任何遵守该原则的组织即为合作社。此后，国际合作联盟曾分别于 1966 年、1995 年对合作社的组织原则作了部分修改，但在历次修订中，涉及合作社如何运作的一些基本原则几乎没有变化，它们是：自愿入社、民主控制、按惠顾额分配盈余和资本报酬有限。各国的合作社立法中也基本上坚持以上原则，因此这些原则被人们称为合作社的经典原则。[①] 可以看到，只有坚持上述原则，才能保证合作社真正成为用户所有、用户控制和用户受益的组织，因此，合作社原则是保证其质性底线的具体手段。

（三）判断合作社是否异化的标准

所有者与惠顾者同一是判断合作社是否异化的标准。实践中，即使是经典原则的执行也是有弹性的。例如，为稳定原料供应，保证运营资本的稳定性，北美的新一代合作社实行封闭的社员资格制度，社员进入和退出有一定的条件限制，社员的交易量和其对合作社的投资额挂钩，投票权也打破了完全的一人一票的限制，增加了附加表决权。为了吸引资本投资，一些合作社设置优先股，给予合作社更高的投资回报率。因此，如果机械地理解或者执行所谓的“经典原则”并不符合合作社发展的趋势。本书认为，实践中，合作社与投资者所有企业的根本区别在于所有者与惠顾者是否同一。

对上述问题的理解包括四层含义。首先，完全遵守“经典原则”脱离实

① 北美“新一代合作社”实行封闭的社员资格制度，且日常经营专家管理特征日益强化，但仍然实行民主控制，并且实现了“按股分红”与“按惠顾额返还”的实质合一，实际上也未偏离合作社的核心原则。——笔者注。

际，但不墨守成规不等于完全抛弃。资本报酬有限、按惠顾额分配盈余和成员民主控制等，是合作社的核心原则，不应突破，①但是执行中有多大的弹性可以由社员大会来决定。其次，“所有者与惠顾者同一”是合作社的本质规定，划定了合作社与投资者所有企业的边界。一旦合作社所有权不完全由其惠顾者所共享，脱离了自我服务的目标，将会产生两种情况：一是如果合作社出于营利目的而开展非社员业务，以致社员业务所占比重越来越小，社员的惠顾者身份越来越不明显，则合作社就转变为以营利为目的的公司；二是如果合作社的非社员业务不以营利为目的，其服务对社员与非社员一视同仁，则合作社的服务就不再是俱乐部产品，而成为公共物品，就会出现普遍的搭便车现象，合作社也就转变为公益组织了。② 第三，“所有者与惠顾者同一”不是绝对的。合作社一般都要从外部吸收资本，也会与非社员交易，但是各国的实践中，从外部吸收的资本一般不具有投票权和盈余分配权，与非社员的交易也有一定限制。一般各国的法律对这些问题都有具体规定，突破这些规定，合作社就异化为投资者所有的企业。第四，遵守“合作原则”是保障“所有者与惠顾者同一”的手段。只有坚持资本报酬有限、按惠顾额分配盈余，才能保障惠顾者是合作社的所有者和受益者，其内在是一致的。

综上所述，本书认为，所谓“规范”的合作社，不是指完全遵守所谓“经典合作原则”③的合作社，而是指满足其基本规定性——“所有者与惠顾者同一”——的合作社，在这样的合作社中，普通社员有实质性的资本参与，合作

---

① 参见：黄祖辉、徐旭初：《中国的农民专业合作社与制度安排》，《山东农业大学学报（社会科学版）》2005 年第 4 期；应瑞瑶：《论农业合作社的演进趋势与现代合作社的制度内核》，《南京社会科学》2004 年第 1 期；苑鹏：《试论合作社的本质属性及中国农民专业合作经济组织发展的基本条件》，《农村经营管理》2006 年第 8 期；国鲁来：《合作社制度及专业协会实践的制度经济学分析》，《中国农村观察》2001 年第 4 期。

② 参见邓衡山、王文烂：《合作社的本质规定与现实检视——中国到底有没有真正的农民合作社？》，《中国农村经济》2014 年第 7 期。

③ 关于何为“经典原则”并无统一意见，根据各国实践，可以提取一些共性原则，包括：（1）成员资格开放；（2）绝对的一人一票；（3）完全按惠顾额分配盈余；以及（4）资本报酬有限等。越接近这些原则，合作社越“传统”。——笔者注。

社主要与社员交易，社员通过投票权积极参与合作社的重大决策，盈余主要按照惠顾额返还。

二、对农民专业合作社异化程度的评估

（一）基于案例调查的评价

有大量成果采用案例研究的形式对我国农民专业合作社异化的程度进行评价。黄祖辉、徐旭初很早就注意到农民专业合作社发展中的异化问题，他们将当时的农民专业合作经济组织分为三类：比较经典的合作社（A型）、股份制与合作制相结合的股份合作社（B型）和专业协会（C型），认为在全部的农民专业合作经济组织[①]当中，前两者的占比大约在15%。[②] 熊万胜选择安徽省某县为调研对象，从"农民性""组织性""经济效率"三个维度构建合作社发展评价指标体系，对该县所有合作社中较有经济活力的三十个合作社进行普查，将该县的合作社归纳为"公司加农户类""土地规模经营类""农民的合作社类""专业经济协会类"、"企业合作与农民合作混合类"五类，发现"农民的合作社类"得分最高，但是经济活力不足，其他类型的合作社都出现了名实分离现象。[③] 樊红敏采用田野调查法，对来自河南具有代表性的两个县（市）的合作社进行调查，使用案例分析的方法分析合作社的特点，认为在合作经济组织制度化的过程中，农业产业经营的组织化程度和农户的组织化程度没有出现预期的由低级到高级的变革过程，而从性质上讲，小农户经济的性质并没

---

① 浙江省农民专业合作经济组织的发展走在全国前列，早在2004年就出台了《浙江省农民专业合作社条例》，在该条例出台之前，多数关于农民专业合作社的研究称之为"农民专业合作社经济组织"。

② 参见黄祖辉、徐旭初：《中国的农民专业合作社与制度安排》，《山东农业大学学报（社会科学版）》2005年第4期。

③ 参见熊万胜：《合作社：作为制度化进程的意外后果》，《社会学研究》2009年第5期。

有发生实质性的改变，没有出现农业现代化的革新和演变。① 冯小介绍了三个公司领办合作社的案例，认为合作社成为了地方政府招商引资的政策优惠包，出现下乡资本和部门权力的结合、下乡资本与暴力权威的结盟以及与少数乡村精英的合谋，成为资本牟利的工具。虽然上述情况并不普遍，但是这种现象值得警惕。②

（二）基于较大规模调研的统计分析

如果说上述研究还是基于局部案例的感观印象，一批基于大规模调研的经验研究进一步印证了我国农民专业合作社发展中存在的异化现象。黄胜忠等于2006年在浙江的台州市、温州市和河北的邯郸市三个地区展开合作社调查，获得168份合作社问卷。他们发现合作社的股权比较集中，第一大股东的平均持股比例为20%，理事会成员的持股量在50%左右，大股东控股现象比较普遍。③ 吴金红等以甘肃省农民专业合作社为例，构建农民专业合作社异化度测度指标体系，对合作社的异化程度进行分析，并探讨其异化原因。结果表明，盈余分配的异化程度最高，盈余分配机制的缺陷是导致合作社发生异化的最重要原因。④ 邓衡山等于2012年调查了F省的5个县，每个县由当地农业局等部门有关工作人员选取该县4个最有影响力的合作社，在每一个合作社分别就合作社负责人和社员两个层面上进行访谈，通过"合作社的股份构成""理事会如何产生""盈余分配机制由谁决定""合作社的重大事务由谁决策""合作社如何为社员服务"等问题来判断合作社的本质，认为符合"所有

---

① 参见樊红敏：《新型农民专业合作经济组织内卷化及其制度逻辑——基于对河南省A县和B市的调查》，《中国农村观察》2011年第6期。

② 参见冯小：《农民专业合作社制度异化的乡土逻辑——以"合作社包装下乡资本"为例》，《中国农村观察》2014年第2期。

③ 参见黄胜忠、林坚、徐旭初：《农民专业合作社治理机制及其绩效实证分析》，《中国农村经济》2008年第3期。

④ 参见吴金红、马丁丑：《欠发达地区农民专业合作社异化测度及实证分析——基于甘肃省示范性合作社的调研》，《农业现代化研究》2015年第1期。

者与惠顾者同一"性质的合作社比较少。① 罗玉峰等关注了合作社社员的虚假参与问题,发现当前农民专业合作社在农户参与方面的作假行为已经成为一种普遍现象。②

整体看,上述调研由于样本量较小、覆盖区域较少,其代表性还要打个问号,之后由徐志刚、邓衡山、廖晓静、朱哲毅、应瑞瑶等开展的国家自然科学基金课题"农民专业合作经济组织发展分化与农户受益差异及原因研究"基于更大的范围展开调研,发表了一系列实证研究成果,可以更加立体地了解我国农民专业合作社发展的状况。根据已经发表的文章,该课题组于 2014 年调查了江苏、吉林、四川 3 省 9 县 18 乡镇 331 村 500 家合作社。其中,省份选择兼顾了地区和经济发展水平的差异,在县乡层面上采取随机抽样的方法,在乡镇层面上采取普查方法,所获得的样本代表性较强。访谈对象涵盖了合作社负责人、普通社员、村社干部等,所得的信息互相印证以确保真实可靠。基于上述调研的研究成果涵盖了多个方面,除了对合作社的整体规范性做出评价,该系列研究的价值还在于对合作社能够发挥的功能进行实证验证,包括合作社在统一农资购买、统一农产品销售、能否以及如何带动农民增收、合作社股权结构和利益分配的关系以及合作社社员的虚假参与等问题,比较全面地反映了我国农民专业合作社的发展状况。

邓衡山等发现,在所调研的 500 家合作社中,252 家(占 50.4%)是没有运转的空组织;216 家(占 43.2%)采用的是市场交易模式,属于是市场组织;32 家(6.4%)是投资者所有的公司。如果按照"所有者和惠顾者同一"的标准来判断,真正意义的合作社在合作社中所占比例很低。③ 朱哲毅等以其中 242

① 参见邓衡山、王文烂:《合作社的本质规定与现实检视——中国到底有没有真正的农民合作社?》,《中国农村经济》2014 年第 7 期。

② 参见罗玉峰、邓衡山、陈菲菲、徐志刚:《农民专业合作社的农户参与:自选择还是被参与》,《农业现代化研究》2017 年第 1 期。

③ 参见邓衡山、徐志刚、应瑞瑶、廖小静:《真正的农民专业合作社为何在中国难寻?一个框架性解释与经验事实》,《中国农村观察》2016 年第 4 期。

家涉及农资购买环节合作社为对象，研究了农民专业合作社农资购买服务情况，发现合作社提供农资统购服务的比例较低，且大多停留在浅层次牵线购买层面。① 主要原因在于我国农村农资市场高度竞争，使得农资批零差价较小；多数合作社农资需求总规模并不是很大，导致合作社统一购买农资所降低的购买成本有限；同时，当时我国农产品市场买方对产品质量安全的要求还很少追溯到田间地头，农资购买服务的需求也相应减少。这一结论对现实的生产环境下农户对合作社的有效需求提出了质疑。徐志刚等使用了其中250家涉及农产品统一销售的合作社的数据，提出了产品溢价、产业风险影响合作社统一销售服务的假说，认为如果农户能够获得增值溢价以及合作社有能力降低产业风险时，合作社更倾向于提供统一销售。然而，实践中，在没有雇佣关系的合作社中（该文提到雇工经营的合作社往往是农业公司和家庭农场，研究他们是否统一销售是没有意义的），统一销售的比例仅占9%，缺乏实现统一销售溢价的必要资金和人力资本是重要障碍，而且，由于我国食品质量安全体系还不够完善，合作社无力向消费者证明食品的品质，不能实现优质优价，使合作社统一销售的动机减弱。② 廖小静等构建了合作社不同治理结构下、不同角色农户受益程度与机制的分析框架，结合我国合作社发展的约束条件提出了影响合作社收益分配的研究假说，并利用上述调研中得到的18家设施蔬果合作社255个农户数据，以及2008年和2013年两期的调研数据进行了实证检验，发现我国合作社功能还比较弱，合作社对普通成员生产和收入的促进作用比较有限；而由于成员异质性，核心成员受益程度普遍高于其他角色的农户。③ 应瑞瑶等从成员异质性角度分析合作社大股东控股对利益分配的影

① 参见朱哲毅、邓衡山、应瑞瑶：《价格谈判、质量控制与农民专业合作社农资购买服务》，《中国农村经济》2016年第7期。

② 参见徐志刚、谭鑫、廖小静：《农民合作社核心成员社会资本与政策资源获取及成员受益差异》，《南京农业大学学报（社会科学版）》2017年第6期。

③ 参见廖小静、应瑞瑶、邓衡山、徐志刚：《收入效应与利益分配：农民合作效果研究——基于农民专业合作社不同角色农户受益差异的实证研究》，《中国软科学》2016年第5期。

响，发现在有盈余分配的66家农民专业合作社中，大股东的股份比例越是高于交易量比例，合作社盈余分配中按股分红的比例越大，按交易量返还的比例越小。这一结论的启示是，如果不能扭转合作社过高的股权集中度，就难以从根本上扭转合作社盈余按惠顾分配比例不高的现象。①

从以上结论看，通常各部门在宣传合作社发展的成就中所强调的"统一购买、统一销售、统一生产规程、带动农民增收"等都需要先画上一个问号，至少能在多大程度上实现上述功能以及实现的条件方面还需要深入研究。

三、农民专业合作社模糊异化现象的做法

农民专业合作社的异化通常有两种途径：一是原有的投资者所有的企业经过包装，注册为合作社；二是原本的农民专业合作社逐步被大股东控制，逐渐失去"合作社"的性质。根据笔者研究团队的调研经验，由合作社异化为投资者所有企业的情况较少，由投资者所有企业包装而成的合作社更加普遍，在这种情况下，"公司+农户""农民经纪人+农户"以及农民合伙企业等多种非合作社经济组织被归到了农民专业合作社名下。但是在合作社自我宣传中，经常可以看到合作社自称"民主管理好、经济实力较强、服务成效明显、产品质量安全"等，与学者们对合作社异化程度的评价对照，似乎大家描述的不是同一个对象。调研发现，一些合作社为了满足法律要求以及获得相应的政府扶持，往往按照政府对合作社的期望来包装自己，用以模糊自身的异化。常见的手段包括以下几种：

（一）模糊合作社社员的资格边界

潘劲指出，在界定成员资格时，一些合作社往往采用双重标准：在寻求政府资助、争取项目以及应付各种考核时，合作社会尽可能扩展自己的成员边

① 参见应瑞瑶、唐春燕、邓衡山、徐志刚：《成员异质性、合作博弈与利益分配——一个对农民专业合作社盈余分配机制安排的经济解释》，《财贸研究》2016年第3期。

界,以获得“带动农户数”的较高评分,但凡与其交易的农户都成了合作社成员;而在涉及成员权益方面,例如在分享盈余以及量化政府补助时,合作社又尽可能缩小其成员边界,往往以持股成员或核心成员甚至少数发起人为基数,以减少利益外溢。① 在社员边界模糊的背后是社员的虚假参与问题,罗玉峰等的调研发现,当前农民专业合作社在农户参与方面的作假行为非常普遍。部分农民迫于亲情、友情或者某种压力,在不清楚成员所要承担的义务的前提下,将自己的身份证借给他人注册合作社。② 笔者的课题组在 2017 年对一系列蔬菜合作社进行的调研中,发现一些列入合作社社员名册的农户并不认为自己是合作社的社员,在他们眼中,此合作社与彼合作社以及其他的农业企业组织并没有质的差别。社员的积极参与是合作社发展的基石和归宿,如果社员的参与行为存在问题,合作社出现异化现象就可想而知了。

(二)用“N 个统一”掩饰社员参与不够的问题

合作社通常宣称自己提供多项服务,实现所谓的“N 个统一”,如统一供种、统一购买生产资料、统一技术服务、统一生产标准、统一市场销售、统一品牌、统一加工等(不同的合作社实现了几个统一有所不同),实现了为农户服务的目标。实现“N 个统一”是农业专业化、标准化生产的需要,是我国政府鼓励的农业现代化发展方向,也是合作社为社员提供社会化服务的重要内容。但是根据前述朱哲毅等③、徐志刚等④的研究,绝大多数合作社的服务功能主要集中在浅层的信息服务和偶尔的技术培训,购买、销售的统一程度还比较

① 参见潘劲:《中国农民专业合作社:数据背后的解读》,《中国农村观察》2011 年第 6 期。

② 参见罗玉峰、邓衡山、陈菲菲、徐志刚:《农民专业合作社的农户参与:自选择还是被参与》,《农业现代化研究》2017 年第 1 期。

③ 参见朱哲毅、邓衡山、应瑞瑶:《价格谈判、质量控制与农民专业合作社农资购买服务》,《中国农村经济》2016 年第 7 期。

④ 参见徐志刚、谭鑫、廖小静:《农民合作社核心成员社会资本与政策资源获取及成员受益差异》,《南京农业大学学报(社会科学版)》2017 年第 6 期。

低,社员并不特别依赖合作社的销售渠道,也没有特别的忠诚度。由于我国的农产品质量追溯系统还不健全,所谓的统一生产标准在很多合作社还停留在字面上。一些合作社注册了自己的商标、品牌,甚至有绿色产品、有机食品认证,但是大多数品牌知名度低,难以维护,很难带来产品溢价,导致合作社不愿意花更多的力气宣传品牌,维持产品认证。在获得社员的支持与合作方面,合作社与普通的涉农企业差别不大。

(三)混淆按惠顾额返利的概念

按惠顾额返利(或“二次返利”)是指合作社的可分配盈余主要按照社员与合作社的交易额返还给社员。按惠顾额返利体现了对弱小成员利益的保护,鼓励成员关注合作社的可持续发展,有助于形成利益共享、风险共担的机制,是保护成员经济利益的制度基础。① 为维护惠顾者的利益,我国《农民专业合作社法》规定“可分配盈余按成员与本社的交易量(额)比例返还的返还总额不得低于可分配盈余的百分之六十”。然而实践中一些合作社达不到上述要求,因此将生产资料价格优惠、产品销售价格优惠、以优惠价格提供的技术和服务、地租、雇工工资等与按惠顾额返利混淆,提出合作社实行保底分红②、一次让利与二次返利相结合③等提法,但实际上有意无意模糊了二次返利的本质,掩盖了合作社没有真正的惠顾返还的事实。

首先,在合作社经营中,地租、雇工工资显而易见属于成本,不属于盈余返还。其次,所谓的“保底分红”的提法虽然迎合了社会主流意识形态中保障农民收入的需求,但实际上,一个小小的合作社在自然风险和市场风险面前是无

① 参见任大鹏、于欣慧:《论合作社惠顾返还原则的价值——对“一次让利”替代二次返利的质疑》,《农业经济问题》2013 年第 2 期。

② 指市场不景气时向社员提供农产品保底价格,保证收购社员的产品;在市场好的时候社员还参加分红。——笔者注。

③ “一次让利”指前述各类价格优惠,“二次让利”是对可分配盈余通俗叫法。这种情形下,一般以“一次让利”为主,“二次让利”占比很小。——笔者注。

力保底的，农户如果不承担风险而又要求分红也不符合责任和义务对等的逻辑。实践中合作社与社员之间的交易价格常常是随行就市，同时用似有若无的微小分红迎合政策需求，营造分红的幻象。再次，所谓“一次让利”也存在理论上的根本缺陷以及实践中不能落实的双重问题。实践中，由于普遍存在的成员边界模糊问题，成员的“搭便车”现象会使所谓的“一次让利”难以实现。这里可以根据对社员产品的质量要求分两种情况：假定合作社以高于市场的价格收购没有特殊质量要求的产品（例如要达到绿色或有机标准，或者满足一定的生产过程标准），会引致社员及非社员的大量交售，不仅成本巨大而且没有必要；假定对产品有特殊要求，所谓的“一次让利”可以看作对特殊质量要求的溢价，其本质上还是市场交易行为。罗虚代尔原则中有一条是“按市价交易”，其实就是认识到了所谓“让利”的不可行。前述任大鹏、于欣慧的文章认为，“一次让利”就像是一块面纱，使弱小成员关注了眼前利益，却遮蔽了他们本该得到的更多的合作社后续经营的利益。①

（四）混淆领办企业、合作社以及社员的资产和收入

合作社的财务制度不健全，资产和收入归属不清。一些由农业企业领办的合作社将企业的资产与合作社的资产混淆，虽然这些企业本身的固定资产规模较大，但真正属于合作社的资产非常有限。一些合作社将社员自己的固定资产算作合作社的资产，夸大合作社的规模。例如笔者调研的某蔬菜合作社，在计算合作社的固定资产时，将社员的蔬菜大棚也计算在内。一些合作社夸大其注册资金或股金，将社员拥有的生产设施（例如果树、鱼塘、土地、蔬菜大棚等）作价入股，但是，所有的参与者都清楚，这些资产不能对合作社的债务负责，也不作为盈余分配的依据，没有现实意义。在销售收入方面也有同样的问题，一些合作社将领办企业的销售收入、社员自身的销售收入与合作社的

① 参见任大鹏、于欣慧：《论合作社惠顾返还原则的价值——对“一次让利”替代二次返利的质疑》，《农业经济问题》2013 年第 2 期。

销售收入混为一谈，夸大了合作社的经营业绩。

混淆领办企业、合作社和社员的资产与收入与模糊社员资格的边界目的是一样的，就是通过扩大资产规模和营业收入来迎合政府对合作社规模的要求，但在真正涉及利益和资产所有权确认的时候再采用另外一套计算标准。其负面效果是牺牲合作社财务会计制度的规范性，将其置于灰色地带。这些合作社还忽视了虚增注册资金或者虚增合作社资产可能带来的财务和法律风险。

（五）夸大合作社的服务成效

在合作社服务成效的宣传方面，一个比较明显的问题是不严谨，一些合作社用难以证实的数据夸大其服务成效。在合作社的情况介绍中，常常可以看到合作社实际带动多少农户，并使社员收入增加了多少。但实际上，除非针对社员和非社员进行详尽调研，否则上述数据无据可考。例如前述廖小静等基于广泛调研的研究发现，合作社对普通成员生产和收入的促进作用十分有限，而由于成员异质性，核心成员受益程度普遍高于其他角色的农户，证实了上述疑问。①

四、对合作社异化现象“包容论”的思考

当前，对合作社异化现象的存在学术界是有共识的，但是对于如何看待这一现象，存在“包容论”和“规范论”两类观点。前者对合作社的发展成就较为乐观，认为应该理解合作社发展初期的生态多样性，多扶持，多包容，少批评，可以先发展，后规范；后者则对合作社的异化深表忧虑，认为名实不符侵蚀了合作社发展的基础，亟须通过修法以及政策调整等手段纠正合作社的异化。上述观点看似水火不容，但是很多分歧源自概念和表达的差异，本质的分歧并没有表现出来的那样大。

---

① 参见廖小静、应瑞瑶、邓衡山、徐志刚：《收入效应与利益分配：农民合作效果研究——基于农民专业合作社不同角色农户受益差异的实证研究》，《中国软科学》2016 年第 5 期。

(一)合作社异化现象"包容论"

"包容论"者的主要观点可以概括如下:(1)"经典"合作社不存在论。该观点认为国际上合作社判定的标准一直在发生变化,真正经典的合作社已经很少存在。作为一种章程自治的组织,实践中很难找到两个制度一模一样的合作社,对我国农民合作社的苛责更无必要。因此,不必强行干预合作社本质规定性漂移的发生,应该鼓励合作社社员通过合作社章程自主选择是否允许以及在多大程度上允许这种漂移的发生。[①] (2)利益提升论。认为只要能给农民带来好处,就不必深究其是不是合作社,这样的组织因为不够规范而不被认为是合作社的话,恐怕利益受损的不是别人,恰恰是农民自己。普通成员对权利的理解在很大程度上是实用主义的,是追求"帕累托改进",只要利益有所提升,他们并不关心其力所不及的权益博弈。[②] (3)"先发展后规范"论。认为首先要力促合作社的大发展,造出声势,至于规范,可以先上车后补票。(4)合法注册论。认为合作社是按照《农民专业合作社法》在工商部门(原)依法注册成立,没有理由说某合作社不规范甚至是"假"的。辨别并驱逐假合作社成本巨大,徒劳无功。而且,无论是公司还是个体经济都有益于农业农村发展,它们本身又是弱小的,被当成合作社支持一下也没什么不妥。[③] (5)"泛合作"论。认为合作社就是"大家伙合起来商量着做些事",合作社是一种"多要素合作",如资本、劳动(成果)、土地(经营权)、技术、经营才能等。[④] 按照这样的理解,如果某企业在与农民的交易中存在着与农民合作的因素,例如收购了农民的产品,向农民提供了信息和技术服务,或者租用了农民的土地,都应该是合作社。

---

① 参见黄祖辉、邵科:《合作社的本质规定性及其漂移》,《浙江大学学报(人文社会科学版)》2009 年第 4 期。

② 参见徐旭初:《大家伙儿合起来商量着做些事》,《中国农民合作社》2016 年第 9 期。

③ 参见刘老石:《合作社实践与本土评价标准》,《开放时代》2010 年第 12 期。

④ 参见徐旭初:《大家伙儿合起来商量着做些事》,《中国农民合作社》2016 年第 9 期。

(二)对“包容论”观点的思考

1. 经典合作社不存在不等于要放弃合作社的基本内核。本书认为,如果照搬罗虚代尔原则或国际合作社联盟的原则,“经典”的合作社肯定是不存在的,学术界对这一点存在共识。在社员异质性逐步增强的背景下,为了清晰界定产权,一些所谓“传统(或经典)的合作原则”不断被突破,经典的合作社的确越来越少。近几十年来,西方出现了比例合作社、新一代合作社等新的合作社类型,一些合作社在发展中引入外部资本作为优先股,按惠顾额返还盈余也不再是全部返还,实行了封闭的社员资格制度,在一定程度上突破了一人一票。但与此同时,大多数研究者都认为合作社的质性底线始终是明确的,那就是“所有者与惠顾者同一”。正如应瑞瑶所述,虽然各国合作社的发展都存在外延扩大而内涵减少的问题,但是合作社的变革并没有使它演变为股份制企业,合作社在调整、变革过程中,仍然坚持其基本内核,即合作社的顾客往往也是它的所有者,合作社的目标是使社员受益。①

2. “利益提升论”舍弃了合作社作为农民所有的组织的独特性。有人用“黑猫白猫论”来说明利益提升论的正确性,但在逻辑上是有瑕疵的。因为虽然黑猫白猫都可以抓老鼠,但不必让黑猫伪装成白猫。依据经济学基本原理,即便是一个投资者所有的企业,农民在与其交易的过程中也会获得效益的提升、福利的改善,否则交易就不会存在;而且,农民并非不关心他们力所不及的权益博弈,只是不认同这是自己的组织,因而表现出对合作社的“茫然和漠然”。② 在各国农业发展实践中,除了合作社,还可以存在各种性质的经营主体,包括投资者所有的公司和非营利组织,他们适应不同的发展环境和条件,以不同的方式为经济发展作出贡献(事实上在大多数国家,与投资者所有的

---

① 参见应瑞瑶:《论农业合作社的演进趋势与现代合作社的制度内核》,《南京社会科学》2004 年第 1 期。

② 参见潘劲:《中国农民专业合作社:数据背后的解读》,《中国农村观察》2011 年第 6 期。

企业相比，合作社都不是占主导地位的经济组织）。所以，如果某个组织是投资者所有的，那么它就应该注册为投资者所有的企业，没有必要注册为合作社，使自己陷入名不正言不顺的尴尬境地。

3."先发展后规范论"没有充分认识到规范过程的难度。先发展后规范的另一种表述就是"先上车、后补票"。本书赞同对合作社发展初期出现的不规范现象持包容、鼓励和支持的态度，但是也要认识到前期形成的制度往往由于路径依赖纠正起来非常困难，有时候即使认识到一开始发展的方向是错误的，也很难找到有效的纠错机制。令人印象深刻的案例是20世纪90年代的乡镇企业股份合作社改革，支持者认为"股份合作"汇聚了股份制和合作制的优势，是乡镇企业改革的方向。实践证明，这一制度设计未能经过实践检验，所谓"股份合作制"的乡镇企业要么因为市场竞争力不足退出了市场，要么逐步转变为投资者所有的企业，能够留存下来的凤毛麟角。从合作社的发展实践来看，我国政府很早就注意到农民专业合作社的不规范问题，也出台了一系列的文件和办法，包括《农民专业合作社示范章程》《农民专业合作社财务会计制度》《农民合作社示范社评定和监测办法》《农民专业合作社年度报告公示暂行办法》，还布置了农民专业合作社空壳社专项清理工作，推动农民合作社质量提升整县推进试点工作等等，但目前为止还不足以遏制合作社异化的倾向。因此，不能指望合作社自然而然走向规范，应尽早确立规范的发展方向。

4."合法注册论"忽视了法律法规落实中的瑕疵。由于对合作社的监测力量有限，合作社合法注册并不能保证其依法运作。从笔者调研情况看，由于法律法规以及内外部监督机制尚不完善，很多合作社在完善治理机制以及落实盈余分配机制方面都不甚理想。我国政府也认为合作社发展中存在的不规范问题，在2017年修订了《农民专业合作社法》，并将合作社的规范提升列为合作社发展中最重要的工作之一。

5."泛合作论"使合作社丧失了作为一类经济组织的独特性。合作社作为一种经济组织有其特定的内涵和外延，如果无限推广，就失去了合作社作为一种特定的商业组织形式的意义。每一个概念和分类体系对应的都是外延和内涵较为确定的实体性的存在，①扩大合作社的外延固然可以免去对合作社真假的争论，但是也会导致合作社本身虚无化，并使合作社研究失去基础。徐旭初引用汉斯曼的观点，认为要适度放宽“惠顾”的概念，将惠顾分为业务型惠顾和要素型惠顾（又叫直接惠顾和间接惠顾），认为现代企业（股份公司）实际上是合作社的一种特殊表现形式，是要素惠顾型合作社。② 本书认为，仅仅将惠顾的概念放宽是没有问题的，但是在汉斯曼的理论探讨中，传统的合作社概念被界定为生产者所有的合作社，它和消费者合作社、雇员合作社、投资者合作社一起，都是并列的组织，不同的组织之间仍然是泾渭分明的。

（三）重视合作社异化现象的意义

本书重视合作社的异化问题，既不是对非合作社性质的农业经济组织有任何歧视，也不是要否定现有合作社对提高农民的组织化程度的直接或间接作用，而是认为当前农民合作社的异化现象可能损害合作社的发展前景，必须正本清源，勇于直面问题和挑战。

首先，合作社的异化有损政府扶持政策的正当性。基于对合作社的“益贫性”假设，③我国政府大力扶持合作社的发展。例如，十八届三中全会通过的《中共中央关于全面深化改革若干重大问题的决定》，提出“允许财政项目资金直接投向符合条件的合作社，允许财政补助形成的资产转交合作社持有

① 参见赵鼎新：《社会科学研究的困境：从与自然科学的区别谈起》，《社会学评论》2015 年第 4 期。

② 参见徐旭初：《如何看待没有“惠顾”的惠顾问题》，《中国农民合作社》2018 年第 8 期。

③ 徐旭初认为，合作社的“益贫性”假设主要出于以下理由：(1)合作社运动最初源于一些思想家、社会活动家的倡导和推动，其初衷和旨趣从根本上说是益贫的；(2)最初的合作社形式几乎都以互助性合作社为主，以益贫为导向；(3)合作社内部的制度安排大都强调维护弱者或贫困成员的组织主体地位、自我服务旨趣和民主管理权利。参见徐旭初：《再谈在脱贫攻坚中发挥农民合作社的内源作用》，《中国农民合作社》2016 年第 7 期。

和管护，允许合作社开展信用合作”，这“三个允许”是含金量很高的扶持政策。实践中，许多异化的合作社往往出于寻求政策性优惠而成立，一个组织往往同时拥有几个牌子，如龙头企业、家庭农场、专业大户以及合作社等，以方便随时站队，争取国家的优惠政策。这类合作社的存在不但压缩了真正的合作社的发展空间，而且对政府扶持政策的正当性提出挑战。仝志辉、温铁军认为，大农联合小农的“假合作社”的大量存在造成了合作社发展的虚假繁荣局面，改变了财政专项扶持资金的公益性质，降低了财政专项扶持资金的效率。① 任大鹏等认为不符合《农民专业合作社法》规定条件和程序的虚假合作社会争夺国家扶持资源挤压真合作社，让小农户无法享受应有的民主权利和经济利益。② 崔宝玉、冯小认为，不规范的合作社内部人控制严重，内部执行的是“大农吃小农”的逻辑，合作社就变成大农盘剥小农的工具、成为乡村少数精英包装投机资本的牟利工具，多数小农被“客体化”和边缘化。③ 杨灿君认为，少数精英对合作社发展资金和项目信息的获取、发言权的控制，以及对政府扶持资金及项目具有较强的可接近性、可获得性的“精英俘获”机制，使得合作社主要为少数精英服务，导致普通社员的合法利益受到侵害，合作社的利益分配不可避免地出现了差序化。④ 邓衡山认为，政策给予合作社以优惠，在于合作社特殊的治理结构以及由此决定的特殊的功能。不能一方面大谈合作社是“所有者与惠顾者同一”的组织，具有很多制度优势，值得给予政策优惠；另一方面又认可不具备“所有者与惠顾者同一”特

① 参见仝志辉、温铁军：《资本和部门下乡与小农户经济的组织化道路——兼对专业合作社道路提出质疑》，《开放时代》2009 年第 4 期。

② 参见任大鹏、郭海霞：《多主体干预下的合作社发展态势》，《农村经营管理》2009 年第 3 期。

③ 参见崔宝玉、刘峰、杨模荣：《内部人控制下的农民专业合作社治理——现实图景、政府规制与制度选择》，《经济学家》2012 年第 6 期；冯小：《农民专业合作社制度异化的乡土逻辑——以“合作社包装下乡资本”为例》，《中国农村观察》2014 年第 2 期。

④ 参见杨灿君：《“能人治社”中的关系治理研究——基于 35 家能人领办型合作社的实证研究》，《南京农业大学学报（社会科学版）》2016 年第 2 期。

征的组织也是合作社。[①] 综上所述，研究者关于政府应该扶持真正的合作社这一观点有很强的共识。

其次，合作社异化给这类合作社本身也带来较大的隐患：一方面必须以合作社的要求来包装自己，而后又可能在政府一系列的规范政策下承担某些政策风险和财务风险。例如一些公司领办的合作社为了突出合作社的固定资本、流动资产规模，把公司的资产计入合作社，一些合作社为了规范要把本来挂名的合作社社员的账户做“实”，如果遇到相关主体主张权利，就会非常尴尬。

最后，合作社异化也给理论研究带来严峻的挑战。从研究的需要来讲，如果不能严格定义合作社，也就无所谓合作社理论的存在，已有的公司理论就可以涵盖一切。农民以实用主义的态度来经营合作社可以理解，而学者则必须追求名实相符，否则，理论和实践就会脱节。[②] 如果我们抱着这些没有合作社性质的“合作社”来搞研究，搞得再深入，方法再先进也只能是空中楼阁，是自欺欺人。

墨子论证“名”与“实”之间的关系说，瞽者不知黑白者，非以其名也，以其取也。叫不叫合作社不重要，是不是合作社才是重要的。实际上，“包容论”和“规范论”分歧并没有表面上看起来那么大，二者对合作社的异化以及异化的原因在很大程度上是有共识的，其最大的差别在于对合作社异化的程度的判断不同，因此对先发展还是先规范主张不同，并各自寻找论据支持自己的观点。真理越辩越明，正视认识上的分歧，并在讨论中达成更多共识正是大多数研究者的目标。

---

① 参见邓衡山、徐志刚：《〈农民专业合作社法〉需要大改吗？——兼论名实之辨的意义与是否需要发展中国特色合作社理论》，《农业经济问题》2016 年第 11 期。

② 参见邓衡山：《不规范的合作社是不是真正的合作社》，《中国农民合作社》2016 年第 8 期。

第四章　社员异质性与合作社异化

——基于汉斯曼的企业所有权分析框架

理论上讲，处于市场弱势的、境况类似的同业者，构成了生产者进行某种专业性集体行动的动力或倾向。① 然而，当前我国的农民已经高度分化，农户之间在自然资源、资本资源、人力资源和社会资源占有方面差别很大。兼业小农资本有限，不愿承担过多风险，再加上其农业收入在总收入中占比不断下降，缺乏组建合作社的能力和动力，关键性资源（资本、企业家才能等）主要掌握在少数人手中。② 在这样的背景下，合作社常常是依赖关键性生产要素所有者（大户、农业企业或一些相关组织）来领办，"依托""领办"成为我国农民专业合作社的典型特征，合作社社员因此具有明显的异质性。③

社员的异质性带来的所有权成本问题一直是国外合作社研究的热点。根据汉斯曼的企业所有权理论，所有权成本是决定企业所有权形式最重要的成本之一，任何导致企业所有权成本上升的因素都可能使这种所有权形式难以为继。④

---

① 参见黄祖辉、徐旭初、冯冠胜：《农民专业合作组织发展的影响因素分析——对浙江省农民专业合作组织发展现状的探讨》，《中国农村经济》2002 年第 3 期。

② 参见林坚、黄胜忠：《成员异质性与农民专业合作社的所有权分析》，《农业经济问题》2007 年第 10 期。

③ 参加黄祖辉、徐旭初：《基于能力和关系的合作治理——对浙江省农民专业合作社治理结构的解释》，《浙江社会科学》2006 年第 1 期。

④ ［美］亨利·汉斯曼：《企业所有权论》，中国政法大学出版社 2001 年版，第 48 页。

由社员异质性带来的合作社决策成本上升，可能导致一系列的问题，包括搭便车问题、视野问题、资本组合问题、控制问题、影响成本问题。① 社员异质性也给合作社内部的利益协调和组织信任带来许多挑战，引致近年来一系列的制度变迁，促使合作社“模糊界定的产权”逐步向明晰转变，包括：入社退社自由向合作社成员资格不开放变化，绝对的“一人一票”制向承认差别发展，公共积累的不可分割性通过向产权明晰化方向发展（主要手段包括股份可流转、可升值、可赎回、为不同产品设立独立的资金池等），资本报酬率严格限制向外来资本实行按股分红发展等。②

在欧美国家，为了限制社员异质性程度，纯投资者一般不能作为普通社员进入合作社，他们要么被限制投资的最高回报率，要么只能持有没有投票权的优先股，社员的异质性主要限定在成员的地理分布、经营品种、农场规模、产品质量，以及农场主个人特征等差异的范围内，③我国的情况则有明显的不同。由于我国《农民专业合作社法》允许“同类农产品的生产经营者或者同类农业生产经营服务的提供者、利用者”共同组建合作社。④ 在立法支持下，合作社的社员突破了惠顾者范围，一些涉农的企业、能人、运销经纪人等得以作为纯投资者身份进入合作社。制度设计的初衷是期望投资者、惠顾者、企业家等发挥各自的优势，共同办好合作社事业。然而，当制度设计者鼓励公司、能人领办合作社来实现“双赢”的时候，却对社员异质性给合作社带来的所有权成本上升及其影响重视不足，对如何通过制度设计缓解社员异质性带来的利益冲突思路

① Cook M.L.,“The Future of US Agricultural Cooperatives: A Neo - Institutional Approach”, *American Journal of Agricultural Economics*, 1995, 77(5).

② 参见应瑞瑶：《论农业合作社的演进趋势与现代合作社的制度内核》，《南京社会科学》2004 年第 1 期。

③ Grashuis J., Cook M. L., “Farmer cooperatives as systems of attributes: An analysis of ownership and investment complementarities”, In: Hendrikse GWJ, Gérard Cliquet G, Thomas Ehrmann T, Windsperger J(Eds.), Management and Governance of Networks: Franchising, Cooperatives, and Strategic Alliances, Springer Cham, 2017.

④ 2017 年合作社法修法，去掉了“同类”二字，扩展农民专业合作社法的调整范围。——笔者注。

不多,最终导致制度设计的目标难以实现,出现了较为普遍的合作社异化现象。

本章的主要目标是利用汉斯曼的企业所有权理论说明社员异质性与合作社异化之间的关系。首先介绍汉斯曼的企业所有权分配原理,然后基于国内外合作社制度变迁的现象、规律,说明社员异质性对合作社发展空间和制度变迁的影响;接下来介绍国内和国外两个案例,说明如果社员异质性突破惠顾者所有的底线,就容易导致合作社的异化。最后,讨论农户分化背景下我国农民专业合作社的发展思路。

第一节　汉斯曼的企业所有权分配原理

实践中,在不同行业、不同国民经济背景下会呈现不同的所有权形式。通常,投资者所有的企业是一种处于主导地位的所有权形式,但并不意味着它在任何情况下都一定占据优势地位。雇员所有的企业(也被称为雇员合作社)在法律、会计、投资银行、医疗等专业服务行业非常普遍;由农户所有的营销合作社和联合采购合作社则在农业领域广泛分布;在美国,万事达信用卡、美联社和真值五金商店等都属于经销商所有的服务或供给合作社;很多公寓住宅由住户合作拥有或共有;在保险业,由保险持有人所有的保险公司出售的保单占整个市场寿险保单总量的一半,财产和责任险保单总量的1/4;美国绝大多数非政府所有的医院、大学、中小学、托儿所、养老院、保健公司等都是非营利组织,也就是无人所有的企业。① 在不同的时间和空间,还可以看到引入不同类型的主体共同拥有企业所有权的尝试。例如20世纪90年代,我国的集体企业改制,成立了大量由员工和出资者共有的“股份合作企业”。当前,一些西方国家的农业合作社为引入投资者,也创新了一些投资者和农业生产者共同拥有合作社的新模式。然而这些尝试并不都能成功。本书的问题是,如此

---

① ［美］亨利·汉斯曼:《企业所有权论》,中国政法大学出版社2001年版,第1—3页。

众多的所有权形式是如何决定的？更具体地讲，在不同条件下，谁应该成为企业的所有权人？不同类型的主体能不能成为企业的共同所有者？

企业所有权分配的重要性源自契约的不完全性，关于所有权的分配原则有许多竞争性的解释，包括间接定价理论、激励和监督理论、产权保护理论、资产专用性理论等等。张维迎、余晖把企业看作是非人力资本和人力资本的组合，认为企业所有权的分配归根结底是一个"资本雇佣劳动"还是"劳动雇佣资本"的问题，"资本雇佣劳动"是占统治地位的企业所有权模式。① 但是，从实践看，资本和劳动的两分法显然难以涵盖如此多样的所有权形式。汉斯曼集前人之所成，发展了一个"市场交易成本——所有权成本"的分析框架，给现实世界中存在的几乎所有的企业所有权形式提供了一般性的分析框架，并且强调成员间的利益一致性是决定企业所有权配置的最重要的因素。②

一、企业所有权分析框架

（一）概念界定

1. 企业和企业所有权

企业本质上是一系列合同的共同签署人。这些合同中包括同原材料或服务的卖方签订的供应合同，同向企业提供劳动力的个人签订的雇佣合同，同债券持有人、银行及其他资本供应方签订的借贷合同，以及同企业产品的买方签订的销售合同等。企业是一系列契约的组合，是产权交易的结果。

企业的所有权包括企业的剩余索取权（residual claims）和剩余控制权（residual rights of control）。企业剩余的存在是企业的契约不完全性的内生特征，由于契约是不完全的，契约双方的行动和支付通常只能在事后才能确定，所以谁拥有剩余索取权就变得至关重要。

---

① 参见张维迎、余晖：《西方企业理论的演进与最新发展》，《经济研究》1994 年第 11 期。

② ［美］亨利·汉斯曼：《企业所有权论》，中国政法大学出版社 2001 年版，第 27—29 页。

2. 企业的"所有人"

企业的"所有人"是指分享企业控制权和剩余索取权两项名义权利(formal rights)的人。现代企业中,很多企业的所有权和经营权分开,导致企业实际控制权和剩余索取权在一定程度上分离,因此,名义上的所有权与实际的所有权可能会有差别。

3. 企业的"所有权结构"

企业的所有人同时是企业的"客户"(Patrons)。与企业有商业往来的"客户"很多,包括原材料供应商、劳动力、资本的提供者以及企业产品的购买者等。在这种意义上讲,所有的企业都是由其某一类或几类"客户"拥有的具有"合作"性质的组织。理论上讲,企业控制权和剩余索取权可以分属不同集团的人掌管,但是在实践中,两者往往同时掌握在同一个或同一类人手中。因为如果掌握控制权的人无权参与剩余收益的分配,就没有动力运用控制权去实现剩余收益的最大化。

从上述角度观察现实世界中的企业,可以认为消费者或生产者合作社是由企业商品或服务的利用者拥有的企业,典型的商事公司则是由资本的出借方拥有的企业,在更一般的意义上可以看作是资本或债权人合作社。基于上述框架,企业的所有权结构就可以理解为企业到底由哪一类或几类客户拥有,如图 4-1 所示。

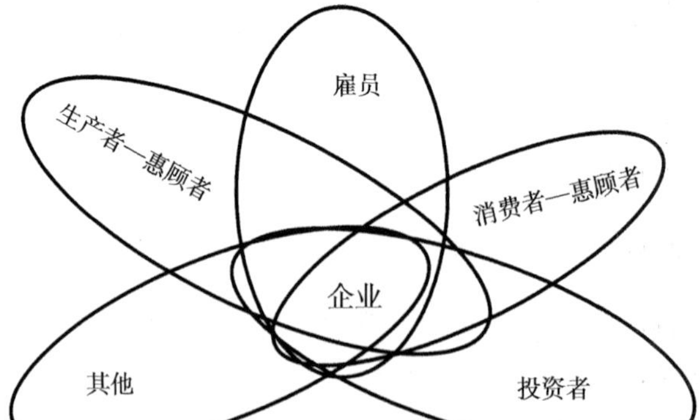

图 4-1 企业的所有权结构示意图

（二）“市场交易成本-所有权成本”分析框架

汉斯曼认为，企业进行的每一笔交易都建立在它与交易者非此即彼的两种关系上，即“市场合约关系”和“所有权关系”，无论是利用市场还是企业的所有权都是有成本的，即市场交易成本和所有权成本，进一步地，可以将成本的来源细分为以下几个部分（如表 4-1 所示）。①

表 4-1　企业的市场交易成本和所有权成本

	内容	含义
市场交易成本	单纯的市场支配力	指规模经济或其他限制竞争的因素导致市场结构失衡
	置后的市场支配力	指资产专用性和交易的不确定性导致的“锁定”效应
	长期合作的交易风险	由于不确定性，采用长期合同仍然不能避免的风险
	信息不对称	导致道德风险和逆选择、策略性讨价还价、客户偏好的信息传递不畅、②客户不同偏好的妥协与协调等问题。③
所有权成本	监督成本（代理人成本）	包括管理人员的监督成本和因监督不力导致的管理人员的机会主义成本。
	集体决策成本	又称“政治失效”成本，包括因决策无效率（指决策的结果没有使所有人的财富集合最大化）产生的成本和决策过程本身造成的成本。
	风险承担成本	剩余索取权涉及企业经营风险如何承担，应当将所有权配置给能有效分散这些风险的客户。

可以看到，汉斯曼借鉴了科斯、威廉姆森等关于企业边界的分析框架，汉斯曼的贡献在于，他不是单纯讨论企业和市场的边界在哪里，而是在此基础上细分了市场交易成本和所有权成本的来源，并进一步讨论这些因素对企业所有权配置的影响。

---

① ［美］亨利·汉斯曼：《企业所有权论》，中国政法大学出版社 2001 年版，第 33、48 页。

② 客户偏好的信息传递不畅是指当客户无法将关于其个人偏好的信息如实传递给管理层时导致的无效率的结果。——笔者注。

③ 不同个体可能会有不同的利益取向，但是一个企业通常使用同一种合同条款与某一类客户进行交易，由此带来福利损失。——笔者注。

二、企业所有权的配置原则

汉斯曼认为，当市场交易成本和所有权成本之和最小时，企业才能实现成本最低的所有权配置状态。其推理和结论主要分为三个层面：

（一）交易成本与企业所有权分配

1. 为节约市场成本，企业通常由其某一类客户所拥有。理论上讲，一个企业完全可以由与其没有任何往来的人所有，但是，利用市场是有成本的，当市场失灵导致市场交易成本较高时，将企业的所有权配置给任何一类客户通常都可以减少与这一类客户相关的交易成本。

2. 要实现成本最低的所有权配置状态，企业应该把所有权配置给因市场不完善而承担最高交易成本的那一类客户。

（二）所有权成本与企业所有权分配

1. 所有权关系本身也有成本，因此不能把所有权配置给企业的所有客户。理论上讲，企业所有的客户都应该可以参与集体决策，这样的制度安排还可以降低企业与所有客户的市场交易成本。然而，由于这些决策参与者可能在利益上存在根本的冲突，把所有权配置给每个人可能会极大地增加集体决策的成本。

2. 代理人成本不会因为企业所有权不同而有明显的差异，因此在决定企业所有权时，其重要性比不上市场交易成本，也比不上集体决策成本。

3. 在企业所有权的影响因素中，所有权人的利益一致性是决定性因素。可以把由多数人分享所有权的企业看作一种政治组织，该组织必须通过表决机制做出集体决策，以保护所有者的利益。当参与决策的人利益分歧较大的时候，会使政治代表制度完全失效。

（三）企业所有权配置的目标和决定性因素

1. 有效率的企业所有权形式可以在总量上使企业所有客户的市场交易成本和所有权成本之和最小化。

2. 当市场交易成本与所有权成本有冲突时，更低的所有权成本将决定企业所有权归属。但是很多时候，当一类客户承担的市场交易成本相对较高时，其所有权成本也比较高（或者相反），在这种情况下如何确定市场交易成本和所有权成本（主要是代理成本和决策成本）在企业所有权分配时的重要性？基于对世界各国企业所有权安排的观察以及逻辑分析，汉斯曼认为，当企业能有利益高度一致的客户时，即使在节约市场交易成本方面不明显，较低的所有权成本对这些客户来讲也会成为有吸引力的选择。

（四）作为企业所有权人应该具备的条件

实践中，常见的企业所有权形式主要有投资者所有的企业、雇员所有的企业和农户所有的企业，其他类型的生产者合作社①比较少见，这是因为，金融资本、劳动力和农作物等的所有者作为企业的所有人具备了以下条件：第一，具有高度的同质性，可以降低所有权成本。第二，市场上有若干不同的供应商同时供应该种产品或服务，而且没有哪一个单独的供应商可以通过规模经营满足市场所有的需求，同时又不牺牲效率。第三，出于有关效率的考虑，供应这种投入的企业必须作为单独的生产实体存在，不同的企业不应该合并在一起接受统一的管理和控制。第四，如果企业以合同的方式从市场上购买这些产品或服务，会因市场失灵而被迫承担额外的交易费用。在以上条件中，条件一比条件四重要得多，也就是说，降低所有权成本比节约市场交易成本更重要。

① 这里的生产者合作社与消费者合作社相对应，是依据前述企业“客户”的性质来界定的。——笔者注。

第二节　农业合作社的市场交易成本和所有权成本

在欧美发达国家，合作社遍布农业、消费、住房、保险、零售，甚至殡葬等领域，其中农业领域里的合作社表现突出，成为一种广泛流行的所有权形式。农业合作社类型多样：有作为谈判团体的农资采购或农产品销售合作社，主要通过集中采购和销售来获得有利的贸易条件；有集中储藏和运输社员农作物的合作社，如谷物仓储合作社；有各类生产服务合作社，为农业生产者提供产前、产中和产后服务；还有农产品加工合作社，如"新奇士"种植者公司，兰雷乳业公司，①以及20世纪90年代以来流行的"新一代合作社"等。这些合作社通常在乳制品和谷物市场上占有特别大的份额，在肉类和蔬菜市场上占有的份额虽然略小，但是所起的作用也相当突出。

农业合作社之所以成为一种流行的企业组织形式，主要原因在于其所有权安排上的优势。经常有研究者将合作社的发展与对社会理想目标的追求以及奉献精神联系在一起，虽然这些的确是合作社的重要特征，但不是其长期存在的根本原因，这跟市场不可能建立在利他行为的基础上是一个道理。按照汉斯曼的企业所有权分析框架，一种占优势的企业所有权结构应该是市场交易成本和所有权成本之和最小的所有权结构。合作社之所以在农业中占据重要地位，其决定性因素不是市场交易成本，而是由于其"低得超乎寻常的所有权成本"在发挥重要作用。② 汉斯曼以美国农业合作社发展的经验为例，详细分析了农业合作社的市场交易成本和所有权成本，以支持上述结论。

---

① "新奇士"种植者公司(Sunkist Growers Inc.)于1893年创立，是美国南加州水果种植者合作社，也是世界上历史最久、规模最大的柑橘营销机构，主要经营橙子、柠檬、葡萄柚和柑橘等系列产品。兰雷乳业公司(Land O'Lakes Inc.)位于美国的明尼苏达州，成立于1921年，是美国最大的乳业合作社之一。——笔者注。

② [美]亨利·汉斯曼：《企业所有权论》，中国政法大学出版社2001年版，第33、48页。

一、节约市场交易成本不是合作社存在的决定性因素

节约市场交易成本是推动合作社出现的重要影响因素，但不是决定性因素，汉斯曼主要基于在美国农业合作社发展中观察到的几个事实做出这一判断。

（一）对抗买方垄断不是合作社存在的必要条件

对抗买方垄断是组建合作社的重要动因，但即使买方垄断势力减弱，也不影响合作社的存续。因为农产品具有高度同质性，且农产品的生产者通常人数众多，所以农业生产领域一直以来都是竞争最激烈的产业之一。相反地，购买农产品的中间人——经纪人和加工商——通常都高度集中，因此相对于卖方的农户来说，这些中间人在一定程度上拥有实施买方垄断的市场支配势力，如果叠加农产品的季节性和易腐烂性，这种买方垄断的市场支配力会变得更加势不可挡。遍布美国中西部的合作制谷仓在 19 世纪末 20 世纪初之所以发展迅猛，主要是由于当时谷物市场的买方垄断，20 世纪 50 年代在加州出现的罐装果蔬业合作社也是如此。一般来讲，在存在一定程度的买方自然垄断的领域里，总是存在特别多的合作社。例如奶制品业，由于运输成本高，再加上追求规模经济的原因，地区性的奶制品加工工业一般都非常集中，牛奶的易腐性使奶农不得不即时卖掉所有产品，因此容易遭受交易伙伴敲竹杠的风险。面对收购方的买方垄断势力，奶农有很高的积极性组建合作社，在很多国家，奶制品领域合作社的市场占有率都比较高，是合作社特别集中的行业。

但是对抗买方垄断不是合作社存在的必要条件。例如在美国，由于反托拉斯法的规定，买方的卡特尔基本消失了，期货市场的发展也缓解了农户的交易劣势，整体看，在过去的一个世纪中，美国农产品市场上中间人的市场支配力在不断衰落，但即使如此，农业合作社并没有因此消失，而是在不断发展。

由此可见，对抗买方垄断虽然是农业合作社存在的重要影响因素，但不是其存在的必要条件。

（二）反托拉斯法豁免与合作社的发展没有明确的因果关系

1922 年，美国的坎普-沃尔斯蒂德法（Capper-Volstead Act）以法律的形式确认了农户通过合作社组建卡特尔的权利，农户不仅可以成立加工合作社、谈判合作社，而且可以借助这些合作社来影响产量，并为其产品制定共同价格。只要合作社不采取“掠夺式行动策略”强迫个别的农户或农产品买方与他们交易，或者与其他非合作社的企业签订任何妨碍竞争的协议，法律对合作社的成立与合作就没有任何限制。从逻辑上讲，这种长期的反托拉斯豁免可能被农户利用，以求在市场上建立它们自己的垄断地位，并进而从产品的最终消费者身上获取利润。通过限制产销数量来提高价格一直都是各种农业合作社一个明确的目的，20 世纪早期萨皮诺（Aron Sapiro）主张的“合法垄断”蕴含的就是这一思想。但是在实践中，由于集体行动的悖论，再加上农产品市场竞争比较充分，无论是采取封闭的还是开放的社员资格制度，合作社都很难控制农作物的产量，合作社也很难真正获得市场支配力。这表明，从根本上来讲，合作社并不是简单地因受反托拉斯法的豁免才发展起来的。

（二）分散信息成本和风险不是组建合作社的必要条件

首先讨论分散信息成本。农作物季节性生产、集中上市，价格波动频繁，与价格相联系的信息不对称是促成农产品营销合作社产生和发展的重要原因。农户可能因为不了解市场信息而遭受中间商的压级压价行为，如果每个人都去了解信息的成本很高，成立合作社可以分散信息成本。但是，组建合作社不是分散信息成本的唯一途径，也不是最有效的途径，特别是在信息搜集和发布的途径多元化的时代更是如此。再看分散风险问题。农业是风险很高的行业，可能遭遇自然风险、市场风险、财务风险等等。有观点认为农业合作社可以通过抱团取暖帮助农户化解风险，但从逻辑上看，除非是合作社把不同作物的利润放在一起统一分配，否则是不能分散风险的。但由于不同类型农户之间存在利益分歧，例如大户和小户之间、产品质量高的农户和质量差的农户之间、当年种植的农产品价格上涨的农户和价格下降农户之间都有不同的利益诉求，上述方案实际上并不可行。综合来看，分散信息成本以及分散风险都不是组建合作社的必要条件，也不是充分条件。

（三）克服营销外部性的影响不是组建合作社的充分条件

营销的外部性可以分为正外部性和负外部性。正外部性是指企业的营销活动对他人或社会产生了积极的影响，而受益者无需为此支付任何费用；负外部性则是指企业的营销活动对他人或社会造成了负面影响，而造成这种影响的企业却不需要为此承担任何责任。农产品具有信任品特征，即使自己或别人用过，也无法仅仅靠体感就精确感知产品质量，对产品的信心或信念在农产品营销中起了重要作用，此时克服产品营销中的负外部性以及发挥正外部性的作用就显得非常重要。当某种农产品的生产市场存在进入障碍，而加工市场却相对来说竞争激烈时，相对于投资者所有的中介机构来说，合作社就可能因能够通过广告或者品牌建设等直接推销其产品而建立特别的优势。例如，对于很多水果和某些蔬菜来讲，由于植物的生产周期较长，短期内生产弹性很小，生产者要做更多的专用型资产投资，进入和退出生产市场有一定障碍。在这些领域，生产者品牌更有动机利用营销的外部性，通过品牌建设建立自己的声誉，并惠及整个行业。美国西部的新奇士柑橘合作社（Sunkist Growers Inc.）就是一个成功的案例。克服营销外部性的影响是合作社存在的重要动机，但即使存在营销外部性，合作社也不一定就会出现，因此这一动机不是合作社发展的充分条件。

（四）税收优惠和信用补贴不是合作社发展的必要条件

在美国农业合作社的发展过程中，政府在税收以及信用等方面给予农业合作社大量补贴。以农业营销合作社为例，依据美国联邦所得税法，农业营销合作社在两个方面享有税收优惠：首先，几乎所有的农业营销合作社都可以享受国内所得税法第T章给予合作社的特殊税收待遇，免除合作社的双重纳税义务；其次，只要满足一些更严格的要求，农业营销合作社还可以使用第521条规定的特殊豁免条款。① 在完善农业生产信用体系方面，美国政府也做了大量工作。美国农村的合作金融体系主要由联邦土地银行系统、联邦中期信用银行系统和合作社银行系统三大独立的系统组成，主要为农业合作社及其成员提供金融服务。② 这三个系统起初都是由政府出资、采用自上而下的方式组建起来的，比如美国联邦土地银行最初的股金主要是政府拨款，占总股金的80%，而政府农贷机构的资金绝大部分来源于财政的拨款或借款。③ 有观点认为，税收优惠和信用补贴在实践中促成了许多合作社的建立，④但即使没有这些补贴，合作社仍然会在美国的农业领域占据相当重要的地位。实践中，在美国联邦政府于1912年颁布公司所得税法案以及1916年建立第一个农业信用体系时，农作物和奶制品合作社已经在很多地区都非常普遍了。例如，早在1906年，营销合作社就已经占据了加州一半以上的柑橘市场。1968年以后，美国政府逐步将股份从合作银行体系撤出，取消了给这些银行的特殊补贴，但是美国的合作银行体系仍然持续运行，为其成员提供服务。

---

① 主要包括合作社的股息率不超过8%或给予合作社所在州的法定利率；与非成员的交易不超过总交易额的50%等。——笔者注。

② 其中，根据1916年的《联邦农业贷款法案》创立了联邦土地银行系统，根据《1923年农业信贷法》建立了联邦中期信贷银行系统，根据《1933年农业信贷法》成立了成立生产信贷协会，并在12个农业信贷地区设立12个合作社银行。——笔者注。

③ 参见华东、何巍：《美国农村金融体系的特点与启示》，《南方金融》2012年第5期。

④ Porter P.K., Scully G.W., "Economic Efficiency in Cooperatives", *The Journal of Law and Economics*, 1987, 30(2).

综上所述，相关的市场交易成本并不是合作社所有权的决定性因素。

二、较低的所有权成本是合作社存在的主要原因

所有权成本主要由监督成本、集体决策成本、风险承担成本构成。在农业合作社中，一方面生产者社员有动力也有机会对他们所有的营销合作社实施积极而明智的监督，可以有效减少代理人成本；另一方面成员间利益的高度一致性可以大大降低集体决策成本。其中，较低的集体决策成本是决定性的。

（一）农业合作社的监督成本很低

美国的农业生产主要以大农场为基础，由专业的农产生产者进行，在此背景下，农户有动力也有机会对他们所有的营销合作社实施积极而明智的监督。首先，合作社经营的农作物通常是农户主要的收入来源；其次，参加合作社的农户拥有多年与合作社打交道的经验；第三，特定的种植某一农作物的农户在地理上比较集中，使其参与管理也比较容易。第四，在大合作社中，合作社的代议制度可以有效地发挥作用。第五，合作社的董事会一般全由积极参与企业经营的生产商构成。监督的有效性是决定合作社成功的一个重要因素。

（二）农业生产者的利益一致降低了集体决策成本

农产品营销合作社的一个最重要的优势可能就是成员间利益的高度一致性。这些企业一般只经营一种产品，产品本身的同质性很高，通常可以相互替代，以共同目标为背景，企业的集体决策成本也就因此可以最小化。观察美国农业合作社的分布，可以看到成员间的利益一致性对合作社存续的重要意义。

第一，美国的农产品营销合作社主要出现在产品同质性较强的领域。合作社一般在谷物、牛奶等特别容易分类的产品市场上占有较大份额，而在蔬菜和牲畜等不宜分类的产品市场上则很比较少见。截至 1991 年，美国有 2400 个农产品营销合作社，年营业总额达到 560 亿美元，包括 184 万名农场主。它

们的销售额占农产品总销售量的28%，其中，奶制品市场的市场份额是81%，谷物和油菜籽市场38%，棉花市场36%。①

第二，在农业原材料的供应市场上，农业合作社在同质性较强的产品有较高的市场占有率，在同质性较低的市场则不然。农业原材料通常都在普通农户的日常预算中占有一个稳定的份额，为了对抗供应商的垄断行为，以及信息不对称带来的投入品的质量问题，农户常常会有组建合作社的动机，而且同类的农户在地理上比较集中，因此他们容易组建合作社，并且对企业实行有效的管理。实践中，农业原材料供应合作社的经营范围通常限于简单且同质性强的产品，这样就可以把企业成员间可能发生的利益冲突控制在一个尽可能小的范围内。为了达到规模效应，一些合作社会经营一种以上的产品，但在这种情况下，企业通常都会把不同产品的顾客回扣分开计算。1990年，美国大约有1700个农业原材料供应合作社，销售额达到260亿美元，占农业生产总支出的27%，其中，肥料的市场占有率是43%，石油产品38%，农药30%，牲畜饲料19%，种子16%。② 但是在农业机械领域（例如拖拉机、收割机等），虽然面对高度集中的卖方市场，而且在产品信息方面处于明显的劣势，合作社却很少见，主要原因就是农户对机械的需求差异性很大且不连续，利益异质性太强。

第三，实践中，很少有合作社同时经营一种以上的农产品。③ 虽然经营多种农产品可以在风险分散方面获得很多好处，但是由于合作社很难找到一个客观的分担成本和分配利润的标准，这会增加成员间讨价还价的成本，并且造成一种产品的生产者挤占其他产品生产者利益的情况。因此在实践中，合作

---

① 数据来源：[美]亨利·汉斯曼：《企业所有权论》，中国政法大学出版社2001年版，第176页。

② 数据来源：Cook M.L.，"The Future of US Agricultural Cooperatives：A Neo - Institutional Approach"，*American Journal of Agricultural Economics*，1995，77(5).

③ 需要注意的是，以地缘为基础的社区型合作社（如日本的综合农协、中国的村集体股份经济合作社）往往经营多种农产品，并提供综合性服务，但其与以业缘为基础的"专业"合作社不同，不在本文的研究范围。此外，国际合作社联盟界定的合作社外延较宽，也有相当部分不在本文的研究范围。——笔者注。

社一般只经营一种农产品，一些经营多个农产品品种的合作社往往放弃“单一联营”而转向“多重联营”体制。依照“多重联营”制度，合作社每种作物的利润和成本都分开来单独计算。例如，蓝多湖（Land O' Lakes）乳业将其火鸡业务与奶制品完全分开，各自自负盈亏；优鲜沛（Ocean Spray）果农合作社旗下的酸果蔓业务和西柚、番石榴业务也都是分开的。

第四，即使是在经营单一产品的合作社中，所有人之间也可能因为产品的质量和上市时间的差异存在很大的利益分歧。因此，现实中合作社一般在谷物、牛奶等特别容易分类的产品市场上占有较大份额，而在蔬菜和牲畜等不宜分类的产品市场上则份额较小。

第五，在水果和蔬菜市场上，合作社一般不经营易相对更易腐烂的产品。原因在于易腐烂的产品一般由于保存困难、很难分类、成熟于不同时间的产品在价格上也差异很大，①会加大成员之间的利益分歧。

第三节　社员异质性与农民专业合作社的制度变迁——国际经验

当农业生产者面对买方垄断、信息不对称等问题，试图分散风险、追求规模经济或者寻求政府的补贴或税收优惠的时候，他们就有动机组建农业合作社。然而，以上均是合作社成立的必要但非充分条件，没有较低的所有权成本，合作社就不可能得到很好地发展，而决定所有权成本的决定性因素是社员的异质性程度。

在传统的合作社中，纯投资者一般不能作为普通社员进入合作社。在欧美国家，合作社通过设立优先股来限制纯投资者的投票权，并规定资本回报率的最高限额。因此，社员的异质性主要限定在成员的地理分布、经营品种、农

① 牛奶易腐烂，但欧美国家合作社在牛奶市场上的市场占有率普遍很高，主要原因是容易分类。——笔者注。

场规模、产品质量，以及农场主个人特征等差异的范围内，①也就是说，其社员异质性主要限定在农业生产者之间的差异范围内。

然而，随着社员异质性程度加深，社员间的利益分歧变大，传统合作社中确定产权的规则（如一人一票、严格按交易额返还盈余等）变得难以适应。在国际上，清晰界定产权的努力使合作社出现一系列的制度变迁。特别是一些合作社为了进入产业链上高附加值的领域而寻求外部资本的介入，这就使得合作社的所有权配置更加复杂，甚至一些合作社因为不能满足合作社运行原则而放弃合作社组织形式，转变为投资者所有的企业。

本节利用国际上合作社发展中制度变迁的趋势，以及对统一有限合作社制度安排的剖析，来佐证社员利益一致性是合作社发展的必要前提。

一、社员异质性与西方合作社所有权制度创新

近年来，随着社员间异质性增强，合作社定义模糊的产权带来了一系列问题，包括搭便车问题、视野问题、资本组合问题、控制问题、影响成本问题，进而引致西方农业合作社制度创新。② 观察其创新趋势，可以清晰地看到合作社减少社员异质性的努力。

Chaddad and Cook 基于合作社的所有权特征，对欧美及大洋洲国家实践中的合作社进行分类，将传统的合作社与投资者导向的企业列为两极，并在二者之间确定了五种非传统的合作模式，包括比例投资合作社、成员—投资者合作社、新一代合作社、寻求资本实体的合作社（Cooperatives with Capital Seeking Entities）、投资者—股权合作社（Investor-Share Cooperatives），并且归纳了其所

① Grashuis J., Cook M. L., "Farmer cooperatives as systems of attributes: An analysis of ownership and investment complementarities", In: Hendrikse GWJ, Gérard Cliquet G, Thomas Ehrmann T, Windsperger J(Eds.), Management and Governance of Networks: Franchising, Cooperatives, and Strategic Alliances, Springer Cham, 2017.

② Cook M.L., "The Future of US Agricultural Cooperatives: A Neo - Institutional Approach", *American Journal of Agricultural Economics*, 1995, 77(5).

有权特征。[①] 归纳起来,合作社所有权结构变迁有两条主线:

一是要求成员按惠顾比例进行投资,将投资者与惠顾者的剩余索取权统一起来。如果社员对企业的资金投入和其与企业交易的数量不成比例,投资为主的社员和惠顾为主的社员之间就可能产生利益冲突。企业的净收益里面有多少应该列为资本投入的回报,多少是社员的惠顾红利,是一个非常主观的问题。越是资本密集的合作社越是试图通过调整社员出资结构来避免这种分歧。

合作社常常采用"基础资本计划""合作资本单位""可赎回优先股""可转让的交货权"等,在合作社内部寻求增资。以美国奶农合作社(Dairy Farmers of America,DFA)为例,该合作社建立了一个基础投资计划,要求惠顾者社员达到 1.75 美元/英担的投资目标。为此,DFA 从投资不足的成员那里提取 10 美分/英担,直到他们的基本资本达到 1 美元/英担。达到这个标准后,社员有权以现金形式获得 20%的惠顾返还,80%记入其在 DFA 的资本账户,直到达到预定的出资目标。在明细产权的努力下,比例投资合作社在北美非常流行。Chaddad and Iliopoulos 在美国全国范围内收集了 371 合作社样本,发现有 48%的合作社采用按比例投资。[②] 北美新一代合作社实行成员之间的股份可转让、可升值、可赎回,以及封闭的社员资格制度,都是为了调整新社员与老社员、社员与非社员之间的利益关系。合作社一方面将所有权限定在惠顾者社员的范围内,另一方面通过缩小社员投资比例和惠顾比例的差异而减少社员间的异质性,从而降低所有权成本。

二是在寻求外部投资时将纯粹投资者和惠顾者隔开,各自遵循不同的所有权安排,在小集团内,所有者的利益是一致的。"有寻求资本实体的合作社""投资者—股权合作社"都属于这一种。这类合作社主要通过建立战略联

① Chaddad F.R.,Cook M.L.,"Understanding New Cooperative Models:An Ownership-Control Rights Typology",*Review of Agricultural Economics*,2004,26(3).

② Chaddad F.,Iliopoulos C.,"Control Rights,Governance,and the Costs of Ownership in Agricultural Cooperatives",*Agribusiness*,2013,29(1).

盟、信托公司、子公司、发行优先股、无投票权的普通股、投资者参与股份(Investor participation shares)吸引外部资本。在合作社内部,惠顾者社员是无可置疑的所有者,在新建立的战略联盟或子公司中,遵循一股一票,是一个联合所有的投资者所有企业。以战略联盟计划为例,合作社可以选择与各种各样的合作伙伴组成战略联盟,从非成员处获得永久股权资本,以换取部分净利润和共享对战略联盟控制权。例如,美国奶农合作社(DFA)建立了一个控股公司,以管理位于奶业供应链下游的战略联盟,DFA 在战略联盟中进行投资,但并未控股,由此获得利润的一部分和成为长期首选供应商的权利,DFA 处理的牛奶中有 30%是通过战略联盟销售和加工的。

二、美国统一有限合作社引入外部投资者的尝试及其失败

如前文所述,合作社所有权制度变迁的方向清晰:在寻求合作社内部增资时,将出资和惠顾挂钩;在引入外部资本时,主要是通过分类,使子集中的主体利益仍然保持一致。但是也有例外。21 世纪以来,为寻求更多的资金以进入资本密集的产业环节,美国一些州尝试允许外部出资者成为合作社正式成员,成立有限合作社(Limited Cooperative Association,LCA),这就将纯出资者和惠顾者放在一起分享合作社的所有权,这一点与我国由能人、企业等领办合作社的思路类似。但整体看,美国这种尝试是失败的。

美国的合作社相关法律规定只有农产品生产者才能够成为农民合作社成员,合作社资本主要来源于成员,主要通过出售资格股、利润留成和交易额提留来筹集资金。在合作社逐步追求扩大规模,抑或谋求进入加工、营销等下游增值环节过程中,资本短缺问题凸显。为了吸引外部资本,一些州开始尝试赋予外部出资者成员资格。怀俄明州于 2001 年通过法律,组建了一种被称为怀俄明模式的合作社(Wyoming Cooperative Model,WCM)。WCM 将成员分为惠顾成员和出资成员两类,外部出资者可以成为正式的合作社成员,享有投票权(包括可以在董事会任职),而且股权投资的回报不受限制。在另一方面,

WCM 通过控制权和剩余索取权的分配设计，保证惠顾成员在所有权分配中有优势地位。之后，明尼苏达等几个州先后通过了类似 WCM 的法案。美国统一州法全国委员会在 2007 年通过了《统一有限合作社协会法》（Uniform Limited Cooperative Association Act），[①]将 WCM 命名为有限合作社（Limited Cooperative Association，LCA），向各个州推介，目前共有 13 个州或特区通过了有限合作社相关法案。

在制度设计上，LCA 一方面赋予外部出资者投票权和剩余索取权，加大其出资的积极性；另一方面保持惠顾成员在合作社中的主体地位，在惠顾成员内部保持合作社原则。各州的 LCA 对惠顾者的投票权和盈余分配的比例不同，惠顾者剩余分配比例下限在 15%—50%；惠顾者投票权比例分配下限在 15%—51%，或者章程自决；惠顾者选举的理事会成员比例下限一般在 50%或以上。

表面看，LCA 的制度设计考虑了投资者和惠顾者各方的权利，是一种基于自治的、各方利益较为平衡的制度设计，[②]然而，实践中 LCA 的发展并不成功。[③] 美国商业登记资料汇总了美国有限合作社发展状况，截至 2017 年 5 月，11 个州（特区）的有限合作社为 217 个，其中包括休眠合作社 146 个。同期这 11 个州成立个各类商业组织有 77 万个，LCA 仅占 0. 05%。在 LCA 最多的明尼苏达州，2003—2015 年共成立了近 17 万个新的企业组织，其中有限合作社仅有 78 个，占 0. 09%。

有限合作社不成功的首要原因是外部出资者和惠顾者社员的利益冲突。[④] 虽然出资者可以成为正式成员，获得控制权和剩余索取权，但赋予出资

---

① 根据美国《农业营销法》的第 1141J 节的定义，“合作社协会”就是“合作社”。——笔者注。

② 参见张德峰：《美国合作社法》，法律出版社 2019 年版，第 71 页。

③ Grashuis J.，“Joint ownership by farmers and investors in the agri－food industry：an exploratory study of the limited cooperative association”，*Agricultural and Food Economics*，2018，6（1）.

④ 除此以外，还有两个原因导致 LCA 的发展困境：一是美国的商业组织类型丰富，农产品生产者与外部资本结合的有多种方式可以选择；二是当 LCA 引入外部投资者，就可能失去赋予农产品生产者组织优惠政策（如单次征税）。——笔者注。

者成员的权利有限制。当惠顾成员处于主导地位时,外部出资者认为这样的制度安排不能保障自己的利益,因此不愿意在这样的制度中出资。

第四节 社员异质性与我国农民专业合作社的异化

一、"领办"与合作社社员异质性

在家庭承包经营制度下,我国的农业生产经营主体出现生产规模细小化和较普遍的农民兼业现象。根据全国农村固定观察点的数据,2016 年,多达 64.0%的农户农业收入占比不到家庭总收入的两成,务工收入成为农户最重要的收入来源。兼业农户对合作社提供的服务有很强的需求意愿,然而,在资本资源(稀缺),特别是人力资源和社会资源要素产权残缺的条件下,兼业农户缺乏集体行动的能力,难以从意愿转化为实际行动。在上述条件下,我国政府鼓励涉农企业、运销经纪人、专业大户等,利用自己的资金、人才和市场优势"领办"合作社,"领办"成为我国农民专业合作社制度安排中最重要的特色。

在传统的合作社中,纯投资者一般不能作为普通社员进入合作社。在欧美国家,合作社通过设立优先股来限制纯投资者的投票权,并规定资本回报率的最高限额。因此,社员的异质性主要限定在成员的地理分布、经营品种、农场规模、产品质量,以及农场主个人特征等差异的范围内,①也就是说,其社员异质性主要体现为农业生产者之间的差异。而在我国,《农民专业合作社法》允许"农产品的生产经营者或者农业生产经营服务的提供者、

① Grashuis J., Cook M. L., "Farmer cooperatives as systems of attributes: An analysis of ownership and investment complementarities", In: Hendrikse GWJ, Gérard Cliquet G, Thomas Ehrmann T, Windsperger J(Eds.), Management and Governance of Networks: Franchising, Cooperatives, and Strategic Alliances, Springer Cham, 2017.

利用者”共同组建合作社。在立法支持下，纯投资者可以作为“农业生产经营服务的提供者”进入合作社。为了坚持合作社的基本性质，《农民专业合作社法》规定实行一人一票制。为了鼓励大户和领办者的积极性，法律又规定“出资额或者与本社交易量(额)较大的成员按照章程规定，可以享有附加表决权”，但规定“附加表决权总票数，不得超过本社成员基本表决权总票数的百分之二十”。投资者社员获得投票权，这是与传统合作社最重要的区别，这使我国农民专业合作社的社员异质性突破了生产者规模大小、产品品种和质量差异的范畴，出现了投资者和惠顾者之间在利益上的根本冲突。

整体看，根据社员异质性程度的强弱，我国农民专业合作社可以分为两类：一类是由专业农业生产大户领办的合作社。这些大户可以是家庭农场，也可以是农业企业，其重要特征是直接从事农业生产，与其带动的农户有大致一样的需求，例如需要购买农业生产资料、销售农产品，需要农业生产社会化服务等。虽然领办者可能利用自己在合作社的控股权要求更高的按股分红的比例，但是这类合作社的领办人与社员之间的异质性相对较弱，他们都是合作社的利用者。另一类则是纯投资者领办的合作社，由纯投资者与合作社的利用者共同分享合作社的所有权。这类合作社的领办者与合作社的利用者是两类人，因此异质性程度更深。

二、社员异质性与合作社异化的关系

支持纯投资者领办合作社的理由主要有两个：一是认为这些涉农的企业、能人等与农民有合作的需求，而合作可以带来双赢。二是单靠农户自己，由于缺乏资金和企业家才能，他们没有能力创建合作社。以上两点都值得进一步讨论。首先，任何基于自愿的市场交易都是互惠的，并使双方的福利水平得到提升，但未见得互惠的交易者之间就要纵向一体化为一个组织，这就回到了科斯的老问题——企业和市场的是有边界的，其边界由利用市场的成本和企业的组织成本共同决定。即便经过权衡有必要成立一个企业，企业的形式也可以在合作社和投资者所有的企业之间进行选择。事实证明，由于过高的所有权成本，纯投资者领办的合作社在实践中往往难以成功，“订单农业”反而成为常见的合作方式。关于第二点，表面看，农民的确缺少资金以及能够办好合作社的企业家，需要能人带动。但深入剖析，农民缺少的可能是对合作社的有效需求。所谓有效需求包括两个方面，一是需要合作社提供的服务，而是愿意为获得合作社的服务付出资金、时间和精力。在较为成熟的市场经济下，如果农户有对合作社的有效需求，可以跟投资者所有的企业一样通过多种渠道筹集资金（包括自有资金和借贷），也可以在市场上找到合适的企业家。因此，缺乏有效需求可能是农户合作社参与不足的主要原因。退一步讲，即使农民确需借助外部力量“领办”合作社，也不能将两种所有权形式简单放在一起，指望其天然就是可融合的。

我国的农民专业合作社出现异化现象的重要原因是，当制度设计者鼓励公司领办合作社来实现“双赢”的时候，没有对社员异质性给合作社带来的所有权成本予以充分重视，以至于对这种制度安排做出了过于乐观的估计，以及过于简单的制度安排，最终导致制度设计的目标难以实现。这是因为，纯投资者和利用合作社服务的社员的目标函数不同，其利益从根本上讲是冲突的。无论纯投资者和合作社成员的合作是如何做大了蛋糕，在分蛋糕的时候，其利益冲突就会凸显出来。当生产经营服务的提供者和利用者分享剩余时，如何为这种服务定价？如果纯投资者和惠顾者共同分配利润，又怎样确定按盈余中按惠顾额返还的比例？当利益有直接冲突的所有者谈判决定盈余的归属时，极高的集体决策成本将不可避免。

例如，在我国的合作社发展实践中，关于合作社法规定的“盈余按惠顾额返还的比例不低于60%”是否过高引发不少争论。一种观点认为这样高的比例会抑制投资者（常常也是领办者）的积极性，另一种观点则认为不如此不能体现合作社的“人合”属性，两者都有道理。但是，仅仅讨论返还比例应该是多少毫无意义，需要追问的是如何确定该比例，使其不仅满足参与双方的激励兼容机制，还能保持合作社的性质。应该看到，纯投资者在合作社占绝大多数股份与社员一人一票存在天然的矛盾。如果真正实现一人一票，投资者的利益就有受损的危险；①反过来，作为代理人的公司就会利用信息优势为自己的利益目标服务，使合作社异化。

三、纯投资者“领办”的合作社如何走向异化

在看到纯投资者领办的合作社出现异化的同时，还可以反过来思考这个问题：如果一开始就严格按照合作社法来规制公司领办的合作社，这样的合作社会不会一直就是规范的？换句话说，纯投资者领办的合作社走向异化会不会是因为领办者水平有限，因此走上了弯路？这里以某县RF农机合作社为例，来说明在内在规律的支配下，无论起始点在哪里，社员的异质性（存在纯投资者和惠顾者两类成员）最终都将导致公司领办的合作社向投资者所有的企业演化。②

（一）起点：RF农机合作社是在政府指导下运作规范的合作社。

RF农机合作社也是一个土地股份合作社，于2009年注册成立。初建时，7个核心社员共出资850万元，加上国家财政补贴1234万元，共投资2084万元，主要业务是租种农户的土地自主经营以及为农户提供农机服务。2011年开始，在政府主管部门的指导下，合作社开始吸引农户以土地入股的方式加入

---

① 《农民专业合作社法》（2007）第十七条规定，中国的合作社法规定合作社的“附加表决权总票数，不得超过本社成员基本表决权总票数的百分之二十”，2017年修订后的《农民专业合作社法》在这一点上没有变化。——笔者注。

② 需要说明的是，该合作社是一个土地股份合作社，关于土地股份合作社如何界定“惠顾”，是不是农民专业合作社，在业界还有争议，但实践中一般被注册为农民专业合作社。本书以该合作社为例，关注的重点是其公司领办的特征，是由纯投资者流转社员的土地领办的合作社；此外，RF农机合作社在2011年就被评为国家级示范社，媒体上资料丰富，也有大量的研究文献，给本书的研究提供了便利条件。——笔者注。

合作社，并尝试按照合作社法规范盈余分配方案，使入社社员都能获得更多收益。具体内容包括：（1）入社土地有350元/亩的保底收益（这个“保底价”比2010年当地240元/亩的土地租金高出110元）。（2）每亩土地折价350元作为股份参与盈余分配。（3）成员不分入社先后，都平等地享有国家补贴资金的分红权利，国家投入1234万元补贴资金所产生的盈余，按成员户数平均分配。（4）扣除土地保底收入后的盈余提取50%的公积金，其余部分在国家配套补贴资金、成员入股资金和土地保底价折算资金按比例分配。（5）入社自愿、退社自由，成员在退社时可以获得其成员账户上的全部股金，包括各种盈余结转，但是不可以带走公积金以及国家补贴的部分。

合作社的规范化运作取得了非常好的效果。当年共有307户农户加入合作社，入股土地1.5万亩，合作社毛收入2763万元，盈余1342万元。年收益扣除发给普通社员525万元的保底收入后剩余817万元，按50%计提为公积金，剩下的盈余用于二次盈余分配，每亩土地最终收入710元。① 此时，RF农机合作社的制度安排完全符合合作社法，社员也获得了远高于地租的收入。从2011—2013年，合作社入社土地和盈余大幅增加，经营的土地从1.5万亩增加到3万亩，再到5万亩，盈余从1342万元增加到5328万元。

（二）演化：投资者不断调整盈余分配方案，为保障自身收益而努力

RF农机合作社的矛盾在于，虽然合作社依赖社员的加入以获得连片的土地、政府的扶持资金和社会关注，但是社员不出资、不参与经营管理，仅靠土地入股就获得了远高于市场地租的收入，而且不承担任何经营风险，双方在权利和义务上显然是不平衡的。为此，投资者不断调整合作社盈余分配方案，一方

① 参见文婷、张应良：《土地股份合作社内部能形成利益联结机制吗?》，《西北农林科技大学学报（社会科学版）》2020年第1期；周振、孔祥智：《盈余分配方式对农民合作社经营绩效的影响——以黑龙江省克山县仁发农机合作社为例》，《中国农村观察》2015年第5期。

面试图在文件上仍然满足合作社法的规定,另一方努力保障自身的权益。RF农机合作社所做的主要调整如下:

2012年,为了激励管理层(主要是投资者社员)的积极性,合作社提取年末总盈余的2%作为管理层工资,其中的20%为理事长工资。2013年,合作社的盈余分配进行了重大改革(图4-2),主要内容包括:①管理层工资按总盈余的3%提取。②土地直接入股,取消土地的保底收益。③取消“每亩土地折价350元作为股份参与盈余分配”的办法,改为合作社盈余以60∶40的比例在土地和资金之间分配。④公积金仅从资金应得分红中提取50%,土地获益部分不再提取公积金;2015年后不再计提公积金。

可以看到,上述改革强调管理人员的贡献,提升了核心社员的分配比例;取消保底租金,扩大了可分配盈余;取消“每亩土地折价350元作为股份参与盈余分配”,普通社员不再参与按股分红,避免被土地折资分红稀释;限制土地获益部分提取公积金,防止公积金积累稀释投资者的分红比例。在改革后的分配方式中,纯投资者逐步提升了自己的分配比例。

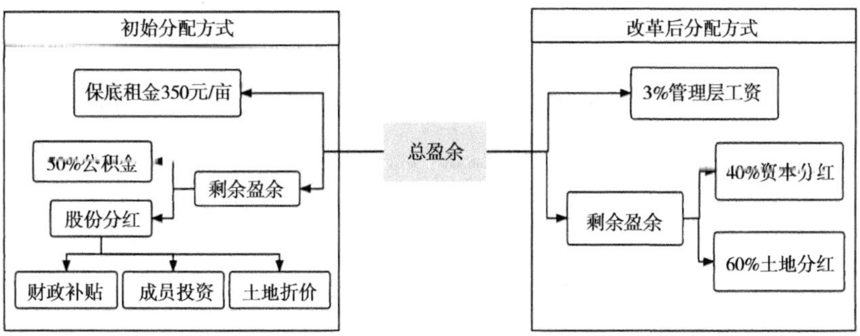

图4-2 RF农机合作社收益分配变革

(三)异化:最终RF合作社与其他投资者所有的市场组织无差异

改革后,RF合作社的普通社员获得与非示范合作社社员或单纯的土地出租者类似的地租收益,该合作社与其他投资者所有的市场组织并无本质区别。

一些文献详细介绍了 2011—2016 年 RF 农机合作社的盈余分配方案和分配结果。虽然研究者的核算口径以及细节处理上有一定差别,核算出来的结果也不完全一致,但不管合作社宣称按土地分红占盈余的比例是多少,社员从合作社分到的盈余实际上逐步与当地市场的地租水平看齐。① 2016 年,合作社声称按土地分红的比例达到 78%,社员亩均分红 602 元,其中土地分红 505 元,国投资金量化到户的分红为平均每亩土地 97 元。除去国投资金分红的部分,土地入股社员因土地获得的盈余与当地非示范性的农机合作社或者“小大户”的租金水平大体相当,②这一点与作者与 2019 年在该合作社以及附近合作社的调研结果一致。③

合作社盈余分配方案的变迁体现的是合作社的所有权到底归谁所有。RF 农机合作社是国家级示范社,是一个以政府的财政支持为背景、由政府主管部门参与制度设计、专业财务人员加持的,各方面看来都非常规范合作社。该社 2011 年的制度设计——包括提高租金,社员的收入除保底租金外还要有二次返利,政府补助的资金收益应该按户平均分配——都是遵循合作社法制定的。该合作社的做法也作为成功案例,成为合作社中的“典范”。即使是这样的示范社,在盈余分配上,投资者社员和土地入股的社员之间的利益也是此消彼长的。合作社的投资者通过几处变通稳定了投资者在盈余分配

---

① 参见:周振、孔祥智:《盈余分配方式对农民合作社经营绩效的影响——以黑龙江省克山县仁发农机合作社为例》,《中国农村观察》2015 年第 5 期;李凤玉:《仁发合作社启示录》,《农村经营管理》2017 年第 7 期;薛建良、朱守银:《转型中的“仁发农业经营模式”:压力与突破——基于克山县仁发现代农机专业合作社的分析》,《当代经济管理》2018 年第 2 期;文婷、张应良:《土地股份合作社内部能形成利益联结机制吗?》,《西北农林科技大学学报(社会科学版)》2020 年第 1 期;刘同山、孔祥智:《精英行为、制度创新与农民合作社成长——黑龙江省克山县仁发农机合作社个案》,《商业研究》2014 年第 5 期。

② 参见文婷、张应良:《土地股份合作社内部能形成利益联结机制吗?》,《西北农林科技大学学报(社会科学版)》2020 年第 1 期。

③ 从 2013—2015 年,RF 合作社所在的克山县的地租水平上涨明显,从 300 元左右涨到最高 500 元左右,地租上涨主要是由于土地经营的效益提升、政府补贴增加以及各类农机合作社和“小大户”竞争性租地等造成的。——笔者注。

中的比例,①土地入股社员还是获得与当地租金水平相当的收益。

事实上,将企业的所有权配置给可抵押物质资产的所有者和主要风险承担者是有效率的。这样的合作社中,普通的社员以土地入股,他们既不提供资金,也不参与具体法经营管理,几乎无风险地获得大于等于当地地租水平的收益(多出来的部分主要来自政府扶持资金带来的,农户或多或少获得一些收益),可以想见,他们对合作社的监督必定流于形式。透过现象看本质,该合作社与其他投资者所有的企业没有差别。

按照汉斯曼的企业所有权论,公司领办的合作社之所以难以规范,根本原因在于其制度设计没有充分考虑到社员异质性对合作社所有权成本的影响,允许农业生产经营服务的提供者、利用者共同组建合作社。我国农民专业合作社的社员异质性突破了生产者规模大小、产品品种和质量差异的范畴,出现了投资者和惠顾者之间在利益上的根本冲突。这样的合作社所有权成本极高(主要是集体决策的成本高),缺乏根本的合作基础,因此难以规范。当前,我国政府看到了合作社发展中的不规范,一直在鼓励公司和普通社员建立紧密的利益联结。但有时候仅仅靠倡导不能从根本上解决问题,还需要深刻认识公司领办合作社难以规范的根本原因,一方面对农民专业合作社的发展空间有更合理的预期,另一方面如果资本进入合作社,应该在所有权制度安排方面有所创新。根据我国目前的情况,可以考虑大力发展以家庭农场为基础的专业合作社,丰富合作社类型供给,完善对合作社的监测制度,并且丰富除合作社以外的农民组织制度。

---

① 在概念不清晰的前提下,变通的方法很多。例如政府财政补贴分红给农户的部分,是"按土地面积分配"还是"按资金分配"?认识的不一致导致一些文献宣称合作社的盈余是按照60∶40的比例在土地和投资之间进行分配(参见刘同山、孔祥智:《精英行为、制度创新与农民合作社成长——黑龙江省克山县仁发农机合作社个案》,《商业研究》2014年第5期),另一些文献则说按土地分红的比例是74%(参见:李凤玉:《仁发合作社启示录》,《农村经营管理》2017年第7期;文婷、张应良:《土地股份合作社内部能形成利益联结机制吗?》,《西北农林科技大学学报(社会科学版)》2020年第1期)。——笔者注。

第五章　农民专业合作社的社员参与行为与影响因素分析

通常认为,合作社是处于市场竞争不利地位的弱小生产者按照平等原则在自愿互助的基础上组织起来、通过共同经营实现改善自身经济利益或经济地位的组织,①社员的同质性是合作社民主管理的前提。② 然而,我国的农民专业合作社是在农民分化的前提下发展起来的,农户在资源禀赋上差异明显,合作社企业家匮乏,而合作社的成立和运行都有赖于核心社员的组织和带动。在异质性社员结构下,农民专业合作社的制度安排从一开始就呈现出显著的股份化色彩。在合作社的发展实践中,“领办”二字鲜明刻画了“能人”在合作社创办中的核心地位,并被解释为是一种基于能力和关系的合作治理结构。③ 在很多情况下,“能人”控制导致合作社质的规定性(自我服务和民主控制)发

---

① 参见苑鹏:《中国农村市场化进程中的农民合作组织研究》,《中国社会科学》2001 年第 6 期。

② 参见秦愚:《利用新集体行动理论揭示农民合作社制度》,《农业经济问题》2018 年第 3 期。

③ 参见黄祖辉、徐旭初:《基于能力和关系的合作治理——对浙江省农民专业合作社治理结构的解释》,《浙江社会科学》2006 年第 1 期;高华云:《盈余分配、契约选择与农民专业合作社发展——基于核心成员、普通成员及政府之间的博弈分析》,《中南民族大学学报(人文社会科学版)》2018 年第 5 期。

生漂移，[1]出现了所谓的异化现象，[2]农民对合作社表现出茫然和漠然、许多合作社没有开展活动、普通社员受益不多，[3]造成显性的"大农"剥削兼业小农的后果。[4] 这使得合作社对普通成员生产和收入的促进作用十分有限，[5]而且合作社内部普通成员通过政策性资金受益程度显著低于核心成员。[6]

缓解合作社被大股东控制的情况有赖于社员的积极参与，包括资本参与、业务参与和管理参与，[7]以改善合作社普通社员的边缘人状况，使合作社真正成为惠顾者所有的组织。[8] 这个过程既需要合作社普通社员的积极参与，又需要合作社理事长具备提高社员有效参与的行为意向。这里的问题是，在社员异质性背景下，合作社社员是否积极向合作社投资，是否积极利用合作社的服务，有没有参与合作社的民主管理？其参与与否、参与程度高低又受到了哪些因素的影响？在事情的另一面，理事长是否具备促进合作社规范发展的意愿？会不会主动与社员分享合作社事务参与权？第五章和第六章基于调研的第一手数据，分别从社员行为和理事长行为两个角度回答上述两个问题。

---

① 参见黄祖辉、邵科：《合作社的本质规定性及其漂移》，《浙江大学学报（人文社会科学版）》2009 年第 4 期。

② 参见苑鹏：《〈农民专业合作社法〉颁布后的新动向及相关建议》，《中国经贸导刊》2008 年第 1 期。

③ 参见潘劲：《中国农民专业合作社：数据背后的解读》，《中国农村观察》2011 年第 6 期。

④ 参见仝志辉、温铁军：《资本和部门下乡与小农户经济的组织化道路——兼对专业合作社道路提出质疑》，《开放时代》2009 年第 4 期。

⑤ 参见廖小静、应瑞瑶、邓衡山、徐志刚：《收入效应与利益分配：农民合作效果研究——基于农民专业合作社不同角色农户受益差异的实证研究》，《中国软科学》2016 年第 5 期。

⑥ 参见徐志刚、谭鑫、廖小静：《农民合作社核心成员社会资本与政策资源获取及成员受益差异》，《南京农业大学学报（社会科学版）》2017 年第 6 期。

⑦ 参见邵科、徐旭初：《合作社社员参与：概念、角色与行为特征》，《经济学家》2013 年第 1 期。

⑧ 参见邓衡山、徐志刚：《〈农民专业合作社法〉需要大改吗？——兼论名实之辨的意义与是否需要发展中国特色合作社理论》，《农业经济问题》2016 年第 11 期；邓衡山、徐志刚：《〈农民专业合作社法〉需要大改吗？——兼论名实之辨的意义与是否需要发展中国特色合作社理论》，《农业经济问题》2016 年第 11 期。

第一节　问题的提出

合作社是境况类似的弱者抱团自救的人合组织，社员的积极参与是合作社发展的基础也是归宿，没有社员参与的合作社是无源之水、无本之木，不能称之为真正意义上的合作社。然而在我国农民专业合作社发展的实践中，很多普通农户是被动参加者，甚至只是名义上的社员，与合作社的关系只限于产品交易，很少参与日常管理与内部监督。① 邵科发现，多数社员与合作社有着紧密程度不高的业务参与，不进行资本参与，社员的管理参与要么流于形式，要么根本就没有进行。② 孙亚范认为绝大多数社员缺乏主动参与管理的强烈意愿，农民专业合作社的民主治理尚缺乏有效的实施主体和牢固的社员基础。③ 谭智心、孔祥智指出，由于合作社的产权不完整和治理机制不完善，合作社中小社员通常会放弃其作为合作社所有者应有的对合作社日常事务管理和内部监督的权利。④ 学者们对合作社社员参与程度不高、参与形式单一现象已基本形成共识，这与前些年农户合作社参与意愿调查文献中发现农户有较高的参与意愿，以及合作社示范社评审材料中动辄提到的“多个统一”，特别是超高的统一采购、统一销售、统一生产规程等形成强烈的反差。对这一现象，有学者指出，依据官方统计数据计算的农户参与率可能大大地高估了农户的参与程度，农民专业合作社面临着严重的虚假参与问题。⑤

---

① 参见苑鹏：《农民专业合作社联合社发展的探析——以北京市密云县奶牛合作联社为例》，《中国农村经济》2008 年第 8 期。

② 参见邵科、徐旭初：《合作社社员参与：概念、角色与行为特征》，《经济学家》2013 年第 1 期。

③ 参见孙亚范：《农民专业合作社治理中的社员参与意愿影响因素研究——基于江苏省的调查数据》，《经济问题》2014 年第 3 期。

④ 参见谭智心、孔祥智：《不完全契约、内部监督与合作社中小社员激励——合作社内部“搭便车”行为分析及其政策含义》，《中国农村经济》2012 年第 7 期。

⑤ 参见罗玉峰、邓衡山、陈菲菲、徐志刚：《农民专业合作社的农户参与：自选择还是被参与》，《农业现代化研究》2017 年第 1 期。

那么,实践中合作社社员真实的参与行为究竟是处于怎样的水平？参与与否、参与程度高低又是受到了哪些因素的影响？这些问题的回答对于合理判断当前我国合作社发展中的本质问题,促进合作社健康良性发展具有重要的意义。

合作社研究中一直非常重视农户(社员)参与合作社的意愿和行为问题。早期的合作社研究主要关注农民是否愿意加入合作社及其影响因素,以此证明合作社存在的必要性和可行性。研究的方式主要是调查农户愿不愿意加入合作社,并分析影响社员入社意愿的因素。对于农户参与合作社意愿的研究主要采用了计量分析方法,不同文献的区别在于采用的模型和解释变量的差别。张冬平等发现,农户的个人特征和农户经营特征影响了农民参与合作社的意愿,文化程度高的农民或者具有干部身份的农民更倾向于参与专业合作社。① 郭红东、陈敏的研究表明,农户参与合作社的意愿受农户的文化教育水平、农户生产的兼业化程度、规模、商品化率、产品销售过程中遇到的困难以及政府对合作社的支持程度影响。② 周波等从农户对合作社的认知程度出发,认为农户户主综合认知能力从根本上决定了其参与合作社的意愿强度,农民综合认知能力越高,农民的合作意识就越强。③ 倪细云基于陕西、山西和山东三省 607 户菜农的调查数据,对农户参与蔬菜专业合作社的意愿及其影响因素进行了分析,发现菜农的个人特征、家庭特征、蔬菜生产特征、当地蔬菜市场发展情况以及政府的支持力度等要素共同影响菜农加入蔬菜合作社的意愿。④ 张启文等利用结构方程,采用因素分析与路径分析两种统计方法,分析

① 参见张冬平、丁鹭、夏海龙:《基于 Logit 模型下农民加入专业合作社的意愿分析》,《河南农业大学学报》2007 年第 3 期。

② 参见郭红东、陈敏:《农户参与专业合作社的意愿及影响因素》,《商业研究》2010 年第 6 期。

③ 参见周波、刘小春、万洁:《农户参与专业合作社意愿和认知程度实证分析》,《江西农业大学学报(社会科学版)》2010 年第 1 期。

④ 参见倪细云:《菜农参与蔬菜专业合作社的意愿及影响因素——基于 3 省 607 户的调查分析》,《西北农林科技大学学报(社会科学版)》2014 年第 3 期。

了农户的入社意愿，分析结果表明，年纯收入、户主文化程度、生活消费、生产规模、农产品商品化水平、农业技术应用程度、对合作社的总体满意度、服务认知和销售认知对农户入社意愿的影响较为显著。① 徐建春等运用树模型分析了农户加入土地股份合作社的意愿的影响要素，研究结果表明村庄所在位置、非农收入占家庭总收入比重、土地利用现状、想法、职业、年龄、传播媒介等自变量影响村民加入农村土地股份合作社的意愿。② 马彦丽、施铁坤发现并非所有愿意加入合作社的农户最终都会加入合作社，农户的入社意愿最终转化为入社行为是存在障碍的。农户入社行为并不完全基于其对合作社的需求意愿，更多地受到其他因素（如外部环境）的影响。③

之后的研究逐步转向对农户入社以后的满意度分析和影响因素方面。孙亚范、余海鹏以计划行为理论为基础，使用有序 Probit 模型，从微观层面建立了农民专业合作社成员合作意愿及影响因素的分析框架，发现农民专业合作社的各项制度安排相互作用，共同影响和制约成员合作行为与组织绩效。④ 吴锐光等从微观层面分析了社员交易行为的影响因素，合作社是否拥有品牌、是否提供运输服务、社员经营规模是促成社员交易行为的发生的主要因素。⑤ 孙亚范对农民专业合作社社员民主参与合作社管理的意愿进行了实证分析，认为社员对合作收益的满意状况、合作社制度的认知水平、家庭经营产品的价格波动程度、经营管理人员的信任程度、理事会成员的组织角色以及合作社盈余返还分配制度、民主选举与决策制度的

① 参见张启文、周洪鹏、吕拴军、胡乃鹏：《农户参与合作社意愿的影响因素分析——以黑龙江省阿城市料甸乡为例》，《农业技术经济》2013 年第 3 期。

② 参见徐建春、李长斌、徐之寒、李翠珍：《农户加入土地股份合作社意愿及满意度分析——基于杭州 4 区 387 户农户的调查》，《中国土地科学》2014 年第 10 期。

③ 参见马彦丽、施铁坤：《农户加入农民专业合作社的意愿、行为及其转化——基于 13 个合作社 340 个农户的实证研究》，《农业技术经济》2012 年第 6 期。

④ 参见孙亚范、余海鹏：《农民专业合作社制度安排对成员行为及组织绩效影响研究》，《南京农业大学学报（社会科学版）》2012 年第 4 期。

⑤ 参见吴锐光、赵维清：《葡萄合作社社员产品交易行为影响因素分析——基于浙江省实证研究》，《农村经济与科技》2014 年第 2 期。

健全程度、是否设立个人账户等因素对社员参与管理的意愿有显著影响。① 张耀文等研究了产业链整合促进社员参与的作用机理，②廖晓明等则从社会资本理论的视角，研究了社会关系网络、信任与制度规范对合作参与的影响。③

总体上看，学术界关于社员加入农民专业合作社以后的参与行为及其影响因素的研究成果还比较少，仅有的一些研究主要关注某个方面的参与行为，例如业务参与、民主管理等。本书参考邵科、徐旭初的研究，④将合作社的社员参与行为分成了业务参与、资本参与和管理参与，分析农民专业合作社的社员参与行为与影响因素。为了方便展开研究，本章将调研的合作社限定在蔬菜合作社范围内。主要理由在于：第一，不同农业产业的专业化和市场化水平不同，产品特征差别很大，因而生产者对合作社的有效需求可能差别很大，将研究对象限定在蔬菜生产合作社，可以消除不同类型合作社对分析结果的干扰；第二，之所以选择蔬菜生产合作社，是因为蔬菜生产的专业化和市场化程度较高，蔬菜易腐性强，质量要求复杂，对下游渠道的依赖性强。蔬菜生产者加入合作社有利于降低交易成本，保障产品质量，实现产品优质优价。从以上角度讲，学术界普遍认为在蔬菜生产领域容易产生合作社。研究思路是首先对已入社社员对合作社各项活动的参与行为进行量化测度，定量描述现阶段合作社社员的参与程度，然后再对影响合作社社员参与程度的因素进行实证分析。

---

① 参见孙亚范：《农民专业合作社治理中的社员参与意愿影响因素研究——基于江苏省的调查数据》，《经济问题》2014 年第 3 期。

② 参见张耀文、郭晓鸣：《农民合作社的产业链整合能否促进社员参与？——兼论合作效率与公平之间的转化平衡》，《农业技术经济》2023 年第 11 期。

③ 参见廖晓明、方婷、邱俊柯：《农民合作社发展：社会资本与合作参与——基于多案例比较研究》，《南京农业大学学报（社会科学版）》2023 年第 2 期。

④ 参见邵科、徐旭初：《合作社社员参与：概念、角色与行为特征》，《经济学家》2013 年第 1 期。

第二节　研究设计

一、数据获取

本章数据来自对合作社的问卷调查。样本合作社来自河北省石家庄市藁城区、正定县和沧州市青县的10家合作社，分别代表城市近郊、远郊和远离城市的传统蔬菜种植区。调查时间集中在2017年5月—9月，问卷调查全部由事先经过系统培训的在校研究生完成。为了保证调查问卷的质量，在普遍调查之前，进行了小范围的预调研，根据预调研中遇到的问题对调研问卷进行了反复的修改和完善。为了保证样本的代表性，调研组采用进地头的方式，在菜农工作时间挨家进入有人劳作的蔬菜大棚调查，采取一对一访谈的形式填写问卷。同时对合作社的负责人进行访谈，补充乡镇蔬菜产业发展和合作社运行情况，以求对该合作社有更立体的了解，调研最终获得104份社员有效问卷。

二、社员合作社参与行为指标和测度

（一）社员参与行为指标选取

本部分沿用邵科、徐旭初对社员合作社参与行为分类，将其细分为资本参与、业务参与和管理参与。① 资本参与是指社员向合作社出资入股，社员可以用货币出资，也可以用实物方式出资入股。根据《农民专业合作社法》，社员以实物出资是合法的，而且可以有效弥补社员资金不足的难题。然而，在以实物出资入股的合作社中，常常出现一种虚假出资现象，有些合作社将社员自身

① 参见邵科、徐旭初：《合作社社员参与：概念、角色与行为特征》，《经济学家》2013年第1期。

拥有的农地或大股东自己的资产折价入股合作社,但实际上没有发生资产向合作社的价值转移,合作社事实上不能支配这些资产,也不能以其对合作社的债务负责。这种情况下,实物出资只是拿来包装合作社的规模,因此本研究中不将其算作真实的入股投资。业务参与指社员使用合作社提供的产品和服务,包括通过合作社购买农业生产资料,利用合作社提供的各种服务,执行合作社要求的技术标准,通过合作社销售自己的产品等。管理参与是指社员关注合作社的重大决策和运营管理,通过积极参加社员大会(或社员代表大会),以一人一票的形式影响合作社的重大决策,积极向理事会、监事会等反映自己的意见和建议等。

在社员的各类参与行为中,资本参与是基础,业务参与是核心,管理参与是制度保障。合作社是经济组织,社员持股是社员的基本权利和义务,是成员身份的取得条件、对合作社债务责任的主要边界、参与合作社盈余分配的主要依据,没有出资就很难说合作社是社员的合作社;业务参与是合作社的目标和归宿,如果社员不使用合作社提供的产品和服务,社员就失去了惠顾者的角色,就不能解决合作社是为了谁的问题;管理参与是保证合作社所有者和惠顾者同一的制度保障,只有在合作社的治理结构中拥有最高的决策权,才能从根本上保障合作社是社员的合作社。本书编制社员参与度指数来综合测度和评价社员的参与行为,综合判定社员资本参与、业务参与和管理参与的强度。首先编制资本参与指数、社员业务参与指数、管理参与指数三个二级指标,然后再综合测度社员参与度指数。

(二)社员参与行为测度

1. 社员资本参与指数(CaPI,Capital Participation Index):社员的资本参与指数通过农户是否用现金入股,及是否愿意向合作社增加投资等指标来测度,社员的资本参与度指数取值在0—1之间。具体编制方法见表5-1。

表 5-1　资本参与程度指数(CaPI)

变量	变量说明	均值	分类标志	赋值	权重
是否用现金入股	0=否 1=是	—	—	0=无参与 1=有参与	50%
是否愿意增加投资	0=否 1=是	—	—	0=无参与 1=有参与	50%

在样本中,只有 3 户社员家庭在入社时用现金入股,占总样本容量的 2. 88%,股金均为 50 元;当合作社缺乏资金时,有 25 户社员家庭表示愿意追加投资,占总样本比例的 24. 04%,一开始有现金入股的 3 个样本均表示不愿意再追加投资。总体来讲,社员资本参与意识薄弱,参与程度非常低。

2. 社员业务参与指数(BPI,Business Participation Index):社员的业务参与指数选用农户通过合作社统一销售农产品的比例,通过合作社统一购买农资的比例、社员参与合作社技术培训的积极程度、社员执行合作社规程和技术标准的程度四个指标来综合测度。在调查的样本中,农户通过合作社统一销售农产品的比例取值在 0—100%之间波动,均值是 6. 54%;通过合作社统一购买农资的比例均值是 7. 04%;总体上来讲,统一购销比例较低。有 47. 12%的社员表示不积极参与合作社的技术培训,只有 11. 54%的社员表示积极参与合作社组织的各项技术培训;有 43. 15%的社员执行合作社规程和技术标准不严格,只有 9. 62%的社员表示会严格执行合作社的规程和技术标准。社员业务参与指数的具体编制方法和指标权重见表 5-2。

本书按等权重累加的方式构造社员的业务参与指数,取值在 0—8 之间。在调查的样本中,社员业务参与指数的均值是 1. 88,方差是 2. 07。业务参与程度相对较低,这与示范社评审材料中提到的“多个统一”,特别是超高的统一采购、统一销售、统一生产规程等形成了强烈的对比。

表 5-2　业务参与程度指数(BPI)

变量	变量说明	均值(%)	分类标志	赋值	权重
生产的蔬菜通过合作社销售的比例(%)	百分比 连续型变量	6.54	0=无参与 0<百分比<80 80<=百分比	0=无参与 1=弱参与 2=强参与	25%
通过合作社购买农资的比例(%)	百分比 连续型变量	7.04	0=无参与 0<百分比<80 80<=百分比	0=无参与 1=弱参与 2=强参与	25%
参加合作社技术培训的积极程度	1=不积极 3=一般 5=非常积极	2.43	1,2=不积极 3=一般 4,5=积极	0=不积极 1=一般 2=积极	25%
严格执行合作社规程和技术标准的程度	1=不严格 3=一般 5=非常严格	2.39	1,2=不严格 3=一般 4,5=严格	0=不严格 1=一般 2=严格	25%

3. 社员管理参与指数(MPI,Management Participation Index):社员管理参与指数通过农户参与社员代表大会的积极性、对合作社重大事务的关注程度、向合作社管理层反映想法和意见的频率等指标综合反映。农户参与社员代表大会的积极性变量均值是1.59,有72.15%的社员不积极参与社员代表大会,只有3.85%的社员表示积极参与社员代表大会;在问及2016年参与的社员代表大会次数时,有79.81%的社员未参加过合作社召开的社员大会,社员平均参与代表大会的次数是0.41次;在调查样本中,有87.5%的社员不太关注或完全不关注合作社的重大事务,有86.54%的社员较少或从不向合作社管理层反映自己的想法和意见。社员管理参与指数具体编制方法见表5-3。

表 5-3　管理参与程度指数(MPI)

变量	变量说明	均值	分类标志	赋值	权重
参加社员代表大会的积极程度	1=不积极 3=一般 5=非常积极	1.59	1,2=不积极 3=一般 4,5=积极	0=无参与 1=弱参与 2=强参与	33.33%
关注合作和重大事务的程度	1=完全不关注 3=一般 5=强烈关注	1.56	1,2=不严格 3=一般 4,5=积极	0=无参与 1=弱参与 2=强参与	33.33%

续表

变量	变量说明	均值	分类标志	赋值	权重
向合作社管理层反映想法和意见的频率	1=从不 3=一般 5=很频繁	1.49	1,2=低频率 3=一般 4,5=高频率	0=无参与 1=弱参与 2=强参与	33.33%

平均分配权重计算的社员管理参与指数,取值范围在0—6之间,均值为0.68。在调查的样本中,有76.92%的社员家庭无任何管理参与行为。管理参与的均值较低,说明社员的管理参与行为是在普通社员中只是个别现象,大多数社员存在“搭便车”的心理,对合作社的“主人翁”意识薄弱,这与社员对合作社组织规范认知的结论不谋而合。在问及合作社由谁拥有时,有83.65%的受调者认为合作社是理事长和大股东的,只有16.35%社员认为,合作社归全体社员所有;在问及合作社由谁控制时,只有8.65%的社员认为合作社由全体社员控制;并且70.19%的社员认为合作社的主要受益者是理事长和大股东。

社员参与度综合指数(PI,Participation Index):将社员的业务参与、资本参与、管理参与指数的最终得分进行加权求和,得到社员参与度指数来综合评价社员的参与程度。考虑到业务参与、资本参与、管理参与不是并列的关系,在合作社发展的现阶段业务参与最能反映农户的参与行为。故将三类指标的权重设置为业务参与50%,资本参与12.5%,管理参与37.5%来进行加权求和。如表5-4所示。

表5-4 社员参与度综合指数(PI)

变量	变量名称	取值范围	均值	权重
业务参与	BPI	0—8	1.88	50%
资本参与	CaPI	0—1	0.27	12.5%
管理参与	MPI	0—6	0.68	37.5%

按照此种规范编制的社员参与度综合指数,取值范围在0—6.375之间,均值为1.23,方差为1.46,有75%的社员参与度指数取值在2以下。为了计量模型分析的需要,将社员参与度综合指数PI进行了二次编制,PI取值为0的定义为无参与,赋值为0;0<PI<1的为弱参与,赋值为1;1≤PI<4的为中等参与,赋值为2;4≤PI<6.375的为强参与,赋值为3。二次编制以后的社员参与度综合指数命名为PI-G,均值为1.31,25%的社员无参与行为,25.96%的社员属于弱参与,42.31%的社员属于中等参与,6.73%的社员属于强参与。

第三节　社员参与度的影响因素分析

以下根据之前文献梳理的结果,建立计量经济模型,实证分析社员参与度主要影响因素,以及在控制其他因素不变的情况下,各个因素对社员参与度的影响方向。

一、变量选取

模型的被解释变量有四个:社员业务参与指数(BPI)、社员资本参与指数(CaPI)、社员管理参与指数(MPI)、社员参与度综合指数(PI)。

引入模型的解释变量可以分为四类:一是表征农户的基本特征的变量,包括农户的年龄、性别、受教育程度、是否有非农就业经历;二是表征农户蔬菜生产经营情况的变量,包括设施蔬菜种植面积、2016年种植蔬菜的纯收入、蔬菜生产经营中是否需要雇工;三是农户入社情况,包含加入合作社的年限、是否核心社员、对合作社理事长的熟悉程度;四是农户的认知行为变量,包含农户对合作社边界是否清晰的认知、对合作社组织规范的认知(对合作社基本特征如社员拥有、社员控制、社员受益等规范的认知)情况以及农户对合作社具体作用的感知。具体变量名称和描述统计分析见表5-6。

表 5-6 变量释义及描述统计

	变量说明	取值范围	均值	变量取值或变量性质	样本数	频率（%）
因变量	业务参与(BPI)	0—8	1.88	多分类离散变量	—	—
	资本参与(CaPI)	0—1	0.27	多分类离散变量	—	—
	管理参与(MPI)	0—6	0.68	多分类离散变量	—	—
	综合参与(PI-G)	0—3	1.31	多分类离散变量	—	—
农户基本特征	户主年龄	23—74	47.82	连续型变量	—	—
	户主性别	0—1	—	1=男性 0=女性	84 20	80.77 19.23
	户主受教育程度	1—5	2.82	1=文盲 2=小学 3=初中 4=高中、中职技校； 5=大专及以上	3 31 54 14 2	2.88 29.81 51.92 13.46 1.92
	户主非农劳动经历	0—1	—	1=从事过非农劳动 0=未从事过非农劳动	50 54	48.08 51.92
蔬菜生产经营情况	设施蔬菜种植面积	0.6—60	7.1	连续型变量	—	—
	2016 年种植蔬菜的纯收入	1.2—60	8.64	连续型变量，万元	—	—
	蔬菜生产经营过程中是否需要雇工	0—1	—	1=是 0=否	77 27	74.04 25.96
农户入社情况	加入合作社的年限	1—13	5.97	连续型变量	—	—
	是否核心社员	0—1	—	1=是 0=否	8 96	7.69 92.31
	户主与合作社理事长的相熟程度	1—5	3.54	1=不熟悉 2=不太熟悉 3=一般； 4=比较熟悉 5=非常熟悉	4 17 18 49 16	3.85 16.35 17.31 47.12 15.38

续表

	变量说明	取值范围	均值	变量取值或变量性质	样本数	频率(%)
农户认知行为	农户对合作社边界是否清晰的认知	0—1	—	1=边界清晰 0=边界模糊	27 77	25.96 74.04
	社员拥有	1—3	1.70	1=理事长的 2=大股东的 3=全体社员的	48 39 17	46.15 37.50 16.35
	社员控制	1—3	1.60	1=理事长的 2=大股东的 3=全体社员的	51 44 9	49.04 42.31 8.65
	社员受益	1—3	1.95	1=理事长的 2=大股东的 3=全体社员的	36 37 31	34.62 35.58 29.81
	对合作社作用的认知	7—35	13.85	多分类离散变量	—	—

上述解释变量中,农户"对合作社作用的认知"是一个多变量综合后的评价指标。问卷中设计了七个问题,包括①加入合作社能够增加我家的收入;②加入合作社能够降低价格风险;③加入合作社有利于我掌握生产技术;④加入合作社有利于解决我家的资金困难;⑤加入合作社能够提高我的产品质量;⑥加入合作社可以保证我家的产品都能卖出去;⑦加入合作社能够降低我家的生产成本。采用李克特五点量表,农户完全同意某一表述时取值为5,完全不同意时取值为1。对七个指标的结果进行等权重加总,得到了对合作社作用的认知变量,此变量取值越大,农户认为合作社的作用越大。

二、模型设计

模型被解释变量是一组关于社员参与度的度量指标,取值为离散数值,取值越大代表社员参与度越高。模型的被解释变量是一组多元离散变量,并且不同取值之间有优先次序。有序Probit回归是处理多类别离散数据时应用较为广泛的一种方法,因此选用有序Probit模型(Ordered Probit Model)对相关影响因素与社员参与度之间的关系进行探讨。

有序 Probit 模型的基本原理是:模型的输入为影响合作社社员参与度的诸多因素,即由 $x_1,\cdots,x_k$ 构成的向量 X;输出为合作社社员参与度 y。设有一个潜变量 y_i^* ,它是不可观测的,可观测的是 y_i ,设 y_i 有 0,1,2,…,m 共 m+1 个取值, y_i^* 线性依赖于解释变量 X_i ,即:

$$y_i^* = X_i\beta + \varepsilon_i \tag{1}$$

(1)式中,β 代表估计系数向量; ε_i 是独立同分布的随机变量;i=1,2,…,N 代表样本序号。

$$y_i = \begin{cases} 0,\text{如果} y_i^* \le c_1 \\ 1,\text{如果} c_1 < y_i^* \le c_2 \\ 2,\text{如果} c_2 < y_i^* \le c_3 \\ \qquad \vdots \quad \vdots \\ m,\text{如果} c_m < y_i^* \end{cases} \tag{2}$$

(2)式中, $c_1 < c_2 < \cdots\cdots < c_m$ 。

设 ε_i 的分布函数为累积标准正态分布函数 $\Phi(\cdot)$,可以得到如下有序 Probit 模型:

$$\begin{aligned} p(y_i = 0) &= \Phi(c_1 - X_i\beta) \\ p(y_i = 1) &= \Phi(c_2 - X_i\beta) - \Phi(c_1 - X_i\beta) \\ p(y_i = 2) &= \Phi(c_3 - X_i\beta) - \Phi(c_2 - X_i\beta) \\ &\vdots \\ p(y_i = m) &= 1 - \Phi(c_m - X_i\beta) \end{aligned} \tag{3}$$

三、模型估计结果与分析

运用 Stata15.0 软件对上述模型进行回归分析,在对社员参与度指数进行处理时,除了列出 Ordered Probit 模型的结果,还列出了 OLS 法的估计结果,作为对比。模型估计结果如表 5-7 所示:

表 5-7　社员参与度指数影响因素模型估计结果

变量	OLS	Ordered Probit			
	综合参与 PI	综合参与 PI-G	业务参与 BPI	资本参与 CaPI	管理参与 MPI
户主年龄	-0.003 (-0.269)	0.005 (0.384)	0.006 (0.467)	-0.038 (-1.563)	-0.023 (-1.203)
户主性别	-0.269 (-1.118)	-0.282 (-0.863)	-0.521* (-1.68)	-1.351*** (-2.662)	0.274 (0.562)
户主受教育程度	0.175 (1.264)	0.185 (1.01)	0.334* (1.866)	-0.051 (-0.158)	-0.159 (-0.642)
户主非农劳动经历	0.004 (0.022)	0.15 (0.599)	0.207 (0.89)	0.112 (0.275)	-0.493 (-1.4)
设施蔬菜种植面积	-0.024 (-0.859)	-0.008 (-0.197)	-0.028 (-0.772)	0.01 (0.142)	-0.045 (-0.951)
2016 年种植蔬菜的纯收入	0.02 (0.825)	-0.001 (-0.04)	-0.0003 (-0.009)	-0.042 (-0.669)	0.080** (1.975)
蔬菜生产经营过程中是否需要雇工	0.225 (1.051)	0.393 (1.331)	0.520* (1.815)	0.979* (1.81)	-0.439 (-1.146)
加入合作社的年限	0.012 (0.364)	0.053 (1.11)	0.021 (0.482)	0.011 (0.153)	0.082 (1.34)
是否核心社员	1.458*** (3.946)	1.180** (2.179)	0.513 (1.077)	1.688** (2.291)	2.389*** (3.88)
户主与合作社理事长的相熟程度	0.221** (2.371)	0.287** (2.249)	0.313** (2.494)	0.186 (0.891)	0.16 (0.882)
农户对合作社边界是否清晰的认知	0.688*** (3.085)	0.803** (2.549)	1.022*** (3.63)	-0.171 (-0.391)	-0.024 (-0.059)
社员拥有	0.284 (1.62)	0.253 (1.078)	0.246 (1.117)	0.063 (0.206)	0.458 (1.419)
社员控制	0.488** (2.043)	0.188 (0.597)	0.492 (1.637)	-0.1 (-0.225)	0.291 (0.645)
社员受益	-0.483*** (-2.778)	-0.379 (-1.621)	-0.616*** (-2.745)	0.659* (1.9)	-0.519 (-1.47)
对合作社作用的感知	0.082*** (5.114)	0.084*** (3.514)	0.080*** (3.786)	0.070** (2.229)	0.078*** (2.713)

注：***、**、* 分别表示在 1%，5%，10%的显著性水平上显著。括号内是相应回归系数的 t 值。

从有序 Probit 模型的总体拟合优度来看，衡量模型总体拟合优度的似然比检验卡方统计量分别达到了 75. 12,56. 65,69. 36,62. 97;在 1%的显著性水平下,模型参数联合均显著异于零。对 PI 的 OLS 回归结果中,Adjusted-R^2为 0. 65,F 检验统计量值为 13. 67,模型整体线性显著性明显。总体来讲,模型能较好地用来分析社员参与度的影响因素及其影响方向。

从表 5-7 中可以得出以下主要结论:

1. 农户的基本特征因素中,户主的受教育程度对业务参与指数的影响显著为正,说明户主的受教育程度越高,越倾向于提高对合作社的业务参与度。该变量在社员参与综合指数模型的回归结果也是正的,但样本信息不支持它对社员参与指数有显著的影响。在资本参与和管理参与模型中,户主的受教育程度变量系数为负,这可能是由于受教育程度的提高增加了户主对风险的认知所造成的,但样本信息并不支持这一结论。

2. 蔬菜生产经营情况因素中,农户 2016 年种植蔬菜的纯收入在管理参与模型中系数显著为正,农户在蔬菜生产经营过程中是否需要雇工变量在业务参与和资本参与模型中系数显著为正,其他变量则没有观测到对被解释变量有显著的影响。一般来讲,社员种植蔬菜的收入越高,种植设施蔬菜的面积越大,代表农户经营规模越大,也就越需要通过合作社获取各种服务,越倾向于提高对合作社各项事务的参与度。而农户在蔬菜生产经营过程中是否需要雇工,则体现了蔬菜种植的专业化程度,专业化程度越高的农户,业务参与度会相对越高。

3. 农户入社情况因素中,是否核心社员变量在社员参与、资本参与和管理参与模型中系数均显著为正,这表明合作社的核心社员对合作社的管理参与和资本参与明显高于普通社员,这一变量在业务参与模型中不显著,说明核心社员更倾向于提高自己对合作社资金积累,盈余分配及合作社发展重大事务决策等的参与。与合作社理事长的相熟程度变量显著影响社员参与程度和业务参与程度。社员加入合作社的初始意愿在很大程度上就源于对理事长的信任,与理事长越熟识,就越倾向于增加与合作社之间的业务交流。

4. 农户的认知行为要素中,农户对合作社作用的认知变量在五个模型中均有显著的正向影响。这表明,从社员的角度来看,合作社能够稳定发挥其主要作用,是社员提高各类参与行为的重要考量。提高合作社建设的规范化程度,有利于合作社更好地发挥其带动作用,也有利于建立起社员积极参与合作社蓬勃发展的良性循环。社员对合作社边界是否清晰的认知变量在社员参与和业务参与模型显著,说明社员与非社员的界限会影响其参与行为,尤其是业务参与行为。在社员眼中,界线越清晰,合作社所提供服务的辨识度越高,越能增加社员对合作社的忠诚度,进而提高对合作社的业务参与。

第四节　结论与建议

本章以河北省的蔬菜专业合作社为例,观察社员参与合作社各项事务的行为,在综合测度了各项社员参与度指标的基础上,运用有序 Probit 模型分析了影响社员参与度的关键因素。研究发现:农户的受教育程度、与合作社理事长的相熟程度与对合作社具体作用的感知变量正向影响社员的业务参与行为;蔬菜生产经营过程的某个或某些环节需要雇工,农户认知的合作社边界越清晰,其业务参与程度越深;农户在生产经营过程中是否雇工、农户户主是否合作社核心社员、农户对合作社的组织规范特别是社员受益的认知、农户对合作社具体作用的感知等变量显著正向影响社员的资本参与行为;农户种植蔬菜的纯收入、是否核心社员、农户对合作社具体作用的感知等变量显著正向影响社员的管理参与行为。就社员参与度综合指数来讲,农户的基本特征要素、农户的生产经营要素各变量的影响均不显著,可以看作是模型回归的控制变量,农户入社情况和农户的认知行为要素对社员参与度有显著影响。总体来讲,核心社员、与合作社理事长更为熟识的社员参与度越高;合作社的边界越清晰、组织规范化程度越高、合作社的作用和功能越强大、社员的参与度越高。

将本研究的结论和以往的研究相结合发现,从农户产生入社意愿到实施入社行为,再到积极参与合作社的各项事务,两个方面的转换都不是一蹴而就的。影响转换的因素主要源自两个落差:一是理念中的合作社与真实的合作社之间的差别。在政府以及领办人的宣传动员中,农户认知的合作社是规范发展的合作社,与社员是利益共同体,然而现实中的合作社很多是由核心社员控制的,缺乏与社员的紧密联系。二是意愿和实际行动之间的落差。多数农户在表达与心理活动相关的意愿时,可能会夸大诉求,不太在意加入合作社以及积极参与合作社活动的约束条件(或者说没有充分考虑加入合作社需要付出的成本),而将心理意愿转化为行为时,农户就会充分考虑自身及家庭的约束条件,从意愿到行为的转化结果往往会打折扣。社员的积极参与是合作社可持续发展的基石,深入理解社员参与意愿到参与行为的转化和影响因素,对于完善农民专业合作社立法,优化合作社内部的制度安排有非常重要的参考价值。

第六章　合作社理事长提高社员有效参与的行为意向研究

第一节　问题的提出

缓解合作社被大股东控制的情况有赖于社员的积极参与，也需要合作社的理事长具有提高社员有效参与的行为意向，但是，合作社的理事长是否具有吸引社员参与（特别是资金参与和管理参与）的积极性？产权理论认为，在合作社中，理事长（骨干社员）拥有企业家才能、资本和社会资源等核心资源，他们通过掌握剩余索取权和剩余控制权，使得风险承担者与剩余索取者和控制者相统一，是符合资源优化配置规律的所有权安排。① 实践中，某些合作社出于追求政策性收益目标而成立，广泛吸收社员参与意味着合作社的政策性收益被稀释。② 从上述角度看，社员的积极参与可能并不是合作社理事长所乐见的，但是也存在反向促进理事长积极吸引社员参与的力量。首先，从政府的视角看，政府支持合作社的合法性在于其追求有益的社会目标，提高农民的组

① 参见林坚、黄胜忠：《成员异质性与农民专业合作社的所有权分析》，《农业经济问题》2007 年第 10 期。

② 参见潘劲：《中国农民专业合作社：数据背后的解读》，《中国农村观察》2011 年第 6 期。

织化程度、带动农民增收都是题中之义,[①]因此政府一直鼓励完善合作社的民主管理,做实成员账户,保证普通社员的盈余分配权。[②] 实践中,合作社理事长可能为了满足一些政府规制要求(如示范社的评比条件、合乎政府对示范社的监测要求、完成合作社年报的报送等),有意识地增强普通社员的参与度。其次,合作社理事长还可能出于打造社长个人声誉和合作社声誉的角度,通过提高普通社员的参与度来完善合作社的关系治理。[③] 第三,普通社员的业务参与也确实有利于合作社的发展壮大,特别是在食品的标准化和质量安全要求较高的领域更是如此。[④] 这里的问题是,作为制度建构的核心角色,理事长对合作社规范发展的意愿到底是怎样的?会不会主动与社员分享合作社事务参与权?对这一问题的理解有助于我们更好地把握合作社未来的制度走向。

一直以来,学者们比较重视从社员对合作社的需求视角,研究社员参与的意愿和行为,[⑤]把合作社治理结构的规范与否当作外部因素。合作社理事长的形象被乡村能人、精英、拥有资本、政治资源和社会关系、企业家能力等一系

---

① 参见周慧颖、王杰、张辉:《农民专业合作社必须从精英治理向合意治理变革》,《农业经济问题》2019 年第 6 期。

② 除了《农民专业合作社法》的相关规定以外,我国还颁布了《农民专业合作社示范章程》(农业部,2007 年)、《农民专业合作社财务会计制度(试行)》(2008 年)、《农民专业合作社登记管理条例》(2007 年,2014 年修订),出台了《农民专业合作社年度报告公示暂行办法》(2014 年),印发了《国家农民合作社示范社评定及监测办法》(2013 年、2019 年修订),2019 年,中央农办、农业农村部等部门连续出台《开展农民专业合作社"空壳社"专项清理工作方案》、《关于开展农民合作社规范提升行动的若干意见》,要求清理整顿"空壳社",部署合作社规范提升行动。——笔者注。

③ 参见杨灿君:《"能人治社"中的关系治理研究——基于 35 家能人领办型合作社的实证研究》,《南京农业大学学报(社会科学版)》2016 年第 2 期。

④ 参见邓衡山、徐志刚、应瑞瑶、廖小静:《真正的农民专业合作社为何在中国难寻?——一个框架性解释与经验事实》,《中国农村观察》2016 年第四期。

⑤ 参见黄祖辉、梁巧:《小农户参与大市场的集体行动——以浙江省箬横西瓜合作社为例的分析》,《农业经济问题》2007 年第 9 期;陈燕、任晓冬、李晟之:《新形势下社员对专业合作社参与程度、合作行为与意愿分析——基于贵州省五个合作社的案例分析》,《农村经济》2019 年第 1 期。

列的描述笼而统之。近年来，一些研究开始重视合作社理事长的能力评价，以及理事长的能力与合作社绩效之间的关系。① 尽管如此，目前针对农民专业合作社理事长主动与社员分享合作社事务参与权的行为意向研究较少，即理事长在做出提高社员有效参与合作社事务行为前的心理变化依然是个“黑匣子”。行为意向作为人类主观心理活动的指向性结果，受多种内在动机和外在动机的共同影响，②主观动机的具体化可以不断强化行为意向，而执行意向增强了个体将行为意向变成有效付诸行动的可能性。③ 合作社理事长提高社员有效参与的行为意向本质上是理事长的心理活动结果，其行为意向是在经历了多重心理博弈过程才形成。本书关注的焦点就是合作社理事长在这一阶段的心理过程，即理事长提高社员有效参与的行为意向是如何产生的？理事长与普通社员分享合作社事务参与权的意向究竟受哪些主观因素的影响，其影响路径如何？对以上问题的回答可能对深化合作社规范化治理有所贡献：一方面，显化了理事长原本隐含的心理活动过程，更容易在意向源头找到政策着力点；另一方面，理事长在合作社事务参与权上的分享意向是达成合作社建设中核心社员与普通社员利益耦合的起点，也是理事长后续与社员分享参与权行为的主观依据，为后续实际行为的研究奠定更坚实的基础。

① 参见黄胜忠、张海洋：《农民专业合作社理事长胜任特征及其绩效的实证分析》，《经济与管理》2014 年第 5 期；陈江华、陶志、彭安明：《农民合作社理事长企业家才能对合作社绩效的影响》，《福建农林大学学报（哲学社会科学版）》2016 年第 3 期。

② 参见张红霞、谢毅：《动机过程对青少年网络游戏行为意向的影响模型》，《心理学报》2008 年第 12 期。

③ 参见赵杨、王林、时勘：《微博网民情绪敏感度、行为意向与执行意向的关系》，《心理与行为研究》2015 年第 1 期；林琳：《拖延行为的干预：计划行为理论和实施意向的影响》，《心理学报》2017 年第 7 期；Gollwitzer P.M.，Sheeran P.，“Implementation intentions and goal achievement：A meta-analysis of effects and processes”，*Advances in Experimental Social Psychology*，2006，38（5）.

第二节　理论基础及研究假说

一、计划行为理论

计划行为理论(Theory of Planned Behavior,TPB)是社会心理学领域中解释和预测人类行为的经典理论,是在多属性理论和理性行为理论的基础上发展而来。多属性理论认为行为态度决定行为意向,而个体的预期和评价又决定行为态度;①而理性行为理论认为行为意向受到行为态度和主观规范的共同影响。② 由于理性行为理论假定行为受到个体意志力的控制,所以对于不完全由个人意志控制的行为解释力有限,因此 Ajzen 在此基础上增加了知觉行为控制变量,初步形成计划行为理论。③

计划行为理论认为行为意向是影响行为最直接的因素,行为意向反过来受行为态度、主观规范和知觉行为控制的影响(图 6-1)。其中,行为态度是个体对执行特定行为喜爱程度的评估,决定于行为信念强度和对行为结果的评估;主观规范是指个体在决定是否执行特定行为时感知到的社会压力,受规范信念和顺从动机的影响(规范信念是指个体预期到重要他人或团体对其是否应该执行特定行为的期望,顺从动机是指个体顺从重要他人或团体对其所抱期望的意向);知觉行为控制是指个体感知到执行特定行为容易或困难的程度,包括控制信念和知觉强度(控制信念是指个体知觉到的可能促进和阻碍执行行为的因素,知觉强度则是指个体知觉到这些因素对行为的影响程

---

① Fishbein M.,"An investigation of the relationships between beliefs about an object and the attitude toward that object",*Human Relations*,1963,16(3).

② Fishbein M.,Ajzen I.,"Belief,attitude,intention,and behavior:An introduction to theory and research",Addison-Wesley Publishing Company,1975.

③ Ajzen I.,"From intentions to actions:A theory of planned behavior",In:Kuhl J.,Beckman J.(Eds.),Action Control:From Cognition to Behavior. Heidelberg,Springer-Verlag,1985.11-39;Ajzen I.,"The theory of planned behavior",*Organizational Behavior and Human Decision Processes*,1991,50(2).

度)。行为态度作为影响行为意向的核心因素,与主观规范和知觉行为控制也相互影响,但具体机制因研究对象和其所处情境而异。① 至此,在行为意向形成之前,作为 TPB 的动机阶段,主要用于解释个体不易外化的行为逻辑;行为意向(反映出个体在行为决策时愿意付出的努力和代价)形成后,在 TPB 的执行阶段,意向越明显,则其行动的概率越大。在执行阶段,行为执行意向(通常是明确的行动计划)在行为意向和实际行为之间发挥着调节作用,影响着意向和行为的一致性。② 此外,知觉行为控制也因具体行为难度及其被感知度直接影响着个体最终行为。

自国内社会心理学领域学者系统介绍 TPB 研究进展后,③该理论的应用逐步扩展至其他领域,如对风险行为、④旅游者行为、⑤志愿服务行为、⑥新闻传播行为的研究。⑦ 在农民专业合作社研究中,TPB 多被学者应用于农民参与合作社的意愿和行为分析,如参与意愿、投资意愿、影响因素和行为机理等问题的研究。⑧ 但迄今为止,对理事长提高社员有效参与的行为意向研究还不多见。

---

① Ajzen I.,"The theory of planned behavior", *Organizational Behavior and Human Decision Processes*, 1991, 50(2).

② Gollwitzer P.M., Sheeran P.,"Implementation intentions and goal achievement: A meta-analysis of effects and processes", *Advances in Experimental Social Psychology*, 2006, 38(5).

③ 参见李京诚:《合理行为、计划行为与社会认知理论预测身体锻炼行为的比较研究》,《天津体育学院学报》1999 年第 2 期;段文婷、江光荣:《计划行为理论述评》,《心理科学进展》2008 年第 2 期。

④ 参见刘慧君、蔡艳芝:《计划行为模型在 HIV 性风险行为领域的应用与发展》,《心理科学进展》2008 年第 1 期。

⑤ 参见沈苏彦:《国外基于计划行为理论的旅游者行为研究综述》,《商业经济》2011 年第 14 期。

⑥ 参见徐祎飞、李彩香、姜香美:《计划行为理论(TPB)在志愿服务行为研究中的应用》,《人力资源管理》2012 年第 11 期。

⑦ 参见闫岩:《计划行为理论的产生、发展和评述》,《国际新闻界》2014 年第 7 期。

⑧ 参见刘宇翔、王征兵:《芬兰农民合作组织管理的分析与借鉴:影响农民参与组织管理的因素研究》,《农业经济问题》2009 年第 3 期;刘宇翔:《农民专业合作社发展中信任的影响因素分析——以陕西省为例》,《农业经济问题》2012 年第 9 期;陈楠、郝庆升:《基于 TPB 的龙头企业牵头合作经济组织的行为动力分析》,《中国农机化学报》2013 年第 6 期;张高亮、张璐璐、邱威、朱文征:《基于计划行为理论的渔民参与专业合作组织行为的产生机理》,《农业经济问题》2015 年第 8 期。

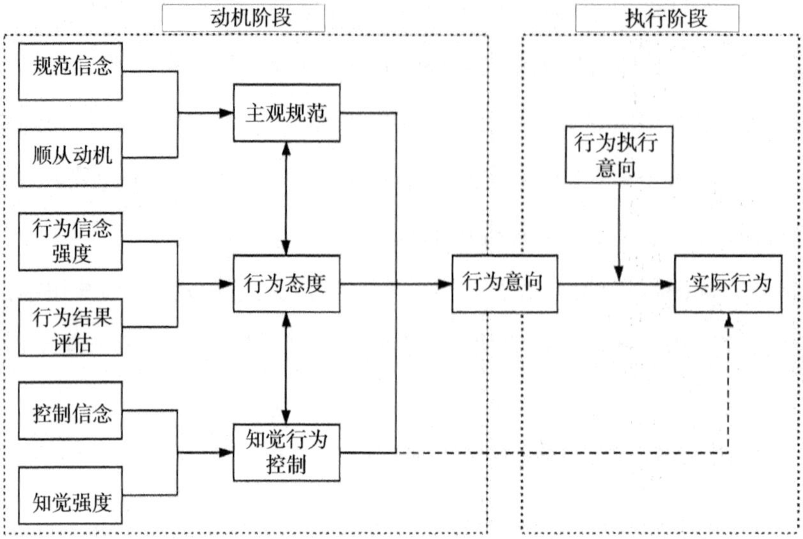

图 6-1　计划行为理论结构模型

二、研究假说

基于计划行为理论，本书关注农民专业合作社理事长（合作社制度构建的核心角色）的行为意向，研究其是否愿意通过完善合作社的治理结构以提高社员有效参与，并分析影响其行为意向的主观因素及作用路径。问题的背景是：一方面为了集聚生产要素和避免代理成本，理事长倾向于加强对合作社的控制；另一方面，在政府不断出台规范措施、合作社需要普通社员的业务参与支持以及普通社员的权利意识不断觉醒的情况下，理事长可能做出一定程度的妥协，主动扩大普通社员的资金参与、业务参与和管理参与。上述因素从不同的方向影响合作社理事长的行为态度、主观规范和知觉行为控制，进而对其行为意向产生影响。需要说明的是，以往调查研究中常常出现实际行为与行为意向相混淆的情境，致使所调研的行为变量实质上仍是一种意向，①而本

① 参见张高亮、张璐璐、邱威、朱文征：《基于计划行为理论的渔民参与专业合作组织行为的产生机理》，《农业经济问题》2015 年第 8 期。

研究专门针对 TPB 的动机阶段,即仅分析理事长提高社员有效参与意向的形成过程,暂不涉及意向形成后的实际行动。

传统的 TPB 以行为态度、行为规范和知觉行为控制预测行为意向,其基本前提是有明确的行为目标,这也是 TPB 的隐含假设。① 本书在传统 TPB 分析框架下,放松这一假设,显化合作社理事长提高社员有效参与合作社事务的行为目标对其主动分享合作社事务参与权意向的作用。一般而言,理事长的这一目标越明确、细化,其提高社员有效参与的行为意向也越强烈,故提出以下假说:

假说 1:农民专业合作社理事长的行为目标正向影响其行为意向。

基于 TPB,行为态度、主观规范和知觉行为控制影响行为意向,合作社理事长提高社员有效参与的行为意向形成可包括以下三种机制:第一,理事长若对社员参与合作社事务持有积极态度,将使理事长对社员参与行为产生好感(或至少不排斥),激发其推动社员有效参与合作社事务,导致行动意向增强;第二,主观规范包括指令性规范和示范性规范。理事长面临的指令性规范来自法律或政府倡导,对社员参与合作社事务提出要求,促使理事长主动接受或被迫服从该规定,使其认为应该采取措施提高社员参与程度,进而转化成对社员参与的分享意愿;理事长感知到的示范性规范主要来自于其他合作社理事长或本合作社社员,他们对社员参与效果的示范和期许使理事长产生从众心理与合作心理,进而促使理事长形成健全社员参与制度的意愿。第三,理事长的知觉行为控制来自其控制信念和知觉强度,控制信念越强的理事长对其通过自身努力促进社员有效参与的结果越有自信,从而积极性更高,更容易向社员分享参与权利;同时,当理事长能够掌握足够的资源,其对实现社员参与的可能性就有更清晰的认知(知觉强度更大),减少不确定性,促进社员有效参与的意愿更高。基于以上机制,提出以下三条假说:

① 参见曲英、朱庆华:《城市居民生活垃圾源头分类行为意向研究》,《管理评论》2009 年第 9 期。

假说 2:农民专业合作社理事长的行为态度正向影响其行为意向;

假说 3:农民专业合作社理事长的主观规范正向影响其行为意向;

假说 4:农民专业合作社理事长的知觉行为控制正向影响其行为意向。

另外,理事长提高社员有效参与的态度影响参与权分享意愿的同时,还受主观规范和知觉行为控制的影响。一方面,理事长面临的指令性规范的约束力或示范性规范的吸引力越强,理事长对社员参与合作社事务的态度就越积极;另一方面,理事长对社员参与合作社事务的可行性与效果认识越清晰,其对参与效果的把控越自信,理事长越有可能对社员分享合作社事务参与权持积极态度。根据 TPB 框架,行为态度也可能反向影响主观规范和知觉行为控制。然而,在理事长提高社员有效参与的态度影响参与权分享意愿的情境下,一方面理事长所受到的指令性规范的约束力和示范性规范的吸引力是外生性的,而非由理事长主观态度决定;另一方面理事长对社员参与效果的认识和把控度更多源于其自身经营能力,主观态度并无明显的作用机制。因此,理事长提高社员有效参与的态度与其主观规范和知觉行为控制的影响机制在这里是单向的,从而提出以下两条假说:

假说 5:农民专业合作社理事长的主观规范正向影响行为态度;

假说 6:农民专业合作社理事长的知觉行为控制正向影响行为态度。

理事长作为农民专业合作社制度供给的关键角色,其自身特征也可能对其提高社员有效参与的行为意向产生影响,其逻辑关系包括以下两点:第一,在农村中拥有政治身份(党员、村干部等)的理事长通常可以获得较多的社会资源,这使得他们对于社员参与合作社事务效果的把控更有信心,增强其知觉行为控制;而且碍于政治身份,理事长需要对政府倡导的社员有效参与要求表现出积极回应,从而增强其行为态度。以上两方面因素共同促进了理事长的行为意向。第二,理事长与社员联系的紧密度也可能对其分享意向产生影响。与社员联系较紧密的理事长因其联络优势能够对社员动态有清晰的把握,有利于增强其领导号召力,通常也对社员参与的结果更自信,其权利分享意愿可能更强烈。同理,与社员联系不紧密的理事长如果能获得这种联络优势,其知觉行为控制能力可能更显著地增强,从而增强其与社员分享合作社参与权的行为意向。另外,在理事长提高社员参与行为意向的形成过程中,可能因其所在合作社的民主运行程度而产生差异。在较集权的合作社,理事长通常对社员参与合作社事务的预期结果的知觉行为控制比较强,可能会使其更积极与农户分享合作社事务参与权;在较民主的合作社,其管理更依赖成文的规章制度,明确的参与目标和社员参与权界定可能更能激发理事长分享权力的积极态度和意愿。基于以上三种逻辑,提出以下假说:

假说7:农民专业合作社理事长提高社员有效参与的行为意向因理事长政治身份、与社员关系紧密度以及所在合作社民主运行程度存在异质性。

第三节　实证分析

一、结构方程模型构建

基于TPB动机阶段农民专业合作社理事长提高社员有效参与的行为意向产生逻辑,本书采用结构方程模型进行验证。完整的结构方程建模包括测量模型与结构模型两部分,研究者依据理论文献和经验法则建立反映潜变量之间关系的结构模型。同时,也要构建体现潜变量与其测量指标间反映关系的测量模型,描述潜变量如何被相对应的显性指标所测量。结构方程模型参数估计的基本思想是:求参数使得模型隐含的协方差矩阵与样本协方差矩阵“差距”最小。与传统的方差分析和回归分析相比,结构方程模型可以通过路径选择构建潜变量间逻辑作用关系,并得到路径系数,同时也允许外生潜变量与内生潜变量之间测量误差项的存在。

本研究具体的结构方程式为:

$$\begin{cases}\eta = B\eta + \Gamma\theta + \zeta & (1)\\ Y = \Lambda_Y\eta + \varepsilon & (2)\\ X = \Pi_X\theta + \delta & (3)\end{cases}$$

其中，η 是内生潜变量，θ 为外生潜变量，ζ 表示方程系统的随机扰动项；而 Y 是 η 的观测变量，X 是 θ 的观测变量，ε 和 δ 分别表示内生潜变量和外生潜变量的测量误差。(1)式为结构方程模型的结构模型式，用于表征潜变量之间的关系；(2)和(3)式为测量模型式，用于表征潜变量与观测变量之间的联系。根据研究假说，理事长的行为目标、主观规范和知觉行为控制为外生潜变量 θ，理事长的行为意向和行为态度为内生潜变量 η。

二、数据基础

1. 数据来源。为了研究农民专业合作社理事长主观上是否有促进社员有效参与合作社事务的意向，课题组成员分别于 2017 年 8 月和 12 月在原农业部管理干部学院组织的合作社理事长培训班上，以问卷调查形式调查参与培训的合作社理事长本人及所在合作社的基本情况、理事长对合作社运行的认知和态度。问卷集中发放、独立填写、统一回收的形式进行，受访者在填写之前，调研员对问卷进行了统一讲解，避免理事长对调查问卷本身产生误解。两次调查共发放问卷 350 份，收回问卷 350 份，其中有效问卷 334 份，有效率为 95%。

2. 合作社理事长个体特征。本次调研中，绝大多数合作社理事长为男性(超过 85%)，60%以上理事长年龄分布在 36—60 岁的年龄段。多数理事长具有高中学历(约占 40%)，其次为大专以上以及初中学历，只有不到 5%的理事长仅仅具有小学学历(这些理事长的年龄多在 60 岁以上)，理事长的教育水平在同时代的农村中相对较高。从理事长的政治身份来看，非党员和非村干的比例都分别高于党员和村干部比例。这一方面是由于合作社发展逐步规范化，慢慢摆脱了初期强烈的政治色彩(一般由村干部或党员兼任合作社的理事长)；另一方面也归功于政府在引导合作社建设过程中，为了增强社员参与度，有意避免村干部或党员兼任理事长的情况。另外，尽管样本显示理事长主体依然是以在村农民为主，但已经有相当一部分理事长在户口和居住地上呈现非农倾向。

表 6-1　农民专业合作社理事长个体特征

特征	类别	人数	比重(%)
基本特征			
性别	男	268	85.63
	女	48	14.37
年龄	35 岁及以下	56	17.18
	36—60	210	64.42
	61 及以上	60	18.40
文化程度	小学(6 年及以下)	15	4.98
	初中(7—9 年)	62	20.60
	高中(10—12 年)	115	38.21
	大专以上(13 年及以上)	109	36.21
是否党员	是	156	46.71
	否	178	53.29
是否村干部	是	64	19.16
	否	270	80.84
户口类型	农业户口	258	77.25
	城镇户口	76	22.75
常年居住地	农村	251	75.15
	城市	83	24.85

注：由于部分问卷中，受访者有个别遗漏问题，故并非每一项总数都为 334。

3. 农民专业合作社的治理结构和农户参与情况。合作社注册资金规模集中在 100—1000 万元的区间，其中 200—500 万元规模的合作社数量最多(表 6-2)。类似地，合作社社员规模在 100—200 人的数量最多，且大多数合作社的社员数量都呈现增长趋势。在合作社内部管理机制上,多数合作社的理事会和监事会的产生是社员开会推举的(约占67%),剩下的是由发起者商定产生理事会和监事会。在合作社章程制定上,超过一半合作社由社员(代表)大会讨论决定章程,剩下则是由理事会和监事会制定或者仅由理事会制定。

表6-2　所在农民专业合作社基本特征

特征	类别	样本量	比重(%)
注册资金规模	10万元以下	14	4.28
	10—50万	24	7.34
	50—100万	19	5.81
	100—200万	75	22.94
	200—500万	79	24.16
	500—1000万	76	23.24
	1000万以上	40	12.23
现有社员规模	10人以下	18	5.50
	10—50人	51	15.60
	50—100人	48	14.68
	100—200人	121	37.00
	200—500人	61	18.65
	500—1000人	16	4.89
	1000人以上	12	3.67
理事会、监事会产生	社员开会推举	220	67.48
	发起者商定	106	32.52
章程制定	由理事会制定	42	12.77
	由理事会和监事会制定	95	28.88
	由社员(代表)大会讨论决定	192	58.36

农民专业合作社的社员参与形式包括资金参与、业务参与和管理参与(见表6-3)。首先,数据显示核心社员的持股比例均值不到50%(中位数为50%),

说明在总体出资方面并非是核心成员占绝对大头，普通社员有相当程度的资金参与。其次，社员通过合作社销售产品比例超过70%，说明社员的业务参与程度较高。最后，社员的管理参与方面，主要反映在监事会制度运转情况、社员代表大会制度运转情况和财务会计制度落实情况三个指标上。以上三种制度运行情况基本分布在一般和比较好两种状态，说明社员在合作社管理上有了一定的参与权，但仍有很大改进空间，提高普通社员在合作社事务中的参与度。

表 6-3　社员参与情况

参与形式	样本量	均值	中位数	标准差	最小值	最大值
资金参与						
核心社员持股比例(%)	309	47.11	50	28.32	0	100
业务参与						
社员通过合作社销售产品比例(%)	315	74.43	80	26.98	0	100
管理参与						
监事会制度运转情况	329	3.61	4	0.89	1	5
社员代表大会制度运转情况	326	3.62	4	0.83	1	5
财务会计制度落实情况	330	3.88	4	0.84	1	5

注：管理参与三项指标均采用Likert五分量表积分法：1=完全不运转/未落实；2=较少起作用/落实较少；3=一般；4=运转比较完善/落实较好；5=非常完善/完全落实。

4. 理事长提高社员有效参与行为的心理潜变量。本研究从合作社理事长的角度，依据TPB分析框架，系统测量了在社员参与合作社事务过程中理事长的行为目标、行为态度、主观规范、控制认知和行为意向五方面指标（表6-4）。这些心理潜变量的指标设置主要借鉴了Ondersteijn et al.、①Bergevoet et al.、②

① Ondersteijn C. J. M., Giesena G. W. J., Huirnea R. B. M., "Identification of Farmer Characteristics and Farm Strategies Explaining Changes in Environmental Management and Environmental and Economic Performance of Dairy Farmers", *Agricultural System*, 2003, 78(1).

② Bergevoet R., Ondersteijn C., Saatkamp H., Woerkum C., Huirnea R., "Entrepreneurial behavior of Dutch dairy farmers under a milk quota system: goals, objectives and attitude", *Agricultural Systems*, 2004, 80(1).

Bayard & Jolly 和赵建欣的问卷设计。① 调研数据显示，理事长对多项指标的认同度相对较高。对指标设置进行信度和效度检验，在信度方面，内生潜变量“行为意向”和“行为态度”的 Cronbach's a 值分别为 0.8461 和 0.6873，外生潜变量“行为目的”、“主观规范”和“知觉行为控制”则分别为 0.5702、0.7613 和 0.7171，说明具有较高的信度。在效度方面，因子分析的 MKO 也表现较好（行为意向 = 0.8410；行为态度 = 0.67；行为目标 = 0.5722；主观规范 = 0.6938；知觉行为控制 = 0.7437；相应的 p 值均小于 0.05），可见问卷效度也较高。

表 6-4 合作社理事长提高社员有效参与行为的心理潜变量测量指标

观测指标	指标含义	均值	中位数	标准差	最小值	最大值
行为目标						
11	提高社员的有效参与可以使合作社更好地发展	4.61	5	0.81	1	5
12	提高社员的有效参与可以带动社员致富	4.58	5	0.76	2	5
13	提高社员的有效参与可以使我赢得他人的尊重	4.05	5	1.22	1	5
14	提高社员的有效参与可以满足政府的要求	3.88	4	1.13	1	5
行为态度						
21	提高社员的有效参与对我很重要	4.26	5	1.07	1	5
22	社员的积极参与对合作社很重要	4.61	5	0.85	1	5
23	我愿意克服困难使社员有机会参与合作社的管理事务	4.43	5	0.88	1	5
24	即使降低我的个人收入我也愿意提高社员的有效参与	4.37	5	0.99	1	5
25	我愿意积极劝导其他合作社带头人也鼓励社员的积极参与	4.47	5	0.85	1	5

① 参见赵建欣：《农户安全蔬菜供给决策机制研究》，浙江大学 2008 年博士学位论文；Bayard B., Jolly C., “Environmental behavior structure and socio-economic conditions of hillside farmers: A multiple-group structural equation modeling approach”, *Ecological Economics*, 2007, 62(5).

续表

观测指标	指标含义	均值	中位数	标准差	最小值	最大值
主观规范						
31	合作社社员认为我应该提高其有效参与	4.34	5	0.86	1	5
32	我的家人和朋友认为我应该努力提高合作社社员的有效参与	4.17	5	0.99	1	5
33	我应该响应政府的号召提高社员的积极参与	4.55	5	0.87	1	5
34	合作社的法律法规对我提高社员的有效参与行为有影响	4.01	5	1.32	1	5
35	示范社的遴选机制对我提高社员的有效参与行为有影响	3.96	4	1.19	1	5
36	同行对待社员有效参的态度和做法对我有影响	3.74	4	1.26	1	5
知觉行为控制						
41	我能够提高社员的有效参与	4.27	5	0.95	1	5
42	我具有提高社员有效参与的方法和手段	4.11	4	1.03	1	5
43	就提高合作社社员的有效参与方面我可以获得有关部门的支持	4.05	4	1.12	1	5
44	我能够通过与其他理事长进行交流获得提高社员的有效参与的经验	4.55	5	0.72	1	5
45	我可以通过参加合作社知识培训了解如何提高社员的有效参与	4.67	5	0.60	3	5
行为意向						
51	我愿意努力提高社员的惠顾额	4.48	5	0.80	1	5
52	我愿意增加合作社社员获得的二次返利的比例	4.55	5	0.75	2	5
53	我愿意增加普通社员持股比例	4.35	5	0.91	1	5
54	我愿意吸引更多的社员入社	4.49	5	0.89	1	5
55	我愿意创造条件使社员有机会表达意见	4.69	5	0.55	3	5
56	我会定期将合作社财务情况向社员公开	4.73	5	0.63	2	5
57	我积极鼓励社员关注合作社的各项事务	4.73	5	0.70	1	5

注：1. 观测指标“ij”中，i=1，2，…，5代表第i个潜变量（1=行为目标；2=行为态度；3=主观规范；4=知觉行为控制；5=行为意向）；j=1，2，…，7代表第i个潜变量下的第j个观测指标。所有指标样本量为334。

2. 表中所有测量指标均采用Likert五分量表法；其取值定义为1=完全不同意，2=有点不同意，3=一般或不表态，4=有点同意，5=完全同意。

三、实证结果检验

基于研究假设所构造的结构方程模型,利用 stata15.0,得出的模型结果路径图如下。

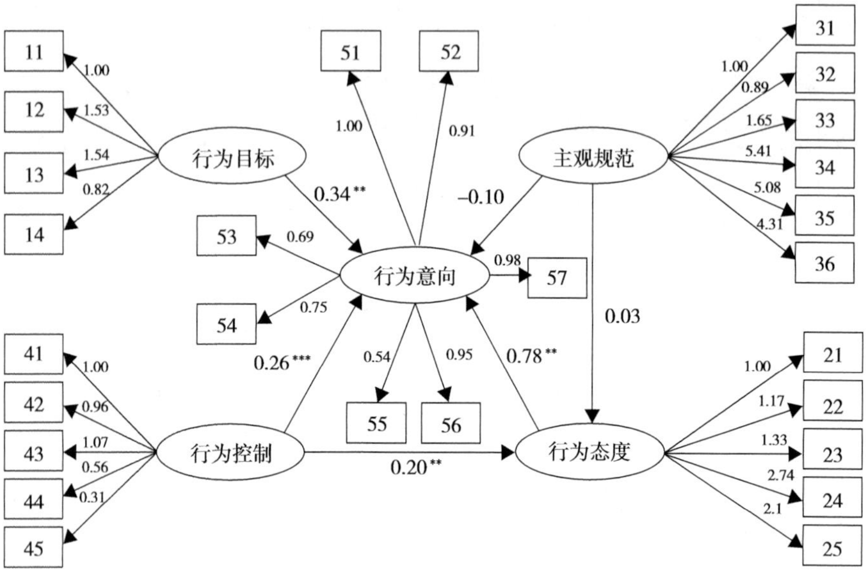

图 6-2　结构方程模型结果路径图

注:椭圆形内为潜变量,矩形中为表 6-4 中对应的观测指标;潜变量与观测指标间数字为指标对应的因子载荷量,潜变量之间的加粗数字为标准化回归系数(观测指标因子载荷量均大于 0.6 的稳健性结果,*、** 和 *** 分别表示 10%、5%和 1%水平下显著)。

以上路径的具体的回归参数如表 6-5 所示。其中模型 1 为包括所有观测指标的回归结果;模型 2 考虑到结构效度,把因子载荷量小于 0.6 的指标去掉后的估计结果。从模型的总体显著性来看,LR 检验均在 1%水平下高度显著;两个结构式总体的适配度(R2)可以接受;MC 衡量内生潜变量和外生潜变量的相关关系,可知两个结构式在所有模型的 MC 值分别在 0.6 和 0.5 之上,效果较好。在具体的标准化回归系数上,两个模型所有变量的方向性和显著性基本一致(两个方程回归参数系统差异性检验:LR = -657.13,p 值为 1.00),表明结构方程模型结果的稳健性较好。

表 6-5　理事长提高社员有效参与行为的主观逻辑结构方程模型结果

	模型 1	模型 2
因变量:行为意向		
行为态度	0.7290* (0.3766)	0.7770** (0.3880)
行为目标	0.2954 (0.2003)	0.3407* (0.1949)
知觉行为控制	0.2677** (0.1221)	0.2594*** (0.0944)
主观规范	-0.0835 (0.2613)	-0.0990 (0.2571)
R^2	0.4587	0.4745
MC	0.6773	0.6888
因变量:行为态度		
知觉行为控制	0.2829** (0.1148)	0.1989** (0.0881)
主观规范	0.0303 (0.1534)	0.0337 (0.1492)
R^2	0.4064	0.2844
MC	0.6375	0.5333
LR (P 值)	932.54*** (0.0000)	748.27*** (0.0000)
样本量	334	334

注:括号内为回归系数标准误;*、**和***分别表示 10%、5%和 1%水平下显著。

标准化回归系数给出了潜变量间的直接效应,考虑到间接效应,可以算出总效应(表 6-6)。对应研究假说,可以得出以下基本认识:第一,理事长对社员参与合作社事务的行为目标和行为态度都对其行为意向有显著的正向影响,且仅通过直接效应产生作用,因此验证假说 1 和假说 2。第二,理事长的主观规范对其行为意向总体上有负向影响,但其结果不显著,不能验证假说 3;另外,这里除了直接的负向影响,主观规范还可能通过行为态度对行为意向产生较小的正向影响(即主观规范对其行为态度有略微的正向影响),但这种影响依然不显著，不能验证假说 5。通过主观规范观测指标的因子载荷可知，指令性规范（法律法规、示范社遴选机制）发挥主导作用，但结果显示此类指令性规范的实施力度对理事长的约束力较弱，未能发挥正向作用。第三，理事长的知觉行为控制对其行为意向总体上有显著正向影响，因此验证假说 4；这里，理事长的知觉行为控制还可能通过行为态度对行为意向产生一定的正向间接影响，验证假说 6。综上所述，现阶段农民专业合作社理事长的行为目标、行为态度和知觉行为控制均对其与社员分享合作社事务参与权的行为意向产生正向影响，即理事长的分享目标越明确、态度越积极、对实现目标越自信，其提高社员有效参与合作社事务的意向就越强烈；由于现实中示范效应和政策法规约束力较弱，理事长分享合作社事务参与权的主观规范尚不能发挥作用，对理事长提高社员有效参与合作社事务的意向作用不明显。

表 6-6　标准化效应分解

路径	总效应	直接效应	间接效应	总效应显著水平
行为目标→行为意向	0.777	0.777	0	**
行为态度→行为意向	0.341	0.341	0	*
主观规范→行为意向	-0.073	-0.099	0.026	
知觉行为控制→行为意向	0.414	0.259	0.155	***
主观规范→行为态度	0.034	0.034	0	
知觉行为控制→行为态度	0.199	0.199	0	**

注：*、** 和 *** 分别表示 10%、5%和 1%水平下显著。

四、异质性检验

理事长提高社员有效参与合作社事务的行为意向，除了和行为目标、态度和知觉行为控制等主观因素相关，还受其自身及其所在合作社特征等客观因素的影响。基于理事长自身特征和合作社特征，在模型 2 的基础上分组回归，进行实证结果的异质性检验（假说 7），以验证研究假设对不同群组的理事长是否成立,从而更加细化理事长与社员分享合作社事务参与权的行为意向与其他潜变量的内在关系。基于表 6-1 和表 6-2 中的特征变量分类,依据模型的收敛结果,可以分别得出根据党员身份、居住地、监事会和理事会产生过程三类分组回归结果(表 6-7)。模型的总体显著性(LR 值)和适配度(R2 和 MC)均不差于原未分组模型。

表 6-7　理事长提高社员有效参与合作社事务的主观逻辑异质性检验结果

	分组依据		
	理事长是否党员 (1=是;0=否)	理事长居住地 (1=城市;0=农村)	理事会和监事会产生过程 (1=发起者商定;0=社员开会推举)
	因变量:行为意向		
行为态度			
0 组	1.0430 (0.6766)	0.1314 (0.2775)	0.6364** (0.3014)
1 组	1.6903* (0.9392)	1.1111** (0.5317)	0.3471 (0.5691)
行为目标			
0 组	0.1719 (0.2806)	0.4338*** (0.1431)	0.8437*** (0.3255)
1 组	0.4811 (0.3270)	0.6739 (0.6601)	0.1549 (0.2496)
知觉行为控制			
0 组	0.2449 (0.1530)	0.1142 (0.1143)	0.1209 (0.0841)
1 组	0.2567** (0.1168)	0.4156*** (0.1340)	0.4538** (0.1768)
主观规范			
0 组	0.4186 (0.3965)	0.1330 (0.2205)	-0.1391 (0.2025)
1 组	-0.6741 (0.4418)	-0.2237 (0.5173)	0.4914 (0.6722)
R^2	0.6212	0.7774	0.5116
MC	0.7882	0.8817	0.7153

续表

	分组依据		
	理事长是否党员 (1=是;0=否)	理事长居住地 (1=城市;0=农村)	理事会和监事会产生过程 (1=发起者商定;0=社员开会推举)
因变量:行为态度			
控制认知			
0 组	0.1929* (0.1050)	0.2528** (0.1123)	0.1070 (0.0738)
1 组	0.0988 (0.0660)	0.2186** (0.0998)	0.2991*** (0.1158)
主观规范			
0 组	−0.1528 (0.1846)	0.1111 (0.1723)	0.1162 (0.1682)
1 组	0.1557 (0.1648)	−0.1546 (0.3517)	0.2002 (0.4212)
R^2	0.2031	0.3305	0.4694
MC	0.4507	0.5749	0.6851
LR (P 值)	1255.72 (0.0000)	1386.10 (0.0000)	1387.07 (0.0000)
样本量	334	334	334

注:括号内为回归系数标准误;*、** 和 *** 分别表示 10%、5%和 1%水平下显著。

就理事长的政治身份而言,可用“是否党员”分组,在行为意向结构式中行为态度对行为意向的正向作用主要体现在党员理事长群体。然而,行为目标的正向作用在分组后的党员和非党员组都不显著,可能是受限于样本规模,各组内的行为目标指标同质化导致的。在知觉行为控制方面,其对理事长行为意向的正向作用也集中体现在党员理事长群组。在行为态度结构式中,理事长知觉行为控制对行为态度的正效应在非党员理事长群组内显著,说明加强非党员理事长的知觉行为控制反而更容易增进其行为态度。综上可知,相对于非党员理事长,党员理事长的政治身份使其在面对社员参与合作社事务问题时,其政治信念使其分享态度更积极,而且也更有信心和社会资源(人脉关系或信息)达成使社员有效参与合作社事务的目标,从而其分享意愿更强。

另一方面，如果非党员理事长能拥有更多外部支持以增加其知觉行为控制，也可以使其促进社员有效参与合作社事务的态度更积极，从而间接增强行为意向。

理事长与社员联系紧密度可用“理事长居住地”表征，通常认为居住在农村的理事长与社员的日常交往更频繁，关系较紧密；而长期居住在城市的理事长与社员的这种日常联系较弱，会影响其关系紧密度。在行为意向结构式中，行为态度对行为意向的正向作用主要体现在居住在城市的理事长群体。相反地，行为目标对行为意向的正向作用则主要体现在居住在农村的理事长群体。在知觉行为控制方面，其对理事长行为意向的正向作用也集中体现在居住在城市的理事长群组。在行为态度结构式中，理事长知觉行为控制对行为态度的正效应在两类理事长群组中都有显著表现，这和未分组回归结果高度一致。以上结果说明，由于居住在城市的理事长与社员的日常生活联系较弱，其最担心的是对社员的号召力不强。如果居住在城市的理事长能够对社员参与合作社事务有信心和能力实现预期结果，其向社员分享合作社事务参与权的态度也更积极，对其最终分享意向的形成作用更明显。

监事会和理事会的产生过程体现了农民专业合作社的民主运行程度，由发起者直接商定的合作社相对较为集权，社员开会推举则被认为较为民主。就此分组而言，在行为意向结构式中，行为态度和行为目标对行为意向的正向作用主要体现在相对民主的合作社群组；相反地，知觉行为控制对行为意向的正向作用则主要体现在较为集权的合作社群组。在行为态度结构式中，理事长知觉行为控制对行为态度的正效应也体现在较为集权的合作社群组。综上可知，在较集权的合作社，理事长的控制力较强，其对社员参与合作社事务的资源、途径和预期结果的控制比较自信，理事长通常会更积极地与农户分享合作社事务参与权；在较民主的合作社，理事长的控制力相对弱化，管理更依赖于成文的规章制度，此时理事长促进社员有效参与合作社事务的行为意向更大程度上取决于在合作社管理规则下理事长分享权力的积极程度和明确目标。

第四节 结论与建议

社员有效参与合作社事务是促进农民专业合作社规范建设的必要条件，而合作社理事长是否有与社员分享合作社事务参与权的行为意向是问题的起点，需要对理事长这一行为的逻辑进行系统剖析。本研究依据计划行为理论，基于对334个农民合作社理事长的问卷调查，采用结构方程模型分析理事长的行为目标、行为态度、主观规范和知觉行为控制等指标对其提高社员有效参与的行为意向的影响路径。研究结果表明，合作社理事长的行为目标、行为态度和知觉行为控制均对其提高社员有效参与合作社事务的行为意向有正向影响，且知觉行为控制还可通过行为态度对行为意向产生间接正效应，说明理事长与社员分享合作社事务参与权的目标越明确、态度越积极、对实现目标越自信，其提高社员有效参与合作社事务的意向就越明显。

从实证结果可以看到，合作社理事长的主观规范对其提高社员参与的行为意向和态度均没有表现出显著效应，表明当前理事长分享合作社事务参与权的主观规范尚不能发挥作用，反证现实中政策法规和其他合作社的示范效应均未对合作社理事长的分享意愿产生正向影响。基于此，政府在引导理事长主动促进社员参与行为过程中，除了通过传统的培训激发理事长明确的分享目标、积极的分享态度和经营能力之外，还要反思为何政府规范合作社发展的一系列措施（包括示范社建设）未能有效提升理事长与社员分享权利的行为意向，对症下药，使理事长切实面临指令性规范约束，全面激发理事长主观规范对其权利分享意愿的潜在促进作用。

理事长提高社员参与合作社事务的行为意向，还因理事长政治身份、与社员关系紧密度以及所在合作社民主运行程度等客观因素存在异质性。首先，理事长的党员政治身份使其在面对社员参与合作社事务问题时，主观上分享态度更积极，也更有信心和社会资源促进社员有效参与合作社事务，其权利分享意愿自然更强。其次，相对于居住在农村的理事长，居住在城市的理事长与社员的日常生活联系较弱，其对社员参与合作社事务的预期结果是否有信心和能力实现，是其向社员分享合作社事务参与权意向的关键。最后，在较集权的合作社，理事长对社员参与合作社事务的控制能力和效果比较自信，其权利分享意愿较强；在较民主的合作社，此时理事长权利分享意愿的强烈程度更大程度上取决于其态度和目标。

以上结论潜在的政策含义有以下三方面。第一，对于在农村中暂时缺少社会资源和管理自信力的理事长，政府需要提供外部支持以增加其认知行为控制能力。如对理事长进行合作社理念的宣传教育，增强其认同感；并且增加合作社负责人的经营技能培训，增强其经营能力和自信心。第二，居住在城市的理事长需要积极主动与社员联系，增强互信共利机制。当前，外地理事长可以通过更频繁、更深入的合作社内部业务交流与社员首先实现共利目标，通过业务交流逐渐建立更紧密的社会联系。第三，为提升合作社民主管理水平，应督促较为集权的合作社理事长将权利分享意愿向行为转化，在较为民主的合作社，重点引导合作社内部健全管理程序，向成员互利共赢目标改进。

第七章　政府规制与农民专业合作社的规范发展

由于农民专业合作社在一定程度上可以纠正市场失灵、提高农民收入、振兴农村经济，并追求有吸引力的社会公平目标，世界各国政府普遍乐见于合作社的发展；①同时，鉴于合作社具有先天的弱质性（农业是弱质产业、单个农民实力弱小、集体行动的困难），大多数国家都通过友好的法律框架、反托拉斯法豁免、优惠的税收待遇和信用条件、技术援助等形式支持农业合作社发展。②

公共政策有多个切入点来支持合作社的发展，可以是间接的法律支持，也可以是直接补贴或赠予。恰当的机构或适当的制度框架（如加强合作社教

① 应该注意，对合作社的扶持态度也是有分歧的。争论的焦点在于，从较高的所有权成本看，合作社可能是低效率的经济组织，政府支持合作社可能妨碍高效率的组织的发展。米塞斯（1947）讨论合作运动的发展时认为，"授予某个特殊生产商群体以某种特权，确实可以在短期内改善这些人的物质状态，但是以损害他人为代价"。市场经济就是一种消费者的民主制，政府对合作社过多的资助可能会使其蜕变成为一个特权组织，进而伤害市场经济的平等原则。以各国对合作社的反垄断法豁免为例，反对者担心合作社可能滥用垄断权力，损害消费者的利益。——笔者注。

② Iliopoulos C.N.,"Public Policy Support for Agricultural Cooperatives: An Organizational Economics Approach", Annals of Public and Cooperative Economics, 2013, 84(3).

育、重视能力建设)可以促进农民专业合作社的发展,①不恰当的支持可能导致合作社对外部扶持的过度依赖。② 为避免资源配置扭曲,欧美经济体奉行与企业保持“一臂距离”,这一原则也适用于合作社。因此,西方国家的合作社政府支持以普惠制为基本特征,以不影响其内部的管理与决策为界限。同时,政府只支持真正的合作社,要求合作社必须恪守其运行原则,③以保证政府支持的合法性和正当性。④

与欧美100多年的合作社发展历史相比,我国的农民专业合作社刚刚起步,合作社的“小、散、弱”现象普遍,政府考虑的重点不是合作社是否会挤占其他农业经济组织的发展空间,也不会特别担忧合作社是否会操纵市场,干扰均衡价格的形成,而是如何促进合作社发展壮大,带动产业发展和农民增收。研究者认为,在合作社发展的早期阶段,政府支持有利于合作社获得更多资源、减少制度创新的成本。⑤ 然而,对合作社的支持与干预不当乃至于过度,会导致市场扭曲和竞争不公。因此,学者们普遍呼吁保持合作社的相对独立性。⑥

与西方国家不同,我国政府对合作社的支持力度大,但不同合作社获得的

① Stefanson B., Fulton M.E., “New generation co-operatives: Responding to changes in agriculture”, Miscellaneous Publications, 1997; Ribašauskienė E., Šumylė D., Volkov A., Baležentis T., Štreimikienė D., Mork-unas M., “Evaluating Public Policy Support for Agricultural Cooperatives”, Sustainability, 2019, 11(14).

② Maskur A., “Local Government Action for Developing Primary Cooperatives in Indonesia”, Social and Behavioral Sciences, 2016, 219(5).

③ 欧美国家通过严格的立法和执法保证合作社是使用者和惠顾者同一的组织。一些国家限定合作社业务范围,要求合作社实行一人一票、资本报酬有限、按惠顾额返还盈余、限制合作社与非社员交易的比例等,保证其是社员所有、社员控制和社员受益的组织。——笔者注。

④ 参见苑鹏:《农民专业合作组织的财政扶持政策研究》,《学习与实践》2009年第8期。

⑤ 参见张晓山:《促进以农产品生产专业户为主体的合作社的发展——以浙江省农民专业合作社的发展为例》,《中国农村经济》2004年第11期。

⑥ 参见范小建:《农民专业合作经济组织面临的机遇与挑战——在农民专业合作经济组织工作座谈会上的开幕词》,《农村合作经济经营管理》1999年第11期;苑鹏:《中国农村市场化进程中的农民合作组织研究》,《中国社会科学》2001年第6期;苑鹏:《试论合作社与股份公司的本质区别与相互联系》,《农村经营管理》2007年第2期。

支持内容和力度是有差异的。在我国,普惠性质的税收优惠对合作社的吸引力不是最大的,①直接的财政补贴、项目支持、金融支持、优惠的用地用电政策更加重要。这些支持措施沿用了"项目制"的基本思路,②本质是资源的选择性再分配,③主要以示范社评比为甄别手段得以实施,④以差异性以及对合作社内部经营管理的强干预为主要特点。

本章梳理我国政府对合作社的规制政策和扶持手段,从规制失灵的角度探讨我国农民专业合作社不规范问题的原因,并提出改进的思路。

第一节　合作社规制的法律和政策框架

政府扶持合作社的发展是由于合作社作为"人合"组织,理论上有益农性或益贫性,其前提是保障合作社是社员所有、社员控制、社员受益的组织。因此,合作社内部的制度安排会受到政府规制。我国政府建立了比较完善法律和政策框架来规制农民专业合作社的发展。

在《农民专业合作社法》颁布当年,我国政府先后发布《农民专业合作社登记管理条例》《农民专业合作社财务会计制度(试行)》《农民专业合作社示范章程》,为加强对合作社的监督,原国家工商行政管理总局于 2014 年《发布农民专业合作社年度报告公示暂行办法》,确立农民专业合作社年度报告及公示制度。随着时间推移,适应实践变化,上述法律、条例、章程、制度等都经历了修订。以上条例、制度和章程与《农民专业合作社法》一起,初步确立了

---

① 参见李二超:《当前我国农民专业合作社适用税收优惠政策解读》,《中国农民合作社》2010 年第 9 期;柳金平:《农民专业合作社税收优惠政策的深化》,《农业经济问题》2010 年增刊。

② 参见黄宗智、龚为纲、高原:《"项目制"的运作机制和效果是"合理化"吗?》,《开放时代》2014 年第 5 期。

③ 参见熊万胜:《合作社:作为制度化进程的意外后果》,《社会学研究》2009 年第 5 期。

④ 参见王敬培:《典范制——基于对农民专业合作社示范社的研究》,中国农业大学 2016 年博士学位论文。

合作社发展的基本法律和政策框架。

一、通过立法强调合作社“农民所有”的本质

《农民专业合作社法》将农民专业合作社界定为“农民专业合作社是在农村家庭承包经营基础上，同类农产品的生产经营者或者同类农业生产经营服务的提供者、利用者，自愿联合、民主管理的互助性经济组织。”根据这一定义，合作社的社员既包括农业生产者，也包括了“农业生产经营服务的提供者”，社员之间的异质性很强。[①] 为保证合作社的所有者和惠顾者同一，《农民专业合作社法》第三条规定，合作社应当①成员以农民为主体；②以服务成员为宗旨，谋求全体成员的共同利益；③入社自愿、退社自由；④成员地位平等，实行民主管理；⑤盈余主要按照成员与农民专业合作社的交易量（额）比例返还。第十五条规定，农民专业合作社的成员中，农民至少应当占成员总数的百分之八十。第十七条规定，农民专业合作社成员大会选举和表决，实行一人一票制，成员各享有一票的基本表决权；出资额或者与本社交易量（额）较大的成员按照章程规定，可以享有附加表决权，本社的附加表决权总票数，不得超过本社成员基本表决权总票数的百分之二十。第三十七条第一款规定，可分配盈余按成员与本社的交易量（额）比例返还，返还总额不得低于可分配盈余的百分之六十。虽然《农民专业合作社法》一定程度上突破了资本报酬有限的原则，但在立法意图上非常明确，就是要保证合作社“惠顾者和所有者同一”的基本特征，坚持了合作社的质性底线。

《农民专业合作社法》并没有明确规定社员的出资义务，而是由章程自治。社员出资的份额由章程自治符合合作社作为自治的经济组织的基本原则，但是因此出现了普通社员不出资或象征性出资的现象。由于以下几个方

① 2017年《农民专业合作社法》修订，去掉了“同类”二字，扩大了合作社法的调整范围，同时以列举的方式明确农民专业合作社经营和服务的业务范围，但是仍然允许纯投资者成为合作社社员。——笔者注。

面的原因导致普通社员出资较少:第一,大股东不愿意失去控制权,一些合作社的核心成员为了防止利益分散,不愿将股份配置给普通农户。第二,农户规避风险心理。一些农户对合作社的预期收益不明,不愿入股。第三,一些农户"被成员",碍于情面甚至是在不知情的情况下被动入社,未履行出资义务。

近几年,意识到普通社员出资不足带来的影响,我国一直在鼓励社员出资、做实成员账户。考虑到有些社员货币出资能力不足,2017 年修订的合作社法增加了第十三条,提出"农民专业合作社成员可以用货币出资,也可以用实物、知识产权、土地经营权、林权等可以用货币估价并可以依法转让的非货币财产,以及章程规定的其他方式作价出资"。农业农村部自 2019 年开始连续发布《关于开展农民合作社质量提升整县推进试点工作的通知》,把"丰富出资方式"作为规范提升工作的重要内容,提出要"扩大货币出资面(积极引导全体成员以货币出资入社,增强成员对社内事务的关注度、参与度)、挖掘资源要素价值、允许将财政资金量化到农村集体经济组织和农户后投入合作社"等具体措施,目的是改变高度集中的股权结构,建立普通农户与合作社之间紧密的利益联结。

二、规范合作社财务工作

健全的财务会计制度是合作社开展业务、规范管理的前提和基础。政府的税务、财政、市场监督和农村经营管理部门等机构需要利用合作社的财务信息实施税收减免、监管政府扶持资金的使用、监督合作社承担政府支农项目的执行情况、了解合作社的资金来源和盈余分配方案等,了解合作社是否规范运行;金融机构需要利用财务信息来判断合作社运营情况,决定是否向合作社提供贷款,利率如何确定;合作社社员需要通过财务信息了解本社的资本保值增值、合作社运营状况以及合作社盈余分配情况,维护自己的合法权益;合作社的交易伙伴需要根据合作社的财务报告评估与合作社交易的稳健性。

2007 年 12 月,财政部发布《农民专业合作社财务会计制度(试行)》,规定"合作社应根据本制度规定和会计业务需要，设置会计账簿，配备必要的会计人员；设置和使用会计科目，登记会计账簿，编制会计报表"。合作社会计信息应定期、及时向本合作社成员公开，接受成员的监督；对于成员提出的问题，会计及管理人员应及时解答，确实存在错误的要立即纠正。该制度还规定财政部门对合作社的会计工作进行管理和监督，农村经营管理部门对合作社会计工作进行指导和监督，为合作社的规范管理奠定了前提。2021 年 12 月，适应新修订的《农民专业合作社法》以及合作社的业务发展、经营范围、资产类型增加等实际情况，财政部、农业农村部对上述制度进行修订，发布《农民专业合作社财务制度》，新的财务制度自 2023 年 1 月 1 日起施行。该制度坚持问题导向、简化务实和协调衔接原则，结合前期实践中出现的问题，扩充并细化了有关资产类会计科目及核算要求，补充了涉税经济业务的会计核算内容及方法，充实了财政性资金的报账方式、会计核算和财务管理相关内容等，使农民专业合作社的财务制度进一步完善。

三、做好合作社注册登记

2007 年，国务院颁布《农民专业合作社登记管理条例》，规定农民专业合作社注册实行登记制，实行注册资金认缴制度，登记注册农民专业合作社不收取任何费用，可以由全体设立人指定的代表或者委托的代理人代为办理注册登记手续。2013 年，国家工商行政管理总局、农业部联合印发《关于进一步做好农民专业合作社登记与相关管理工作的意见》，就实践中出现的一些问题做了回应，明确工商行政管理部门对农民专业合作社实行备案管理，放宽了农民身份的认证标准，明确村民委员会不能成为农民专业合作社的单位成员，建立科学的示范社申报、审核评定和动态监测机制，建立农民专业合作社年报制度。

《农民专业合作社登记管理条例》的出台促进了农民专业合作社的注册登记工作，但是也出现了一些问题。主要包括成员代理登记制度不健全，导致实践中出现虚假代理他人申请合作社注册登记的问题;社员对合作社出资认缴制度认识不足,使用不可转移的土地承包权等虚假出资的问题;对虚假注册的合作社只能责令改正、撤销登记(吊销营业执照),惩罚手段不足;实践中一些经营主体把注册为合作社作为获得政府支持的手段之一,出现一个主体几块牌子的情况。

为了进一步规范农民专业合作社的登记注册行为,2021 年 8 月,国务院通过《中华人民共和国市场主体登记管理条例》,于 2022 年 3 月 1 日起施行,①国家市场监督管理总局随之公布《中华人民共和国市场主体登记管理条例实施细则》,同日起施行。《中华人民共和国市场主体登记管理条例》及《实施细则》的出台是我国市场主体监管的一项重大改革。新的《中华人民共和国市场主体登记管理条例》涵盖了所有类型的市场主体,各经营主体根据自身需求选择最适合自己的企业制度,有利于解决一个经济主体几块牌子的问题。该条例还强化了年报和登记公示制度,建立虚假登记撤销制度,增加从业禁入措施,增强处罚针对性,落实和完善包容审慎监管制度。市场监督管理总局还推出了"双随机、一公开"监管模式,采取随机抽取检查对象、随机选派执法检查人员的方式对市场主体登记事项开展监督检查,并将监督检查结果及时向社会公开。上述工作将有利于甄别"空壳社"的问题,促进合作社的规范发展。

四、引导农民专业合作社的章程制定

章程是调整合作社与成员之间权利、义务关系的契约性文件,是合作社注册登记的要件之一。2007 年,农业部颁发《农民专业合作社示范章程》,章程范本包括总则、成员、组织机构、财务管理、合并、分立、解散和清算、附则等,既包含了《农民专业合作社法》第十二条规定的农民专业合作社章程的必备事

---

① 《农民专业合作社登记管理条例》同时废止。——笔者注。

项，也提示了需要规定的其他事项（即任意事项），包括业务范围、成员权利、义务、附加表决权的数量及行使范围、退社规定等，保证了合作社治理结构形式上的完备性。《农民专业合作社示范章程》以示范的、合同的形式出现，参加农民经济合作组织的成员只要按照这个“合同模版”来订立合同即可，为农民节约了学习时间，降低了制度创新成本。合作社示范章程的条款是非强制性的，合作社可以根据自身实际情况进行修改，在符合法律规定的前提下实行章程自治。合作社示范章程在全国范围内具有一般性的意义，也有利于通过示范章程的格式条款保障合作社的基本性质。

2018 年 12 月，为了适应新修订的《农民专业合作社法》，农业农村部发布了修订后的《农民专业合作社示范章程》，自发布之日起执行。

五、完善农民专业合作社监测制度

在《农民专业合作社法》立法时，出于减轻合作社负担的初衷，未规定类似企业的“年检”制度。2013 年，国家工商行政管理总局、农业部联合印发《关于进一步做好农民专业合作社登记与相关管理工作的意见》，首次提出合作社年报制度。之后，配合《公司法》的第三次修订（2013 年 12 月）和国务院发布的《企业信息公示暂行条例》（于 2014 年 10 月 1 日施行），①国家工商行政管理总局颁布《农民专业合作社年度报告公示暂行办法》（于 2014 年 10 月 1 日施行），要求农民专业合作社应于每年上半年通过企业信用信息公示系统向工商行政管理部门（原）报送上年年度报告，并向社会公示；未按照该办法规定的期限报送年度报告并公示的，（原）工商行政管理部门应当将其列入经营异常名录，并向社会公示。2017 年修订的《农民专业合作社法》规定，农民专业合作社连续两年未从事经营活动的（主要看是否提交年度报告），吊销其

① 相关背景是，伴随注册资本认缴制改革，《企业信息公示暂行条例》要求企业主动披露相关经营信息，从而在公司资本问题上形成“工商登记认缴资本、企业公示实收资本”的二元资本公示格局。——笔者注。

营业执照。

从实践情况看，虽然在合作社年报的报告事项、年报率和合作社资产信息的公示率方面还有改进空间，但合作社年报制度的建立有利于监测合作社发展的整体情况，是重要的制度进步。合作社年报制度实施以来，从 2015 到 2021 年底，总计注销了 556277 家合作社，①使合作社中空壳社的比率大大降低了。《中华人民共和国市场主体登记管理条例》及《实施细则》明确规定“市场主体应当按照国家有关规定公示年度报告和登记相关信息”，对合作社的监测制度将进一步完善。

第二节　政府扶持农民专业合作社发展的主要手段

早在《农民专业合作社法（2007）》出台之际，我国就明确提出“国家通过财政支持、税收优惠和金融、科技、人才的扶持以及产业政策引导等措施，促进农民专业合作社的发展”，并制定专门的“扶持政策”一章，从财政、金融、税收等多方面规定了针对合作社的扶持政策，2017 年修订的合作社法延续了上述做法，并且进一步强调了支持针对合作社的保险服务和用电用地优惠和服务。与《农民专业合作社法》落实相呼应，各主管部门和相关单位从各自的职能出发，制定了扶持合作社发展的配套措施。目前，我国对合作社的扶持政策可以归纳为以下几类：

一、财政扶持

政府的财政扶持资金主要通过“直接补贴”和“承接项目”两种渠道下发到合作社中。

---

① 数据来源：根据“浙大卡特-企研中国涉农企业数据库（CCAD）”整理。

“直接补贴”是指中央或各地地方政府支持合作社发展的专项资金，为达到国家要求的农民专业合作社（主要是各级示范社）提供资金补贴。根据《农民专业合作社法》的要求，“中央和地方每年都安排专门的扶持资金，支持农民专业合作社开展信息、培训、农产品质量标准与认证、农业生产基础设施建设、市场营销和技术推广等服务。”2009 年以来，各级财政专项扶持资金总额呈上升趋势。根据农业农村部《中国农村经营管理统计年报》数据显示，2009 年扶持资金总额约为 32. 6 亿元，到 2016 年扶持资金总额达到 48. 6 亿元。自 2017 年始更上一个台阶，2017—2019 年平均为 66 亿元。

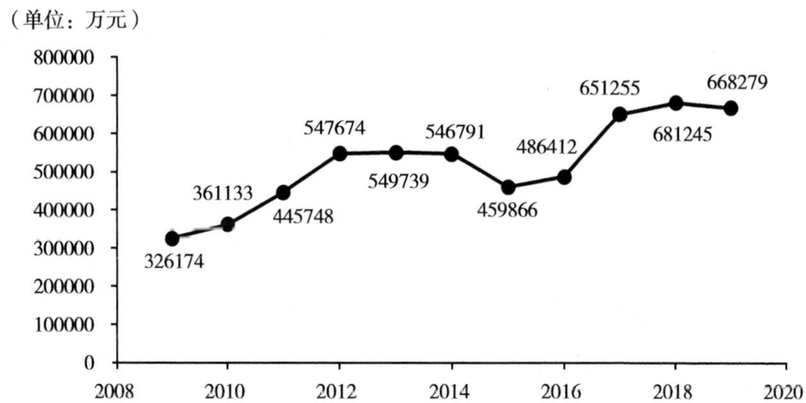

图 7-1　2009—2019 年各级财政专项扶持资金总额①

数据来源：农业农村部《中国农村经营管理统计年报》

政府财政扶持的另一个重要内容是由合作社来承接财政支农项目。《农民专业合作社法（2007）》第四十九条规定，“国家支持发展农业和农村经济的建设项目，可以委托和安排有条件的有关农民专业合作社实施。”2010 年 5 月，农业部发布《关于支持有条件的农民专业合作社承担国家涉农项目的意见》，提出“支持符合项目申报条件的合作社独立承担（项目）；支持有关部门

① 各级财政专项扶持资金总额：指本年度中央、省、地、县、乡各级财政对农民专业合作社的专项扶持资金总额。——笔者注。

或单位把合作社纳入涉农项目实施单位范围”，将合作社列入了政府支农项目的采购范围。2013 年，十八届三中全会通过的《中共中央关于全面深化改革若干重大问题的决定》（以下简称《决定》）提出“允许财政项目资金直接投向符合条件的合作社，允许财政补助形成的资产转交合作社持有和管护，允许合作社开展信用合作”。对合作社的“三个允许”体现了今后政府将合作社作为执行农业、农村政策的抓手的政策取向，也将为合作社带来更大力度的倾斜政策。为落实《决定》精神，2014 年“中央一号文件”提出，“安排部分财政投资项目直接投向符合条件的合作社，引导国家补助项目形成的资产转交合作社管护，指导合作社建立健全项目资产管护机制。”上述政策精神为政府支农资金直接投向合作社奠定了政策合理性。根据杨广勇、杨林（2020）的统计，我国财政涉农支出规模由 2007 年的 3405 亿元增至 2019 年的 22863 亿元，占全国财政支出的比例也由 6.84%上升到 9.57%。① 合作社作为承接主体之一获得了大量财政支农项目支持。

随着统筹城乡经济社会发展、脱贫攻坚和乡村振兴战略等一系列农业农村政策的实施，各级政府累计财政扶贫专项投入规模呈现快速增长态势。脱贫攻坚的主战场是产业扶贫，需要由市场主体带动农民一起发展产业。涉农的经营主体主要有农业龙头企业、农民专业合作社和产业大户三类，其中合作经济独特的制度安排和运行机制，使其天然和农民具有利益一致性，与我国扶贫战略目标高度契合，被视作市场经济条件下农村贫困人口脱贫的理想载体。②《中国农村贫困监测报告》数据显示，2013—2021 年，中央、省、市、县财政专项扶贫资金累计投入近 1.6 万亿元。其中，仅 2016—2020 年，中央财政

---

① 参见杨广勇、杨林：《财政涉农资金整合解决农业增产不增收问题了吗？——基于中部 A 省 51 个县域数据的双重差分检验》，《中国经济问题》2020 年第 6 期。

② 参见吴彬、徐旭初：《农民专业合作社的益贫性及其机制》，《农村经济》2009 年第 3 期；刘同山、苑鹏：《农民合作社是有效的益贫组织吗？》，《中国农村经济》2020 年第 5 期；崔宝玉、孙倚梦：《农民合作社的贫困治理功能会失灵吗——基于结构性嵌入的理论分析框架》，《农业经济问题》2020 年第 12 期。

累计安排专项扶贫资金5249.21亿元，年均增长20.3%。[1] 为了承接扶贫项目，一些地方政府依据当地的产业脱贫规划，要求成立专门的扶贫合作社，或者有针对性地选取已经成立的农民专业合作社转型为扶贫合作社。扶贫合作社通过“产业扶贫项目+合作社+贫困农户”的模式，吸纳贫困户成为社员参与特色产业建设，增强贫困农户内生发展能力，保障贫困农户有效、稳定脱贫。

需要注意的是，只有符合“条件”的合作社才能获得财政补贴，这些“条件”常常与示范社的评比挂钩。而且随着合作社数量增加，虽然整体上财政扶持资金的数量在上升，但是能够获得财政补贴的合作社的比例在下降。

二、金融支持

2009年，中国银监会和农业部发布了《关于做好农民专业合作社金融服务工作的意见》，出台五大措施支持合作社发展，包括：(1)将农民专业合作社全部纳入农村信用评定范围，要求“各地农村合作金融机构要与农村经营管理部门对辖区内农民专业合作社逐一建立信用档案，加快建立和完善符合农民专业合作社特点的信用评价体系”，使合作社更加便捷地获得贷款。(2)加大信贷支持，实施差别化的针对性支持措施。支持与合作社签订长期订单合同的龙头企业，对于获得县级以上“农民专业合作社示范社”称号或受到地方政府奖励以及投保农业保险的农民专业合作社，在评级、授信、用信等方面给予适当优惠。(3)创新金融产品。包括“鼓励以符合条件的农民专业合作社为平台……扩大对农民专业合作社及其成员的信用贷款发放；鼓励进一步探索扩大农民专业合作社申请贷款可用于担保的财产范围；鼓励发展自主可循环流动资金贷款品种；拓展收费类和服务类资金归集等中间业务。”(4)改进服务方式。要围绕提高审贷效率和解决担保难问题，逐步探索对农民专业合作社及其成员进行综合授信。(5)鼓励有条件的农民专业合作社发展信用合

---

① 数据来源：国家统计局网站 https://www.zgtjnj.org/navibooklist-n3021031904-1.html.

作。优先选择在农民专业合作社基础上开展组建农村资金互助社的试点工作。允许符合条件的农村资金互助社按商业原则从银行业金融机构融入资金。这一点尤其重要,相当于在正规金融之外向合作社开放金融业务。

农民专业合作社基本上都是小微企业,融资困难的原理与小微企业一样。从全国情况来看,由于我国农村金融改革相对滞后、非营利性金融机构较为缺乏,针对合作社的金融服务目前仍存在涉农信贷资金总量增长缓慢、中长期大额贷款供给不足、直接融资渠道不畅、金融创新持续性差和多部门协同服务机制不健全等问题。① 由于合作社注册资本较少,可供抵(质)押财产非常有限,加上财务报表不规范,缺乏完善的信用记录,在政策实际执行过程中,信贷支持通常难以发挥作用。

2015 年,财政部、农业部、银监会联合印发《关于财政支持建立农业信贷担保体系的指导意见》的通知,要求建立由政府支持的农业信贷担保体系,化解农业农村发展"融资难"、"融资贵"问题。② 目前已经形成覆盖全国的农业信贷担保体系,并通过中央财政对其进行持续的担保费补助和代偿风险补助,合作社是重要的服务对象之一。但是农业信贷担保在实践中面临风险补偿长效机制不健全、业务品种少且业务覆盖面有限等发展难题,信贷担保机构既需要实现为农业服务的政策目标,又需要防范金融风险,还需要化解因农户担保能力低、交易双方不对称、农业弱质性等问题所造成的各种风险。

信用合作是合作社传统的业务之一,但是目前为止由合作社开展的信用合作非常有限。2013 年,党的十八届三中全会发布《中共中央关于全面深化改革若干重大问题的决定》,强调"允许合作社开展信用合作"。此后,我国政府多次推动农民专业合作社开展信用合作试点工作。但是由于监管难度大,

① 参见廖景风:《金融支持农民专业合作社的现实问题及对策建议——以衡阳为例》,《金融经济》2019 年第 2 期;温涛、张林:《农村金融发展的现实困境、模式创新与政策协同——基于产业融合视角》,《财经问题研究》2019 年第 2 期。

② 资料来源:https://www.gov.cn/zhengce/zhengceku/2020-04/15/content_5502609.htm.

社会上曾经出现一批打着信用合作社名号的非法集资活动，严重扰乱了社会秩序。迄今为止，合作社内部的信用合作还处于零星试点阶段，开展信用合作的内容没有被写入2017年修订的《农民专业合作社法》。

三、税收优惠

我国政府针对涉农企业的税收优惠种类繁多，涉及增值税、印花税、企业所得税、个人所得税、城镇土地使用税和房产税、耕地占用税等十余个税种，政府对农业生产、农产品加工、农业生产资料生产或销售、农产品运输和销售，以及小微企业等，都分别有税收优惠政策规定。即使不是农民专业合作社，涉农经营主体也仍然可以借助其所从事的业务或农业生产者、小微企业的身份等获得相应的税收优惠。专门针对合作社的税收优惠主要体现在财政部、国家税务总局发布的《关于农民专业合作社有关税收政策的通知》([2008]81号)中有关增值税和印花税的规定上。该通知规定，(1)对农民专业合作社销售本社成员生产的农业产品，视同农业生产者销售自产农业产品免征增值税。(2)增值税一般纳税人从农民专业合作社购进的免税农业产品，可按13%的扣除率计算抵扣增值税进项税额。(3)对农民专业合作社向本社成员销售的农膜、种子、种苗、化肥、农药、农机，免征增值税。(4)对农民专业合作社与本社成员签订的农业产品和农业生产资料购销合同，免征印花税。其中，第二条是第一条配套的落实措施。

在实践中，由于涉农税收制度复杂，优惠繁多，叠加税收征管制度漏洞，征收难度比较大，甚至给人"涉农即免税"的错觉。整体看，专门针对农民专业合作社的税收优惠吸引力还不够强。

首先看增值税。财政部、国家税务总局早在2001年就出台《财政部、国家税务总局关于若干农业生产资料征免增值税政策的通知》(财税[2001]113号)，规定对种子、种苗、化肥、农药、农机、农膜等货物的批发和零售实行免征增值税。反观针对合作社税收优惠的[2008]81号文中，上述业务只是针对本社社员的部分免税，免征增值税的范围还变小了。随着国家陆续出台对于小规模纳税人的增值税优惠政策，由于大多数合作社属于小规模纳税人，专门针对合作社的增值税的相对优惠力度在下降。此外，国家还陆续出台了对于批发、零售方式销售的蔬菜免征增值税等等。整体看，单独针对农民专业合作社的税收优惠给被征收对象带来明显的减税感受不够明显，特别是未涉及农产品深加工领域的、小型的合作社更是如此（表 7-1）。

表 7-1　部分涉农增值税规定汇总

文件	具体规定
《关于农民专业合作社有关税收政策的通知》（财税［2008］81 号）	（1）对农民专业合作社销售本社成员生产的农业产品，视同农业生产者销售自产农业产品免征增值税。 （2）增值税一般纳税人从农民专业合作社购进的免税农业产品，可按 13%的扣除率计算抵扣增值税进项税额。 （3）对农民专业合作社向本社成员销售的农膜、种子、种苗、化肥、农药、农机，免征增值税。
《财政部、国家税务总局关于若干农业生产资料征免增值税政策的通知》（财税［2001］113 号）	对种子、种苗、化肥、农药、农机、农膜等货物的批发和零售实行免征增值税。
《中华人民共和国增值税暂行条例实施细则》（2009 年 1 月 1 日起施行）	农业生产单位和个人销售自产的初级农产品可以免征增值税，包括种植业、养殖业、林业、牧业和水产业。
《中华人民共和国增值税暂行条例》（2009 年 1 月 1 日起施行）	纳税人销售或者进口粮食、食用植物油及饲料、化肥、农药、农机、农膜可以享受 13%的增值税优惠税率。
《国家税务总局关于粕类产品免征增值税问题的通知》（国税函［2010］75 号）和《增值税暂行条例》	农民合作社对外销售饲料可以享受 11%的增值税优惠税率。除豆粕以外的其他粕类饲料产品，均免征增值税。
财政部、国家税务总局《关于免征蔬菜流通环节增值税有关问题的通知》（财税［2011］137 号）	对于批发、零售方式销售的蔬菜免征增值税。蔬菜品种参照《蔬菜主要品种目录》。经挑选、清洗、切分、晾晒、包装、脱水、冷藏、冷冻等工序加工的蔬菜，属于免税蔬菜范围。
财政部、国家税务总局《关于暂免征收部分小微企业增值税和营业税的通知》（财税［2013］52 号）	对增值税小规模纳税人中月销售额不超过 2 万的企业或非企业性单位，暂免征收增值税。
《关于进一步支持小微企业增值税和营业税政策的通知》（财税［2014］71 号）	对月销售额 2 万元（含）至 3 万元的增值税小规模纳税人，免征增值税。
《关于实施小微企业普惠性税收减免政策的通知》（财税［2019］13 号）	小规模纳税人发生增值税应税销售行为，合计月销售额未超过 10 万元（以 1 个季度为 1 个纳税期的，季度销售额未超过 30 万元）的，免征增值税。

续表

文件	具体规定
国务院关于废止《中华人民共和国营业税暂行条例》和修改《中华人民共和国增值税暂行条例》的决定(国务院令第691号,2017年)	纳税人销售或者进口粮食等农产品、饲料、化肥、农药、农机、农膜等货物的增值税率为11%;农业生产者销售的自产农产品免征增值税。

再看印花税优惠。根据[2008]81号文,对农民专业合作社与本社成员签订的农业产品和农业生产资料购销合同,免征印花税。但是,2022年施行的《中华人民共和国印花税法》①第十二条第一款第四项规定,“农民、家庭农场、农民专业合作社、农村集体经济组织、村民委员会购买农业生产资料或者销售农产品书立的买卖合同和农业保险合同”免征印花税,②这样[2008]81号文中的印花税优惠也不再是合作社获得的特殊优惠了。

四、其他扶持措施

(一)人才支持。合作社的发展需要人才支撑。2011年,由农业部牵头四部委联合发布了《现代农业人才支撑计划实施方案》,计划从当年起组织实施现代农业人才支撑计划,每年培养1500名合作社带头人;鼓励引导大学生村官参与、领办合作社;支持农村青年创办合作社。2014年,农业部发布《关于引导和促进农民合作社规范发展的意见》,提出要“分级建立农民合作社带头人人才库,把农民合作社人才纳入现代农业人才支撑计划、阳光工程、新型农民科技培训等项目,依托农民合作社人才培养实训基地,大规模开展理事长、经营管理人员、财会人员培训。建立人才引进机制,制定优惠政策,鼓励农技人员、农村能人等领头创办农民合作社,支持高校毕业生到农民合作社工作,引导农民合作社聘请职业经理人,不断提升农民合作社经营管理水平。”政府

① 2021年6月10日,第十三届全国人民代表大会常务委员会第二十九次会议通过《中华人民共和国印花税法》,自2022年7月1日起施行。1988年8月6日国务院发布的《中华人民共和国印花税暂行条例》同时废止。——笔者注。

② 资料来源:http://www.npc.gov.cn/c2/c30834/202106/t20210610_311898.html。

对合作社的人才支持主要体现在各级合作社理事长的培训方面。相关主管部门组织了大量各层级的合作社理事长培训班，从制度建设、经营管理和政策解读各个领域推动合作社的发展。但是整体看，针对普通农户的合作社理念培训存在短板。

（二）农业技术和信息服务

教育、培训和信息事业是国际合作社联盟确立的曼彻斯特原则之一。合作社组织可为社员提供优质的生产技术和业务教育培训，促进处于人力资本结构底端的农民掌握科学技术、形成新的价值理念和行为方式。① 根据李荣耀的研究，在各种农业社会化服务中，农业技术和农业信息排在农产品销售、种苗提供、生产计划安排之后，在全部12种社会化服务中分别位于第四位和第六位，处于非常重要的位置。② 农业技术推广和信息服务都具有公共物品属性，在市场条件下供给不足，因此政府的财政补贴项目中，把合作社开展信息、培训服务作为重要内容。2007年的《农民专业合作社法》提出，中央和地方财政应当分别安排资金，支持农民专业合作社开展信息、培训服务。2021年，农业农村部等六部门联合发布的《"十四五"全国农业绿色发展规划》提出，支持基层农技推广人员进入合作社，提供全程化、精准化和个性化绿色生产技术服务，并引导农民合作社等新型农业经营主体发展绿色农业、生态农业、循环农业，率先运用绿色生产技术，开展标准化生产。

（三）用地用电优惠

许多农村产业融合项目需要一定规模的设施用地或建设用地用于仓储、

① 参见徐旭初：《农民合作社发展中政府行为逻辑：基于赋权理论视角的讨论》，《农业经济问题》2014年第1期。

② 参见李荣耀：《农户对农业社会化服务的需求优先序研究——基于15省微观调查数据的分析》，《西北农林科技大学学报（社会科学版）》2015年第1期。

加工、流通、休闲设施建设等，但由于其在近期内所能提供的地方税收少，加之地方用地指标紧张，常常导致农村产业融合项目难以落地，甚至被迫频繁换地。此外，农产品初加工企业用电价格太高也是导致合作社办加工的成本上升的重要因素。2017 年修订的《农民专业合作社法》第六十八条提出，"农民专业合作社从事农产品初加工用电执行农业生产用电价格，农民专业合作社生产性配套辅助设施用地按农用地管理，具体办法由国务院有关部门规定。"2019 年 12 月发布《自然资源部农业农村部关于设施农业用地管理有关问题的通知》，该文件在坚持土地用途管制的前提下，进一步完善了设施农业用地管理办法，将设施农业用地纳入农业内部结构调整范围，允许设施农业使用一般耕地，且不用落实占补平衡，不需办理建设用地审批手续，为今后设施农业经营主体发展农业生产提供了较大的自主权。在上述政策的指导下，地方政府积极探索落实合作社的用地优惠政策，进一步细化设施农用地范围，出台农业配套设施和附属设施的建设标准和用地规范。例如浙江省平湖市集中设施农用地指标并向产业融合发展项目倾斜。

第三节 示范社建设和合作社质量提升整县试点工作

树立先进典型，发挥示范引领作用是我国政府推动合作事业健康发展的重要手段。[①] 21 世纪以来，我国的示范社建设政策演进大致分为三个阶段：2009 年以前的示范社试点探索阶段，2009—2013 年的示范社建设完善阶段，2013 年至今的示范社统一评定和监测阶段。为进一步全面规范合作社建设，2018 年还开启了合作社质量提升整县试点工作。

① 参见王军、苑鹏、马旺林：《农民专业合作社示范社的示范效应分析——基于 8 省 12 县市 614 家农民专业合作社的比较研究》，《学习与实践》2021 年第 1 期。

一、示范社建设

（一）示范社建设的三个阶段

1.2009年以前的示范社试点阶段

示范社试点是各地推动农民专业合作经济组织发展的有效措施和手段。早在20世纪90年代，一些地方政府就尝试通过示范社建设带动农民合作经济组织的发展。2002年7月，农业部印发了《农民专业合作经济组织试点工作方案》，确定在全国6个县市区共100个农民专业合作经济组织开展试点。[①] 2004年，农业部印发《农民专业合作组织示范项目资金管理暂行办法》，[②]由中央财政安排资金开展"农民专业合作组织示范项目"建设试点，从2004—2009年，中央财政累计安排农业部1.45亿元专项资金，共扶持补助800个农民专业合作组织示范项目单位。[③]

配合中央政府对合作社的支持，各地都纷纷下达文件，开展示范社试点工作。在农民专业合作经济组织发展较好的浙江省，2004年共评比出省、市、县三级示范合作社271个。[④] 陕西省要求在全省开展农民专业合作经济组织"113示范工程"，要求在2004—2005年内省级抓10个示范点，每个市抓10个示范点，每个县抓3个示范点，对达到验收标准的予以授牌。河北省要求省里抓1—2个示范市，5个示范县，20—30个农民专业合作经济组织试点，各市每年抓2—5个示范乡（镇），5—10个农民专业合作经济组织试点。

在这一时期，主要强调示范社应在本地区优势主导产业中发挥积极作用，

---

① 参见刘登高：《试点示范 典型引路 积极扶持农民专业合作经济组织发展》，《农村经营管理》2004年第3期。

② 资料来源，《关于印发〈农民专业合作组织示范项目资金管理暂行办法〉的通知》，https://www.moa.gov.cn/gk/tzgg_1/tz/200404/t20040407_189936.htm。

③ 参见袁惠民：《把示范社建设作为开展工作的重要抓手和新的平台》，《中国农民合作社》2009年第4期。

④ 资料来源：浙江省农业厅：《浙江省示范性农村专业合作组织名录》2004年4月。

对引导农民增加收入有较强的带动能力和示范作用。有地方政府提出"办一个合作社,兴一种产业,活一方经济,富一片农民"的口号,对农民专业合作经济组织的发展寄予厚望。

2. 2009—2013 年的示范社建设完善阶段

2007 年 7 月,《农民专业合作社法》开始施行,农民专业合作社有了明确的法律地位,进入数量快速增长阶段。但从总体上看,农民专业合作社还处于发展的初级阶段,不少农民专业合作社内部管理有待规范、市场竞争力有待提高、带动农户能力有待增强。

为了提升合作社发展质量,2009 年中央"1 号文件"提出要"加快发展农民专业合作社,开展示范社建设行动"。① 原农业部会同国家发改委、科技部、司法部、财政部等 11 个部门,于 2009 年 8 月联合印发《关于开展农民专业合作社示范社建设行动的意见》,文件确定依托部、省、市、县四级平台选拔示范社的整体框架,着力加强合作社规范化建设、标准化生产和品牌化建设,目标是要经过三到五年的努力,使农民专业合作社制度建设更加健全、内部管理更加规范、市场竞争能力明显提高、带动农户能力明显增强,60%以上的农民专业合作社实现标准化生产、品牌化经营、规范化管理,成员收入比当地未入社农户高 10%以上。就示范社而言,要求"标准化生产率要达到 100%,主要生产资料统一购买率达到 80%以上,产品统一销售率达到 80%以上,商标注册率达到 90%以上,生产生鲜农产品的农民专业合作社参与"农超对接"的达到 50%以上,成员收入比非示范社成员收入高出 20%以上"。② 为了充分发挥合作社的典型示范作用,进一步提高农民的组织化程度,2010 年中央"一号文件"再次强调要"大力发展农民专业合作社,深入推进示范社建设行动,对服

① 资料来源:《中共中央 国务院关于 2009 年促进农业稳定发展农民持续增收的若干意见》,https://www.crnews.net/zt/jj2022nzyyhwj/lnyhwj/944837_20220221014540.html。

② 资料来源:《关于开展农民专业合作社示范社建设行动的意见》,https://www.moa.gov.cn/nybgb/2009/dshiq/201806/t20180608_6151431.htm.

务能力强、民主管理好的合作社给予补助”。2010 年 6 月，农业部制定了《农民专业合作社示范社创建标准(试行)》，从民主管理、经营规模、服务能力、产品质量、社会反响五个方面提出了具体的评定要求，要求“种养业专业合作社成员数量达到 150 人以上，成员主要生产资料(初入社自带固定资产除外)统一购买率、主要产品(服务)统一销售(提供)率超过 80%，标准化生产率达到 100%”，并且通过‘农超对接’‘农校对接’，或在城镇建立连锁店、直销点、专柜、代销点，实现销售渠道稳定畅通”，①进一步为合作社明确了发展方向。随后，各省、直辖市、自治区也根据自身实际情况，相继出台了省级农民合作社示范社评定办法与建设标准。

在这一时期，示范社的评定有多部门参与，在一定程度上出现多部门分别评定、评定的文件标准不完全一致的现象。② 如原国家林业局与中华全国供销合作总社分别以各自部门名义开展示范社评选工作，共青团中央也与原农业部达成《关于共同实施农村青年创业就业行动的框架协议》，鼓励引导农村青年创办合作社。多部门参与示范社评定造成资源的重复浪费，也让合作社对示范社的标准产生迷失。③ 同时，这一阶段示范社的评比多，监测少，为改变上述情况，示范社评比进入由原农业部统一牵头管理阶段。

3. 2013 年至今的示范社统一评定和监测阶段

为遏制政出多头、评价标准不一的问题，2013 年中央“一号文件”提出要“实行部门联合评定示范社机制，分级建立示范社名录”。④ 原农业部会同发改委等 9 部门于 2013 年成立了全国农民合作社发展部际联席会议，制定了

① 资料来源：《农民专业合作社示范社创建标准(试行)》，https://www.moa.gov.cn/nybgb/2010/dqq/201806/t20180601_6150914.htm.

② 熊万胜认为，该问题的根源在于政权运行中“非科层性集权关系的多源性”，政府各部门为建立自己的组织网络、争夺合作社发展主导权。参见熊万胜：《合作社：作为制度化进程的意外后果》，《社会学研究》2009 年第 5 期。

③ 参见何苏娇：《农民专业合作社示范社评定研究》，河北经贸大学 2020 年硕士学位论文。

④ 资料来源：《中共中央国务院关于加快发展现代农业进一步增强农村发展活力的若干意见》，https://www.gov.cn/jrzg/2013-01/31/content_2324293.htm.

《国家农民专业合作社示范社评定及监测暂行办法》。该文件明确了国家示范社的申报标准,提出了“依法登记设立、实行民主管理、财务管理规范、经济实力较强、服务成效明显、产品(服务)质量安全、社会声誉良好”七项指标体系,规定了国家级示范社的申报程序和评定程序,同时建立了国家级示范社监测制度,实行动态管理,让示范社有进有出。示范社评定和监测均为两年一次。

2014 年 11 月,联席会议首批认定了 3759 家国家级示范社和 254 家全国农民用水合作示范组织。迄今为止已经先后六批次,累计认定了 10678 家国家示范社。国家示范社监测工作也已经进行了五轮,2015 年开始对 12 月公布了首批检测合格的国家级示范社 3292 家,迄今已经公布了四次监测结果。第四轮监测结果 2021 年发布,共有 5841 家监测合格,第五轮监测结果尚未公布,如图 7-2 所示。

(二)示范社建设中存在的主要问题

目前,我国已经形成了稳定的国家、省、市、县四级示范社评比制度。根据农业农村部的数据,截至 2023 年 5 月,全国依法登记的农民合作社达 223.7 万家,农民合作社依法自愿组建联合社 1.5 万家,其中,全国县级及以上示范社 19.1 万家。[①] 示范社建设在促进我国农民专业合作社规范发展中发挥了非常重要的作用,但是也存在一些问题。从执行层面,合作社示范社的评比指标体系和创建流程还有进一步完善的空间;从建设理念层面,应该注意克服以示范社为基础的差异化扶持政策可能带来的负面影响。

1. 合作社评比指标体系有待完善

由原农业部等 9 部门发布的《国家农民专业合作社示范社评定及监测暂

① 数据来源:中华人民共和国农业农村部网站:信息公开“对十四届全国人大一次会议第 6456 号建议的答复”,网址:https://www.moa.gov.cn/govpublic/NCJJTZ/202307/t20230724_6432787.htm.

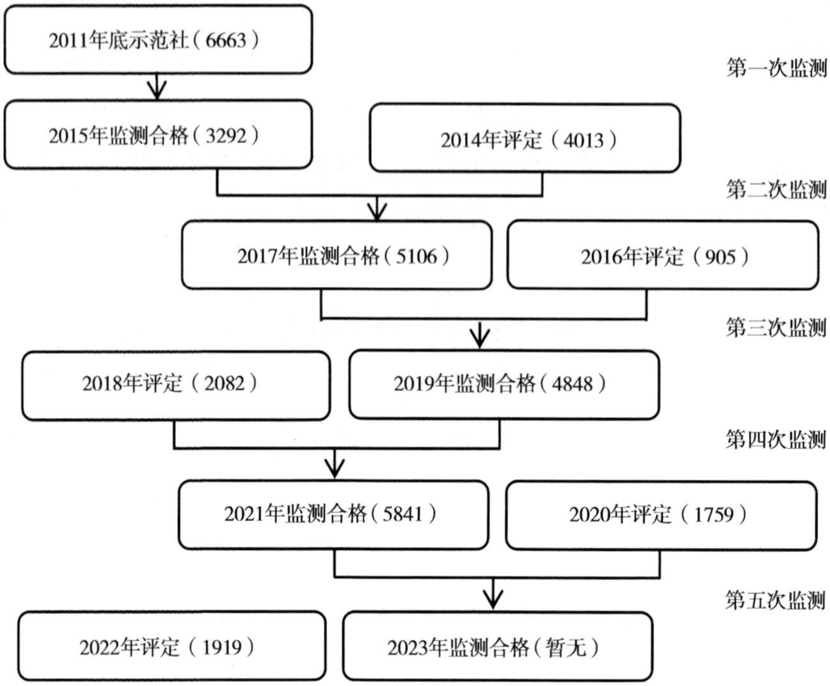

图 7-2　历年国家示范社监测和评定情况

注:①根据农业农村部历年发布的通知和公告整理。②2011 年底的示范社是当时由农业部、发展改革委、财政部、水利部、税务总局、银监会等 12 个部门和单位联合评定的 6663 家农民专业合作社示范社。③图中括号内的数字是合作社的家数。④2023 年的国家示范社监测已经在进行,但尚未检索到监测合格名单。

行办法》(2013 年)是影响最广泛的示范社评定标准,该标准从依法登记设立、实行民主管理、财务管理规范、经济实力较强、服务成效明显、产品(服务)质量安全、社会声誉良好七个方面设立示范社评比标准,兼顾了合作社的规范运行和经济活力,主旨与《农民专业合作社法》倡导的实现“社员所有、社员控制和社员受益”合作社一致。然而,从实践看,该指标体系存在以下问题:

(1)部分指标无法量化。例如,“民主管理”部分,标准规定要“成员(代表)大会、理事会、监事会等组织机构健全,运转有效,各自职责和作用得到充分发挥”。但是类似这样的提法缺乏很好的衡量指标,提交佐证材料也比较困难。

(2)部分指标一刀切,未充分考虑合作社的多样性。例如,关于成员出资总额、固定资产、年经营收入、成员数量等指标,虽然考虑到了地区间的经济发展水平差异,在东中西部规定了不同的数量,但是没有充分考虑不同产业、从事不同业务合作社规模差异。例如,如果是在家庭农场基础上开办的合作社,仅拥有十个八个社员也可能是一个实力雄厚的合作社;如果合作社只从事联合采购的,即使规模很大,也可能不需要大量的固定资产投资,这时对示范社固定资产的要求就会过高。

(3)部分指标难以佐证。例如,“服务成效”部分要求“成员主要生产资料统一购买率、主要产品(服务)统一销售(提供)率超过80%”,“成员收入高于本县(市、区)同行业非成员农户收入30%以上”,但这些指标很难证实或证伪。

(4)部分指标的导向不一定一直具备“先进性”。例如,评价指标要求“生产鲜活农产品(含林产品)的农民专业合作社参与‘农社对接’‘农超对接’‘农企对接’‘农校对接’”,各种直接对接模式的流通效率是否更高存在争议。退一步讲,就算以上导向是正确的,也不一定适用于所有的合作社。

(5)没有明确各部分指标的权重,执行中弹性较大。特别是“实行民主管理、财务管理规范”因为佐证困难,容易被忽视。

2.示范社建设的流程问题

国家示范社评比采用指标配额和材料审核制度。示范社指标自上而下,根据现有的建设水平进行分配;申报自下而上,由农民专业合作社向所在地县级农业行政主管部门提出申请,经逐级审核推荐至省级(存在差额推荐和等额推荐之分),省级评审组根据审核推荐意见,对示范社申报材料进行审查,形成评定结果并在媒体上进行公示。

定额指标意味着示范社“达标”的执行既是自愿的也是强制的。[①] 理论上

① 参见王敬培、任大鹏:《“典范”标准:农民专业合作社示范社评选标准的研究》,《中国农业大学学报(社会科学版)》2016年第3期。

讲,示范社评选的高标准是一个标杆,能达标的方可称为示范社,无需去迁就不够规范的合作社。但是由于指标分配的限制,无论各地的合作社是否有达标者,都要选取一定数量的合作社作为示范社,因此即使是不够规范的合作社也可能进入"示范社"的范围。材料审核则导致信息不对称,评审人无法判断材料的真实性,在假定材料为真的条件下进行评选,有可能导致材料看起来漂亮的合作社入选。申端锋认为,审查者只是根据书面材料做出判断,实地考察又会遇到县乡村组织与经营组织的共谋,所以,对于农村能人来说,如何"搞材料"将会越来越重要,而真抓实干的行为意义下降了。① 由于甄别过程无法考查组织行动者的行为动机以及组织农民的实际效果,考察结果有可能与实际情况出现背离。

3. 对以示范社建设为核心的差异化扶持政策的反思

合作社是舶来品,制度设计相对复杂,要促进社员的集体行动也有一定难度,在合作社的初创阶段,群众对合作社制度了解不足的前提下,通过示范社建设带动合作社的发展有一定合理性,但我国的示范社建设也带来一些问题。

首先,基于示范社的政府扶持政策本质上是一种差异化的扶持政策,违反竞争中性原则。国际上流行的合作社扶持政策一般是普惠的。我国政府对农民合作社的扶持政策选择性强,示范社资格往往成为合作社获得各种支农项目的前提条件,而且获得的各种扶持是累进式的。差异化的扶持政策不利于营造公平的竞争环境,而且通过示范社评比人为选择支持对象,有可能被选出来的不是具有竞争力、规范运行的合作社,造成资源错配。其次,为了获得政府支持,合作社可能迎合政府的产业政策,开展一些可能不完全适合自己的经营行为,其结果还是会造成资源的浪费。以鼓励合作社在城市建设直供直销网点为例,这个政策的初衷是为了提高流通效率,延展合作社的产业链条以及

① 参见申端锋:《乡村治理的博弈术与正当性》,《读书》2008 年第 4 期。

保证生鲜农产品质量。但是,从生鲜农产品商的流通规律看,如果生产和消费两端的模式不变,直供直销模式在舍弃中间环节的同时,也舍弃了中间商提供的服务。如果不考虑外部环境和技术的变化,贸然发展直供直销模式不一定能实现提高效率、降低成本的目标。第三,示范社的评比有较强的主观性,所带来的好处切实可见,但事后的监管还不完善,因此具有了设租寻租的空间,需要加强监管措施。

二、合作社质量提升整县推进试点工作

(一)建设背景和进展

自《农民专业合作社法(2007 年)》施行以来,我国的农民合作社发展取得瞩目的成绩。农业农村部发布的《2019 年农民合作社发展情况报告》指出,合作社的带动能力显著提升、产业类型逐步拓展、服务功能持续增强,①合作社在组织带动小农户、激活资源要素、引领乡村产业发展、维护农民权益等方面发挥了重要作用。② 但在另一面,合作社"小、散、弱",社员不多,内部建设和经营管理水平整体不高,盈利能力和带动能力不足,出现大量的"空壳社"和"异化"现象。

2018 年 8 月,为落实新修订的农民专业合作社法的有关要求,促进农民专业合作社高质量发展,农业农村部办公厅印发《关于组织申报农民专业合作社质量提升整县推进试点有关事项的通知》,③提出要在部分具备条件的县(市、区)开展农民专业合作社提升整县推进试点。同年 10 月,选定 8 省 30 个试点县(市、区)作为首批农民合作社质量提升整县推进试点单位,计划用 2

---

① 参见农业农村部:《2019 年农民合作社发展情况报告》,《农业机械》2020 年第 9 期。

② 参见杨久栋、马彪、彭超:《新型农业经营主体从事融合型产业的影响因素分析——基于全国农村固定观察点的调查数据》,《农业技术经济》2019 年第 9 期。

③ 资料来源:《农业农村部办公厅关于组织申报农民专业合作社质量提升整县推进试点有关事项的通知》,http://www.moa.gov.cn/govpublic/NCJJTZ/201808/t20180807_6155428.htm。

年时间探索以点带面促进农民合作社规范化建设、提升示范带动能力的有益做法和实践经验。

2018 年 9 月，李雄鹰、陆华东在《半月谈》发表文章，认为实践中 80%以上的合作社沦为了空壳，将学术界长期争论的问题凸显在公众面前，①引起政府的高度重视。2019 年中央“一号文件”提出，开展农民合作社规范提升行动。2019 年 2 月，中央农办、农业农村部等印发《开展农民专业合作社“空壳社”专项清理工作方案》，9 月，中央农办、农业农村部等 11 个部门和单位联合印发了《关于开展农民合作社规范提升行动的若干意见》，要求：一是完善章程制度；二是健全组织机构；三是规范财务管理；四是合理分配收益；五是加强登记管理，从五个方面规范合作社的发展，促进农民合作社增强服务带动能力。② 在上述背景下，农民专业合作社质量提升整县推进试点工作提速，于 2019 年新增 128 个农民合作社质量提升整县推进试点，2021 年又增加 240 个县级试点单位，农民专业合作社质量提升整县推进试点达到 406 个。

（二）工作内容

2018 年的试点任务除了强调合作社本身的建设，还强调合作社在推动乡村产业振兴和助力脱贫攻坚中的作用，之后的两批试点工作更聚焦合作社本身的建设。试点工作的内容包括三部分，即发展壮大单体农民合作社、促进联合与合作、提升县域指导扶持服务能力，并进一步细化为十几个细项，具体建设内容如表 7-2 所示。

---

① 参见李雄鹰、陆华东：《80%以上合作社沦为空壳？乡村振兴莫让形式主义带歪》，《半月谈》2018 年第 22 期。

② 资料来源：《11 部门联合印发意见全面部署农民合作社规范提升行动》，http://www.moa.gov.cn/xw/zwdt/201909/t20190905_6327367.htm。

表 7-2　2019 年、2021 年农民专业合作社质量提升整县推进试点工作内容

	2019 年	2021 年
（一）发展壮大单体农民合作社	1. 强化规范建设	1. 强化规范建设
	2. 拓展业务范围	2. 拓展业务范围
	3. 丰富出资方式	3. 丰富出资方式
	4. 强化服务功能	4. 强化服务功能
（二）促进联合与合作	5. 推进区域性联合	5. 推进区域性联合
	6. 推进行业性联合	6. 推进行业性联合
	7. 推进产业链联合	7. 引导家庭农场组建农民合作社
（三）提升县域指导扶持服务能力	8. 构建扶持政策体系	8. 构建扶持政策体系
	9. 加强示范引领	9. 加强示范引领
	10. 建立健全辅导员队伍	10. 建立健全辅导员队伍
	11. 畅通退出机制	11. 创建农民合作社服务中心
	12. 搭建服务平台	12. 深化社企对接
		13. 畅通退出机制

将 2021 年与 2019 年相比较，后者仅将第七点“推进产业链联合”改成了“引导家庭农场组建农民合作社”，并且增加了“创建农民合作社服务中心和深化社企对接”。与以往的示范社建设指标体系相比较，“丰富出资方式”、“引导家庭农场组建农民合作社”、“畅通退出机制”和“建立健全辅导员队伍”“创建农民合作社服务中心”都是针对实践中出现的具体问题的新提法。

与以往的合作社规范化建设相比较，合作社质量提升整县推进试点有不少亮点。一是强调“丰富出资方式”，包括扩大货币出资面、扩大成员覆盖面、允许将扶持农村集体经济发展的财政资金，按有关规定量化到农村集体经济组织和农户后，以自愿出资的方式投入农民合作社发展相关产业。以上做法均有利于做实成员账户，实质性提升社员的资本参与，有利于回归合作社的社员所有属性。二是促进联合与合作，特别提到“引导家庭农场组建农民合作社”，注意到了职业农民对合作社的有效需求对合作社规范发展的重要性。

三是建立健全辅导员队伍。合作社是舶来品,在我国的发展历史曲折,目前的农民专业合作社有自己特定的内涵,作为人合组织,其建立和规范发展需要所有参与者加深对其内涵、外延和运作原则的理解,也需要在业务、财务和管理上予以指导,以加强可持续发展的能力,建立健全辅导员队伍是从根本上规范合作社发展的重要措施。

第四节　我国政府合作社规制政策的主要特征

如前文所述,目前我国政府已经建立了比较完备的合作社的扶持和规制政策体系,但是对我国的合作社扶持和规制政策的总结不能停留在简单的政策梳理,还应该进一步观察这一规制体系的特征和演化轨迹,历年的中央"一号文件"给本研究提供了一个极佳的观察视角。

改革开放以来,在 1982—1986 年、2004—2024 年期间,中共中央国务院先后发布了 26 个以"三农"为主题的"一号文件",这些"一号文件"虽然没有系统发布我国农民合作社(以下简称"合作社")的发展政策,但大多数年份都会专门提到对合作社的扶持政策或规范政策。梳理这些政策提出的时间前后、出现的频率、表述的差异,可以较好地把握我国政府对农民专业合作社扶持和规制政策的走向。从历年中央一号文件对合作社政策的关注点(见附录一),可以看出以下规律:

一、扶持和规范并行

从扶持到规范,我国的合作社政府规制政策已经形成了一个较为完整的政策体系。从中央"一号文件"看,政府主要从推动立法、财政补贴、金融支持、税收优惠、完善登记制度、承担政府的涉农项目等方式支持合作社的发展。自 2004 年起,有 5 次明确提出对合作社的财政扶持政策,8 次提出对合作社的金融支持和优惠政策,7 次提出落实和完善税收优惠政策,5 次提到合作社可以承担财政扶持的涉农项目建设，还有1次提到加强合作社人员培训。

在支持政策之外，中央"一号文件"多次提到合作社的规范建设问题。自2009年提出加强示范社建设以来，其后又多次提到示范社建设。2014年以后开始日益强调引导合作社规范运行，2014—2019年几乎每年都布置促进合作社规范发展工作，先后提到实行年度报告公示制度，信用合作试点工作中要健全风险防范化解机制，开展农民合作社规范提升行动等。针对合作社承担的财政扶持的涉农项目，"一号文件"还多次提出"建立健全项目资产管护机制"，"引导规范运行，对财政建设项目要建立规范透明的管理制度"，"完善'农户+合作社'利益联结机制"。说明政府意识到合作社承担政府涉农项目的保值增值问题，并且重视其对普通农户的带动作用。

二、财政补贴和涉农项目是最重要的扶持手段

在历年中央"一号文件"中，有5次提到对合作社的财政扶持政策，5次提到合作社可以承担财政扶持的涉农项目建设。早期提得较多的直接财政补贴，后期更强调合作社承担涉农项目。从2008年开始，"一号文件"就提出"农民专业合作社可以申请承担国家的有关涉农项目"，2013年进一步提出"安排部分财政投资项目直接投向符合条件的合作社，引导国家补助项目形成的资产移交合作社管护，指导合作社建立健全项目资产管护机制。逐步扩大农村土地整理、农业综合开发、农田水利建设、农技推广等涉农项目由合作社承担的规模"，合作社成为承接政府支农项目的重要经济组织。以《财政部、农业农村部发布2022年重点强农惠农政策》为例，①该文件中有10次提到农民合作社，惠农政策的内容涉及种粮补贴、农业生产社会化服务、奶业养加一体化、农产品产地冷藏保鲜设施建设、新型农业经营主体高质量发展、从事粮食和大豆油料种植等各个方面，承担涉农项目对合作社的影响不言而喻。

① 资料来源，中华人民共和国农业农村部官网，http://www.jcs.moa.gov.cn/zcjd/202206/t20220614_6402465.htm。

三、税收优惠的作用发挥还不够充分

整体看,“一号文件”先后6次提到税收优惠措施。在2007年以前,主要提出要实行对合作社的税收优惠政策,“对(农民)专业合作组织及其所办加工、流通实体适当减免有关税费”(2005年)。2008年,财政部和税务总局《关于农民专业合作社有关税收政策的通知》([2008]81号)出台,此后的税收优惠的重点落在完善和落实方面。包括“将合作社纳入税务登记系统,免收税务登记工本费(2009年)”、“把合作社纳入国民经济统计并作为单独纳税主体列入税务登记,做好合作社发票领用等工作(2013年)”、①“支持农民合作社发展农产品加工流通”(2014年)等。整体看,正如前文所述,由于涉农或者涉中小企业的收收优惠很多,专门针对合作社的税收优惠未形成较大的吸引力,反而有一些涉农企业在利用合作社税收优惠来实现避税目标。②

四、金融支持政策有待进一步完善

对合作社的金融扶持被反复提起,出现8次之多,但是主要强调金融系统支持合作社融资,合作金融的发展一直处于破题阶段。2004—2009年,各年的中央“一号文件”主要在强调要制定有利于农民专业合作组织发展的金融政策,提出“有关金融机构支持农民专业合作组织建设标准化生产基地、兴办仓储设施和加工企业、购置农产品运销设备(2004)”“建立有利于农民合作经济组织发展的信贷制度(2006、2007年)”等。但是,我国的正规金融与小微企业(农民专业合作社显然属于这一类)信贷需求不能兼容的问题很难破解。2008年以后,合作社的金融支持努力方向拓展到三个方面:一是要求各级政

① 税务登记是税务机关对纳税人的基本情况及生产经营项目进行登记管理的一项基本制度。将合作社纳入税务登记,既是对合作社作为纳税主体的进一步确认,也有利于合作社依法享受相关税费减免政策。——笔者注。

② 笔者调研发现,一些从事二三产业的涉农农业企业可能利用合作社的税收优惠政策为企业避税,这也是所谓“假”合作社出现的一个重要原因。

府扶持的贷款担保公司要把农民专业合作社纳入服务范围；二是探索在信用评定基础上对示范社开展联合授信；三是支持有条件的合作社兴办农村资金互助社。2010 年的中央“一号文件”提出“支持有条件的合作社兴办农村资金互助社”，2012 年提出“有序发展农村资金互助组织，引导农民专业合作社规范开展信用合作”，2013 年提出“规范合作社开展信用合作”。这一段时间出现不少假借合作社的名头开展非法集资的事件，因此 2016 年的中央“一号文件”一方面提出“扩大在农民合作社内部开展信用合作试点的范围”，另一方面强调要“健全风险防范化解机制，落实地方政府监管责任”。鉴于实践中对各种非法集资事件的监管难度很大，在 2017 年农民专业合作社法修订时，没有把信用合作写入法律。之后在 2017 和 2021 年都提到合作社内部信用合作试点工作，但是这一工作始终没有大规模推开。

五、对合作社的具体业务干预较深

配合政府的农业产业政策，合作社获得的扶持项目往往有明确的业务指向。从早期的开展信息、技术、培训、质量标准与认证、市场营销等服务（2004 年，2006 年）转向更具体的合作社经营活动。从附件 3 可以看到，2007 年主要鼓励农产品加工储藏和农资采购经营，鼓励“直接向城市超市、社区菜市场和便利店配送农产品”；2010 年提出“扶持农民专业合作社自办农产品加工企业”；2011 年内容丰富，包括扶持合作社广泛参与农业产前、产中、产后服务，兴办农产品加工企业或参股龙头企业，购置大中型农机具，在城市社区增加直供直销网点等；2013 年，主要鼓励建设鲜活农产品仓储物流设施、兴办农产品加工业，开展信用合作，承担农村土地整理、农业综合开发、农田水利建设、农技推广等；2016 年主要鼓励农产品加工流通和直供直销，开展信用合作试点；2017 年鼓励合作社积极发展生产、供销、信用“三位一体”综合合作，开展信用合作试点，发展农业互助保险；2019 年主要支持合作社开展农产品初加工，开展农技推广、土地托管、代耕代种、统防统治、烘干收储等农业生产性服务；

2020 年鼓励建设产地分拣包装、冷藏保鲜、仓储运输、初加工等设施；2022 年鼓励合作社多种粮、种好粮，发展单环节、多环节、全程生产托管服务；2023 年鼓励发展农产品产地初加工，支持合作社办企业。可以看到，政府根据农业产业化的发展趋势，对合作社的经营活动都提出了非常具体的发展方向。

相对而言，对合作社的信息、教育、技术支持较少。仅在 2004 和 2007 年两次提到重视信息、技术、培训、质量标准与认证、市场营销等服务，在 2009 年提到合作社的人员培训工作。

六、强调以示范社建设为基础的差异化扶持政策

示范社创建，既是实现政府合作社支持政策的重要渠道，也起着引领合作社发展的“典范”作用。早在农民专业合作经济组织的萌芽阶段，一些经济比较发达的地区就开始通过示范社创建来鼓励和带动合作社的发展。2007 年以后，各类示范社的创建活动更加普遍。2009 年的中央“一号文件”第一次提出“开展示范社建设行动”，此后历年的“一号文件”又 7 次提到示范社的创建。从创建程序看，为防止政出多门，要求“实行部门联合评定示范社机制，分级建立示范社名录(2013 年)。关于示范社的创建标准，要求“服务能力强、民主管理好”(2010 年)；为落实 2013 年的“一号文件”，农业部等九部门联合发布了《国家农民专业合作社示范社评定及监测暂行办法》的通知，[①]规范国家示范社的评定标准和监测流程。

示范社是政府合作社扶持的重点。示范社创建一开始就与奖励和补贴联系在一起。2010 年的中央“一号文件”提出，“对服务能力强、民主管理好的合作社给予补助”；2013 年提出，要“把示范社作为政策扶持重点”。在此基础上，“安排部分财政投资项目直接投向符合条件的合作社，引导国家补助项目形成的资产移交合作社管护……对示范社建设鲜活农产品仓储物流设施、兴

① 该《办法》于 2019 年进行了修订。——笔者注。

办农产品加工业给予补助。"2014 年再次强调,"允许财政项目资金直接投向符合条件的合作社,允许财政补助形成的资产转交合作社持有和管护"。以上政策意味着不仅扶持合作社发展的专项财政资金投向示范社,各种涉农项目资金交由合作社来承担的,主要投向也是示范社。

到 2022 年底,登记注册并且仍在运行的合作社有约 224.6 万家。根据农业农村部的数据,截至 2021 年底,全国监测合格的国家示范社 5841 家,加上 2020 年评定的合作社 1759 家,总计 7600 家,县级及以上示范社 16.8 万家。[①] 有可能得到财政支持和承接政府支农项目的合作社主要集中在这十几万家,意味着得到政府资金扶持的合作社只有大约 7.5%。以示范社为基础的差异化扶持政策是我国政府合作社扶持政策的一大特色。

① 数据来源:根据农业农村部网站公开信息资料整理。

第八章　生产环境变化与农民专业合作社的规范发展

《农民专业合作社法》实施以来，我国的农民专业合作社的数量快速增长，已经成长为农业农村发展中的重要力量。然而，合作社数量高速增长的同时也面临着“不规范”发展的质疑。合作社的不规范现象表现多样，其中最为突出的是空壳社问题和异化问题。空壳社的比例虽然比较大，但是产生空壳社的原因很多是表层的，只要认识到产生问题的原因，就相对容易解决。与空壳社问题相比，合作社的异化问题更为复杂。合作社常常被大股东控制，普通社员受益不多，因而对合作社的发展表现出茫然和漠然，合作社的异化正在损害农民合作社的可持续发展。面对农民专业合作社发展中的不规范现象，单纯强调“先发展，后规范”的思路可能是轻率的，一旦形成扭曲的既得利益，就可能形成路径依赖，原有的利益格局就可能会日益固化。

当前，以《中华人民共和国农民专业合作社法》为基础，我国已经形成了包括《农民专业合作社登记管理条例》、《农民专业合作社财务会计制度》、《农民专业合作社示范章程》、《农民专业合作社年度报告公示暂行办法》等在内的较为完备的合作社法律和制度框架，出台了包括财政扶持、金融支持、税收优惠、人才支持、用地、用电优惠等在内的合作社支持政策。此外，我国政府还通过示范社建设、合作社年报制度、合作社质量提升整县试点工作来促进农民专业合作社规范发展。整体看，政府的支持和规制政策对促进合作社的健康发展发挥了重要作用，但鉴于实践中仍然存在的不规范现象，上述法律和政策仍有改进空间。

本书认为，要促进我国农民专业合作社的规范发展，除了要深刻理解导致当前我国农民专业合作社异化的根本原因，考虑如何通过合作社制度创新以及加强政府规制来解决实践中出现的问题，还应具备前瞻的视角，从我国农业生产约束条件的变化出发，考虑未来我国农民专业合作社规范发展的可能性及发展方向。鉴于对前者已经有较为充分的讨论，本章的重点放在我国农业生产约束条件对农民专业合作社发展带来的影响，并结合前文的研究结论，对进一步促进我国农民专业合作社规范发展提出思路和建议。

第一节　约束条件的变化与农民对合作社的有效需求

随着城市化水平不断提高，我国农业生产约束条件正在发生重大变化。其中一些变化可能有利于合作社的发展，还有一些变化可能不利于合作社的产生。在状态依存的所有权理论框架下，环境变化会不会使普通社员的所有权受重视？我国的农民专业合作社会不会越来越规范？本书认为，未来我国农民专业合作社发展的环境将受到以下几个重要约束条件的影响，进而影响农民专业合作社的发展空间。

一、兼业小农户长期存在将减弱对合作社的有效需求

考虑到我国人多地少的约束条件，未来几十年我国将保持规模农场与兼业小农并存的局面。自 2011 年城镇化率超过 50%以后，我国的城镇化推进速度已逐步减缓，农民市民化意愿下降。① 2003—2012 年，我国外出农民工平均

① 参见魏后凯：《新常态下中国城乡一体化格局及推进战略》，《中国农村经济》2016 年第 1 期。

每年增加587万人，2013—2016年已经下降到每年150万人，要素从由乡到城的单向流动转向双向流动，预计到2030年，我国的城镇化率将达到68%左右。张自然、魏晓妹通过验证城市化水平与人均GDP、工业化水平和服务业发展水平之间的关系发现，我国城市化与人均GDP的回归曲线离日本和德国的最近，我国最有可能采用日本和德国的城市化发展模式，在很长的一段时间内我国的城市化率只能发展到76%的水平。① 这就意味着即使未来我国的城市化进程完成后，仍将有大量人口生活在农村，兼业小农将在我国长期存在。

兼业小农缺乏对专业合作社的有效需求，不利于农民专业合作社的发展。精力投放具有“收入重心效应”，理性的人们会把更多精力投放到最能影响其收入的工作上。据全国农村固定观察点的数据，2016年，多达64.0%的农户农业收入占比不到家庭总收入的两成。② 这就意味着，即便加入农民合作社能够大幅提升农业经营收益，对农民家庭总收入的影响也相当微弱，更不要说当前大部分农民合作社未能有效带动成员增收。小农户人数众多，在很多涉及集体合作的场合，更愿意搭便车而不是身体力行。因此，普通农户在合作社的资本参与、业务参与和管理参与都非常有限，无法形成对专业合作的有效需求。

二、迅速增长的职业农民会增加对合作社的有效需求

近年来，我国农业生产的专业化和规模化水平一直在提升。首先大幅提升专业化水平的是非土地密集型的农业领域，如畜牧、水产养殖，蔬菜、水果、花卉的种植等。其次是随着近年来土地流转速度加快，形成了一批具有一定规模的农场(既有公司经营，也有家庭经营)。特别是在近些年随着政府对农地股份合作社的鼓励以及对规模经营实施奖补政策，农地的规模经营发展很

① 参见张自然、魏晓妹：《城市化水平与产业结构演化的国际比较——基于38个国家和地区的数据》，《北京工商大学学报(社会科学版)》2015年第2期。

② 参见刘同山：《让家庭农场作为农民合作社发展的根基》，《中国农民合作社》2019年第4期。

快。由国家统计局发布的《新中国成立70周年经济社会发展成就系列报告之十二》指出，到2018年，全国家庭承包耕地流转面积超过了5.3亿亩，流转比例达到28.6%。① 根据浙大卡特-企研提供的数据，截至2022年底，在市场监督总局注册的家庭农场数量达到184.2万家，其中企业性质的家庭农场有45.2万家，个体户性质的家庭农场139万家。这些新型农民以农业为职业，农业收入是其主要收入来源，对技术和市场的变化敏感，有较强的投资能力，同时对农业社会化服务有很强的需求，将成为真正的合作社的发展基础。

实践中，一些以职业化农民为基础的合作社正在萌芽。早在2005年，笔者在浙江考察过的一个养猪合作社，成员中最小的养猪场年出栏量也在5000头以上，他们组建的合作社虽然社员不多，但实力雄厚，当时已经筹资160万元建设一个饲料加工厂，下一步的计划是以合作社的名义申请生猪屠宰许可证，建立自己的生猪屠宰场，其制度安排非常类似北美的新一代合作社。再如在河北省冀州市，新兴的大规模农场联合购买烘干机和大型农业机械，一些农场计划联合建设谷仓存储粮食，以满足错峰销售粮食的需求。以后类似这样的合作社会逐步成长起来。在这样的合作社中，投资者和惠顾者的身份合二为一，社员的利益目标相对一致，它们最可能成长为真正规范的合作社。

三、食品质量安全追溯体系建设有利于形成合作社的竞争优势

相对于投资者所有的企业，合作社的优势之一在于有利于减少食品生产中的信息不对称，保障食品安全，但是这一优势必须在市场上得到回报才能真正体现出来。安全农产品要赢得消费者信任，必须由第三方监管机构来监督和证明。② 当第三方监管缺失或者低效时，农户即便通过合作社组织来降低

① 数据来源：《新中国成立70周年经济社会发展成就系列报告之十二》，https://www.gov.cn/xinwen/2019-07/01/content_5404949.htm。

② 参见邓衡山、徐志刚、应瑞瑶、廖小静：《真正的农民专业合作社为何在中国难寻？——一个框架性解释与经验事实》，《中国农村观察》2016年第4期。

检测成本,也依然无力向消费者证明其产品安全,此时,合作社降低检测成本的优势也就变得没有意义了。正因为如此,在食品监管力度大,食品安全标准严格的国家和地区,合作社在农产品质量安全监管中发挥着重要作用,反之则反是。目前,我国的食品安全法律体系尚不完备,监管体制也有待完善,农产品质量安全追溯体系的建设尚在起步阶段,限制了合作社发挥作用的空间。未来,随着我国食品质量安全监控体系的完善,在小农生产模式不改变的前提下,合作社作为中介组织将发挥重要作用。农户的安全生产行为也将成为影响合作社产出的重要因素,有可能赋予惠顾者社员更多的剩余索取权。

四、农业领域国际化和资本化使合作社竞争劣势凸显

随着食品和纺织材料产业全球化程度加深,食品深加工和价值增值部分的贸易额已经超过了初级农产品的贸易额,持续的兼并和纵向整合使许多食品加工和营销公司在销量和利润方面跻身全球前列。这些公司中的大多数在成功扩展为跨国企业之前,都在国内市场建立了相当大的市场份额优势。与投资者所有的企业相比,合作社的投资策略相对保守,很少有合作社积极制定明确的全球营销战略。研究者认为,由于“资产不能移动”(asset-immobility)、“董事会结构”(board structure)、“主场竞争优势理论”(home-based-dominant-position)和“使命不同论”(mission-is-different)等原因,①合作社在全球化过程中竞争力不足。②

① “资产不能移动”假说是指,由于农业合作社是用户拥有和控制的,而不是由投资者驱动的,因此,对外直接投资作为一种战略选择变得不那么可行,特别是那些不消费或利用用户所有者生产的原材料或投入的直接投资更是如此。此外,合作社的所有者往往与一个固定地区的资产联系在一起,例如土地,也是不可移动的。“董事会结构”假说是指,合作董事会中很少有外部董事,这种做法虽然符合民主控制原则,但可能对董事会决策的广度产生不利影响。“主场竞争优势”假说是指,要想在国际市场成功,一个关键决定因素是在公司“总部”所在国内部门获得强大的市场地位,这一点上合作社没有优势。“使命不同”假说是指,合作社不仅考虑经济目标,还要考虑对成员和社区发展的影响,因此不倾向于对外投资。——笔者注。

② Cook M.L.,“The Future of US Agricultural Cooperatives: A Neo - Institutional Approach”, *American Journal of Agricultural Economics*, 1995, 77(5).

农业工业化的本质是以产品无差异和开放市场为特征的农产品市场向产品差异化和合同制(或一体化)为特征的、供应受控制的市场演变。在以健康为导向、追求便利的消费者的推动下,借助信息和基因技术进步,传统的农业和食品市场的联系模式正迅速向纵向协调演变。在农业工业化的过程中,农业和食品公司成功的决定因素主要有三个:(1)打造差异化产品的能力;(2)降低协调成本的能力;(3)控制供应的能力。但是,随着产品差异化提升,合作社的协调成本就会增加。因此,在产品差异化明显的领域,合作社的市场份额通常会下降。此外,实施产品差异化战略需要在研发和广告方面进行大量投资,而合作社通常面临着严重的资本短缺问题。由于资本规避风险,它将更喜欢波动较小、垂直协调的农业,而不是波动更大、开放市场中的农业,而后者更适合合作社的发展。

整体看,与投资者所有的企业相比,农业生产的国际化和工业化给合作社的发展带来了更大挑战。

第二节　促进农民专业合作社规范发展的思路

根据前文的研究结论,本书认为,从我国合作社制度建构来看,当前的法律法规对社员异质性给合作社制度权安排带来的影响估计不足,规范效果受影响。除此以外,本书还注意到我国农业生产环境的变化给农民专业合作社发展带来的影响,认为要促进我国农民专业合作社的规范发展,必须顺势应时,全方位拓展农民专业合作社的发展空间。

一、通过立法强调对普通社员所有权的重视

在企业制度中,剩余索取权(分配)不是孤立的,而是与控制权(企业治理)、产权(出资)等多项设计紧密联系。秦愚、苗彤彤认为,剩余分配不仅是

事后的结果分配,也是一种事前的激励制度。① 所有者获得企业剩余的同时,有责任承担经营风险,需要提供权益资本。从发展导向看,合作社立法应当明确以下几点:(1)明确合作社社员的投资义务。持有股份是合作社成员身份的重要标志,也是成员行使民主权利的基础。如果社员不出资或很少出资,奢谈保障社员投票权以及盈余分配没有意义。一些合作社以社员“只愿利益共享,不愿风险共担”来解释普通社员不出资的原因,但是反过来也可以认为是当时、当地合作社的宣传和发动工作做得不够,尚未取得社员的信任,那就不要强行组建合作社。只有农户们具备了成为社员的资金准备和思想准备,才具备合作社发展的前提。(2)限制一股独大或几个大股东联合控制合作社。浙江省的合作社立法走在全国前列。早在2005年实施的《浙江省农民专业合作社组织条例》规定,单个成员的股金最多不得超过股金总额的20%,但是2007年的《农民专业合作社法》没有限定大股东的持股比例。虽然合作社法规定出资额较多的成员的附加表决权总票数不得超过本社成员基本表决权总票数的20%,但是这种出资额与表决权严重不对等的所有权分配违背了基本的经济学原理。如何从根本上限制大股东控股合作社,是必须深入思考的问题。(3)创新合作社资金积累的途径。如果限制大股东控股,如何筹集合作社发展所需的资金?从国外的经验看,当来自社员的自有资金不足时,合作社通过以下几个渠道筹集合作社的发展资金:一是从合作社盈余中提取公积金,或者从与社员交易的收入中提出一部分资金,这些资金提取的部分会充实社员的成员账户;二是通过发行优先股(可以分红,无投票权)、债务融资(股息不超过8%)以及联合出资(合作社与其他投资者所有的企业联合出资成立新企业。在新的企业中,投资者按股分红并享有投票权。)的办法筹集资金,同时确保合作社内部社员的股权和投票权。我国政府正在进行的“农民合作社质量提升整县推进试点工作”中,明确提出要丰富社员的出资方式,加大扩大

① 参见秦愚、苗彤彤:《合作社的本质规定性》,《农业经济问题》2017年第4期。

货币出资面，鼓励社员用实物和产权出资，说明政府已经充分认识到了上述问题，正在持续改进。(4)政府直接的财政补贴用来扩大普通社员的股东权益。很多西方国家没有针对合作社的直接财政补贴，但财政补贴却是我国政府扶持合作社发展的重要手段。《国家农民专业合作社示范社评定及监测暂行办法》规定，国家财政直接补助形成的财产平均量化到成员账户，可以成为合作社社员股权变动的重要途径。(5)限制合作社与非社员之间交易的比例。欧美国家的合作社法一般将合作社与非社员交易的比例限定在总交易额的50%以内，超过部分获得的收入不能享受单一税制，以此鼓励合作社吸收更多的社员以及重视社员的惠顾。目前，我国的《农民专业合作社法》规定"农民专业合作社与其成员的交易、与利用其提供的服务的非成员的交易，应当分别核算"，主要涉及税收问题，没有用作判定其是否合作社的准则，导致"小核心大外围"的合作社普遍存在。(6)建立健全对合作社的审计监督制度。目前只在《国家农民专业合作社示范社评定及监测暂行办法》中提出建立国家示范社动态监测制度，国家工商行政管理总局发布了《农民专业合作社年度报告公示暂行办法》(2014)，但是对合作社的审计和监督体系尚未真正建立，而这一内容是各国合作社立法的要件。

二、以家庭农场为基础建立规范的农民专业合作社

基于以下几个理由，本书认为我国应该重视以家庭农场为基础组建合作社：

首先，家庭农场亟需提高组织化程度。当前，家庭农场普遍面临生产性融资难度大、避险工具缺位、农业基础设施亟待完善、经营成本居高不下、缺少专业技术人员等困难。以唐山市某水稻种植家庭农场为例：该农场于2015年注册成立，农场面积约1000亩，该农场尝试通过减肥、减药方式生产无公害水稻。经营中遇到的难题包括：施肥用药全凭经验，技术专家难寻，且费用太高；农产品存储和销售困难，由于缺乏烘干和仓储设施，只能在收获时随行就市卖

掉，面临价格损失；注册和打造品牌成本太高；网络销售量小，且面临高物流成本；融资困难，由于征信体系不健全以及缺乏合格的抵押品，难以获得正规渠道融资。农场主迫切希望有一个平台，可以帮助引进和推广技术、制定和统一生产标准、打造企业品牌、建设烘干和仓储设施、进行融资担保，以及购买农资时实现联合议价等。这样的农场不在少数，实际上他们需要的就是一个合作社。

其次，以家庭农场为社员有利于解决社员异质性问题。农场经营者有投资能力、有惠顾需求、有风险共担意识，同质性强，协调成本低，略加鼓励和扶持，一个规范的合作社就呼之欲出。笔者早在 2005 年于浙江温州调研过一个养猪合作社，该合作社由十几个养猪大户组成，规模最大的养猪场年出栏量在 2 万头以上，最小的年出栏量也有 5000 头。该合作社统一聘请兽医，统一防控疫病，积极进行品种改良，共同投资约 160 万元建了一个粗饲料加工厂，饲料主要销售给社员。笔者去调研时赶上合作社召开全体社员大会，讨论申请生猪定点屠宰许可证，共同投资建设自己的屠宰场以及自己的销售渠道。这个合作社是笔者多年合作社调研中印象深刻的一个，也是运行最为规范的合作社，其秘诀就在于社员利益的高度一致性。

第三，一些地方已经开始出现家庭农场合作社的成功案例。在当前家庭农场大发展的前提下，一些地方以家庭农场为基础的合作社已经开始破题。浙江“全旺道米家庭农场专业合作社”成立于 2018 年 2 月，由 25 家规模在 100 亩以上的种粮家庭农场组建，经营土地总面积 5714 亩，是一家在每个社员充分协商、充分知晓合作社法律规范基础上，自愿联合组建的合作社，从源头上避免了“拉郎配”“被社员”“一人社”等之前普遍存在的不规范病根。合作社统一调配布置全年早、中、晚稻种植方案、统一购进肥料、统一防治病虫害、共同出资建设烘干房，通过“N 统一”，有效降低了生产成本，提高了经营效益。由于涉及每家每户的切身利益，家庭农场积极参与民主管理，克服了原来合作社普通社员参与不足的问题，开会多成为其重要特征。再比如，江苏省泰州市近千户家庭农场组建服务联盟，进行水稻病虫害统防统治、粮食烘干、集中育秧和综合性农机服务，大大提高了在购买农资和农机服务时的谈判地位，也是一个有益的尝试。

需要注意的是，以家庭农场为基础组建合作社并不意味着排斥小农户融入农业现代化服务体系。有意愿和需求的小农户也可以加入合作社，即使不加入合作社，由于合作社存在竞争标尺的作用，小农户也可以享受合作社组织化的溢出效应。

三、对兼业小农的合作化应另辟蹊径

对于兼业小农来讲，他们不愿也不能付出更多的时间、精力和金钱参与专业合作社的发展，以地缘为基础、为兼业小农提供全方位服务的组织就显得十分必要。例如，日本综合农协自上而下建立，其益农性有立法保障，并且建立了严格的监管制度，农协的工作人员职业化特征明显，不必全由农民兼任。农民只要付出不大的投资，就有健全的制度保障其获得由农协提供的服务，在这一点上值得我国借鉴。值得注意的是，日本因为综合农协的日益僵化和远离农户问题正在对其进行改革，审慎看待综合农协产生的背景、条件、优势和缺陷是应有的态度。

目前，我国有一些地方正在开展类似综合农协的合作组织在我国发展的试验，特别是供销社系统基于计划经济时代遗留下来的合作社遗产，对领办以区域为基础的综合性的合作社开展改革试点，其成效值得拭目以待。刚刚进行的农民专业合作社法修法去掉了“同类”的限制，用更加开放的态度涵盖多种类型合作社，为以地缘为基础的综合性的合作社的发展提供了更广阔的空间。

四、为农民专业合作社提供更加丰富的制度安排

首先，应该丰富合作社类型供给。目前，我国实践中出现的农民合作社不

仅包括专业合作社,还包括土地股份合作社、农机服务合作社(可以理解为农机手拥有的合作社),以及集体产权制度改革后出现的村集体(股份)经济合作社,一些地方还出现了诸如垃圾处理合作社、消费合作社等,还有一些地方尝试发展对兼业小农更加友好的综合性农民合作组织。这些组织性质不同,应当由不同的法律予以调整,而不是泛化合作社的概念以涵盖不同性质的组织。一方面,泛化的结果会使一些基本概念和分类失去本体性,平添无谓的争论(关于土地股份合作社中"惠顾"的讨论就是典型的例子);另一方面,丰富的合作社类型可以使实践中的合作社各就其位,减少理论和实践的不一致,减少合作社的异化。

其次,应该丰富除合作社以外的农民组织制度。例如,日本除了综合农协,还有专业农协、农业企业、农事组合法人等各类组织供农户选择,各有优势,农民可以根据自身的需求对号入座。美国农民组织化的企业类型也十分丰富,除了传统的合作社、新一代合作社,还包括统一有限合作社(Limited Cooperative Association)、有限责任企业(Limited Liability Company,LLC)、农民合作社建立的合资企业(Joint venture)等等,避免因组织供给不足给农业组织化的创新带来障碍。归根结底,合作社只是农民组织化路径的一种,不必拘泥于合作社一种,这些地区的思路都可供我国参考。

五、为合作社的发展营造更有利的社会环境

首先,要加强对普通农民的合作社教育和民主议事启蒙。一人一票,民主管理是合作社的核心原则之一,社员要逐渐学会如何通过民主议事规则来参与合作社的重大事项决策。徐勇认为,由于特定的历史条件,西方国家在市场经济和市民社会中内生出民主自治形式、民主规则和议事程序及其相应的公民意识相对成熟,成为合作社萌芽的基础。① 在我国,合作社是舶来品,当前

① 参见徐勇:《村民自治的成长:行政放权与社会发育——1990年代后期以来中国村民自治发展进程的反思》,《华中师范大学学报(人文社会科学版)》2005年第2期。

鼓励发展的农民专业合作社与新中国成立初期建立生产者劳动合作组织不同,是建立在农户独立经营决策基础上的在某些环节上的合作,这对我国绝大多数农民来讲都是新生事物。目前,针对合作社领办者的教育和培训有很大进展,但是针对普通农户的合作社教育还有很大空间,应该探索更加有效的合作社教育渠道,加大宣传规模和力度。

其次,要重视合作社的社会和文化价值。目前,我国的合作社立法主流是把合作社当做一种特殊的企业,强调赋予合作社与其他企业平等的法律地位,重视的主要是其经济功能。然而,从合作社发展的起源以及国际合作社联盟对合作社的定义可以看到合作社对人文主义的追求。1995 年合作社联盟成立 100 周年大会将合作社的基本价值概括为"自助、民主、公平和团结",合作社信奉诚实、公平、社会责任和关心他人的道德价值观。许建明认为合作社提供着类似于国家提供的公共品,它不是企业契约,而是社会契约,"一人一票的民主控制"是合作社的社会契约性质的应有之义。① 运行规范的合作社往往对其成员收入增长的贡献更大,强调合作社的社会和文化价值既是政府扶持合作社的合法性所在,也是提高普通社员分享合作社收益的有效途径。因此,应当扭转单纯从产业政策视角出发的合作社政策,兼顾合作社发展的社会效应。

① 参见许建明:《政府如何科学有效扶持合作社发展》,《中国农民合作社》2016 年第 10 期。

附录一：历年“中央一号文件”有关农民合作社的工作要点

年份	主要内容	扶持手段	主要支持业务	规制手段
2004	(1)鼓励发展各类农产品专业合作组织、购销大户和农民经纪人。 (2)积极推进有关农民专业合作组织的立法工作。 (3)中央和地方要安排专门资金,支持农民专业合作组织开展信息、技术、培训、质量标准与认证、市场营销等服务。 (4)有关金融机构支持农民专业合作组织建设标准化生产基地、兴办仓储设施和加工企业、购置农产品运销设备,财政可适当给予贴息。	(1)推动立法 (2)财政补贴 (3)金融支持	(1)开展信息、技术、培训、质量标准与认证、市场营销等服务。 (2)建设标准化生产基地、兴办仓储设施和加工企业、购置农产品运销设备。	
2005	(1)对(农民)专业合作组织及其所办加工、流通实体适当减免有关税费。	(1)税收优惠		
2006	(1)积极引导和支持农民发展各类专业合作经济组织,加快立法进程,加大扶持力度,建立有利于农民合作经济组织发展的信贷、财税和登记等制度。	(1)财政支持 (2)金融支持 (3)税收优惠 (4)完善登记制度		
2007	(1)认真贯彻农民专业合作社法……各地要加快制定推动农民专业合作社发展的实施细则,有关部门要抓紧出台具体登记办法、财务会计制度和配套支持措施。 (2)要采取有利于农民专业合作组织发展的税收和金融政策,增大农民专业合作社建设示范项目资金规模。着力支持农民专业合作组织开展市场营销、信息服务、技术培训、农产品加工储藏和农资采购经营。 (3)支持……农民专业合作组织等直接向城市超市、社区菜市场和便利店配送农产品。	(1)完善法律 (2)税收政策 (3)金融政策 (4)财政补贴	(1)开展市场营销、信息服务、技术培训。 (2)农产品加工储藏和农资采购经营。 (3)直接向城市超市、社区菜市场和便利店配送农产品。	

续表

年份	主要内容	扶持手段	主要支持业务	规制手段
2008	(1)抓紧出台配套法规政策,尽快制定税收优惠办法,清理取消不合理收费。 (2)各级财政要继续加大对农民专业合作社的扶持,农民专业合作社可以申请承担国家的有关涉农项目。	(1)财政补贴 (2)税收优惠 (3)承担涉农项目		
2009	(1)开展示范社建设行动。 (2)加强合作社人员培训,各级财政给予经费支持。 (3)将合作社纳入税务登记系统,免收税务登记工本费。 (4)尽快制定金融支持合作社、有条件的合作社承担国家涉农项目的具体办法。	(1)人员培训 (2)税收优惠 (3)金融支持 (4)承担涉农项目		(1)示范社建设
2010	(1)深入推进示范社建设行动,对服务能力强、民主管理好的合作社给予补助。 (2)各级政府扶持的贷款担保公司要把农民专业合作社纳入服务范围,支持有条件的合作社兴办农村资金互助社。 (3)扶持农民专业合作社自办农产品加工企业。	(1)财政补贴 (2)金融支持	(1)开展资金互助 (2)农产品加工	(1)示范社建设,强调服务能力强,民主管理好
2011	无			
2012	(1)通过政府订购、定向委托、招投标等方式,扶持农民专业合作社……农民用水合作组织等社会力量广泛参与农业产前、产中、产后服务。 (2)推进示范社建设行动,促进农民专业合作社规范运行。 (3)支持农民专业合作社兴办农产品加工企业或参股龙头企业。 (4)有序发展农村资金互助组织,引导农民专业合作社规范开展信用合作……继续发展农户小额信贷业务,加大对……农民专业合作社……的信贷投放力度。 (5)加大信贷支持力度,鼓励……农机合作社购置大中型农机具。 (6)支持农民专业合作社在城市社区增加直供直销网点,形成稳定的农产品供求关系。	(1)承担涉农项目 (2)金融支持	(1)产前、产中、产后服务 (2)兴办加工企业 (3)开展信用合作 (4)购置大中型农机具 (5)建设农产品直供直销网点	(1)示范社建设

续表

年份	主要内容	扶持手段	主要支持业务	规制手段
2013	(1)实行部门联合评定示范社机制,分级建立示范社名录,把示范社作为政策扶持重点。 (2)安排部分财政投资项目直接投向符合条件的合作社,引导国家补助项目形成的资产移交合作社管护,指导合作社建立健全项目资产管护机制。逐步扩大农村土地整理、农业综合开发、农田水利建设、农技推广等涉农项目由合作社承担的规模。 (3)对示范社建设鲜活农产品仓储物流设施、兴办农产品加工业给予补助。 (4)在信用评定基础上对示范社开展联合授信,有条件的地方予以贷款贴息,规范合作社开展信用合作。 (5)完善合作社税收优惠政策,把合作社纳入国民经济统计并作为单独纳税主体列入税务登记,做好合作社发票领用等工作。	(1)承担涉农项目力度加大 (2)金融支持 (3)完善税收优惠	(1)鲜活农产品仓储物流设施、兴办农产品加工业。 (2)可以承担农村土地整理、农业综合开发、农田水利建设、农技推广等。 (2)开展信用合作	(1)规范示范社评比。 (2)建立健全项目资产管护机制。
2014	(1)鼓励发展专业合作、股份合作等多种形式的农民合作社。 (2)引导规范运行,着力加强能力建设。 (3)允许财政项目资金直接投向符合条件的合作社,允许财政补助形成的资产转交合作社持有和管护,有关部门要建立规范透明的管理制度。 (4)引导发展农民专业合作社联合社。 (5)鼓励地方政府和民间出资设立融资性担保公司,为新型农业经营主体提供贷款担保服务。 (6)落实和完善相关税收优惠政策,支持农民合作社发展农产品加工流通。	(1)承担涉农项目 (2)金融支持 (3)税收优惠	(1)发展合作社联社	(1)引导规范运行 (2)对财政建设项目要建立规范透明的管理制度。
2015	(1)促进规范发展,实行年度报告公示制度,深入推进示范社创建行动。			(1)规范发展 (2)实行年度报告公示制度 (3)示范社创建
2016	(1)加强农民合作社示范社建设。 (2)支持合作社发展农产品加工流通和直供直销。 (3)扩大在农民合作社内部开展信用合作试点的范围,健全风险防范化解机制,落实地方政府监管责任。		(1)农产品加工流通和直供直销 (2)开展信用合作试点	(1)加强示范社建设

续表

年份	主要内容	扶持手段	主要支持业务	规制手段
2017	(1)加强农民合作社规范化建设，积极发展生产、供销、信用“三位一体”综合合作。 (2)支持有条件的乡村建设以农民合作社为主要载体、让农民充分参与和受益，集循环农业、创意农业、农事体验于一体的田园综合体通过农业综合开发、农村综合改革转移支付等渠道开展试点示范。 (3)开展农民合作社内部信用合作试点，鼓励发展农业互助保险。		(1)发展“三位一体”综合合作 (2)参与农业综合开发 (3)信用合作试点 (4)发展农业互助保险	(1)加强规范化建设
2018	(1)实施新型农业经营主体培育工程，培育发展家庭农场、合作社、龙头企业、社会化服务组织和农业产业化联合体，发展多种形式适度规模经营。 (2)创新培训机制，支持农民专业合作社、专业技术协会、龙头企业等主体承担培训。		(1)适度规模经营 (2)承担培训	
2019	(1)支持发展适合家庭农场和农民合作社经营的农产品初加工。 (2)支持……农民合作社等开展农技推广、土地托管、代耕代种、统防统治、烘干收储等农业生产性服务。 (3)突出抓好家庭农场和农民合作社两类新型农业经营主体……开展农民合作社规范提升行动，深入推进示范合作社建设，建立健全支持……农民合作社发展的政策体系和管理制度。 (4)落实扶持小农户和现代农业发展有机衔接的政策，完善“农户+合作社”、“农户+公司”利益联结机制。		(1)农产品初加工 (2)开展农技推广、土地托管、代耕代种、统防统治、烘干收储等农业生产性服务。	(1)开展农民合作社规范提升行动 (2)深入推进示范合作社建设 (3)完善“农户+合作社”、“农户+公司”利益联结机制
2020	(1)国家支持……农民合作社……建设产地分拣包装、冷藏保鲜、仓储运输、初加工等设施，对其在农村建设的保鲜仓储设施用电实行农业生产用电价格。 (2)重点培育家庭农场、农民合作社等新型农业经营主体，培育农业产业化联合体，通过订单农业、入股分红、托管服务等方式，将小农户融入农业产业链。		(1)建设产地分拣包装、冷藏保鲜、仓储运输、初加工等设施 (2)帮助小农户融入农业产业链。	
2021	(1)突出抓好家庭农场和农民合作社两类经营主体，鼓励发展多种形式适度规模经营。 (2)推进农民合作社质量提升，加大对运行规范的农民合作社扶持力度。 (3)稳妥规范开展农民合作社内部信用合作试点。		(1)适度规模经营 (2)内部信用试点	(1)推进农民合作社质量提升

续表

年份	主要内容	扶持手段	主要支持业务	规制手段
2022	(1)支持家庭农场、农民合作社、农业产业化龙头企业多种粮、种好粮。 (2)支持农业服务公司、农民合作社、农村集体经济组织、基层供销合作社等各类主体大力发展单环节、多环节、全程生产托管服务。		(1)多种粮、种好粮 (2)发展单环节、多环节、全程生产托管服务	
2023	(1)支持家庭农场、农民合作社和中小微企业等发展农产品产地初加工 (2)支持家庭农场组建农民合作社、合作社根据发展需要办企业,带动小农户合作经营、共同增收。		(1)发展农产品产地初加工 (2)合作社办企业	

附录二：社员合作社参与行为调查问卷

一、社员的个体特征和家庭特征

1. 请填表

（单位：元）

年龄	性别	受教育年限（年）	家庭人口数	家庭劳动力人数	农业劳动力人数	（合作社相关）农业经营规模	年销售收入（合作社相关）	年纯收入（合作社相关）	从事该行业时间（年）

2. 2015 年您家总收入大约是____________元。（总的纯收入）

3. 您于______年加入合作社。

4. 您了解合作社是什么样的组织吗？

（1）完全了解　（2）比较了解　（3）一般　（4）不太了解　（5）一点也不了解

5. 您是通过什么渠道了解合作社知识的？

（1）政府主管部门宣传　（2）媒体　（3）合作社发起者　（4）亲朋好友

6. 农民专业合作社是由农户联合起来组建的企业，其基本特征是：社员所有（社员向合作社投资）、社员控制（一般是一人一票，重大事务由社员（代表）大会投票决定）和社员受益（社员按交易量分红）。

对照上述标准，如果5分满分，您对您所在的合作社在“社员所有、社员控制、社员受益”方面打几分？

社员所有　1　2　3　4　5

社员控制　1　2　3　4　5

社员受益　1　2　3　4　5

7. 如果有一个合作社可以提高您的农业收益，但是需要您做相应的投资并承担风险，您愿意投资吗？

（1）愿意　（2）不愿意　（3）说不好

8. 您参加过合作社组建工作吗？　（1）是　（2）否

9. 您是在什么情况下加入合作社的？

（1）合作社的政策宣传、发展计划等吸引了我，我主动加入

（2）合作社管理层拉我入社　（3）亲友邻居加入了，我也跟着加入

（4）政府的宣传、鼓励使我有信心，吸引了我

（5）当地政府组织拉我加入　（6）其他

10. 您在合作社中的身份是？

（1）理事会成员　（2）监事会成员　（3）社员代表　（4）普通社员

11. 您是否同时还是合作社雇佣的工作人员？　（1）是　（2）否

12. 您在合作社入股了吗？　（1）是　（2）否

如果是，您的入股资金是______元，占全社股份的______%。

13. 如果合作社近期打算向社员募股，您愿意在合作社增加投资吗？

（1）愿意　（2）不愿意

14. 如果愿意，主要原因是：

（1）出资是每个社员的责任和义务　（2）有资金合作社会发展得更好

（3）可以得到更多的分红　（4）其他

15. 如果不愿意，主要原因是：

（1）担心合作社经营管理不善，投资失败　（2）投资回报不多

(3)入股了就要多关注合作社的事情，但自己没时间

(4)自家生产规模小，不值得投资　　　　(5)其他

16. 2015年，您所生产的产品有____%通过合作社销售，投入品有____%通过合作社购买。

17. 您选择与合作社交易的原因是

(1)价格更好　　　　(2)交易更方便

(3)合作社的生产资料质量可靠　　　　(4)为了支持合作社的业务发展

(5)出于对合作社领导者的信任　　　　(6)没有其他更好的渠道

(7)有二次返利　　　　(8)其他

18. 您选择不与合作社交易的原因是

(1)价钱不合适　　　　(2)没有盈余返还

(3)产品质量不符合合作社标准　　　　(4)其他

19. 您积极参加合作社的技术培训吗？

(1)不积极　(2)不太积极　(3)一般　(4)比较积极　(5)非常积极

20. 您能严格执行合作社规定的技术标准和规程吗？

(1)不严格　(2)不太严格　(3)一般　(4)比较严格　(5)非常严格

21. 您积极参加合作社社员(代表)大会吗？

(1)不积极　(2)不太积极　(3)一般　(4)比较积极　(5)非常积极

22. 合作社的重大事务包括章程修订、合作社理事会和监事会的选举与罢免、重要财产处置、对外投资等重大事项、年度财务报告、盈余分配方案、社员入社退社等，您是否经常关注这些内容？

(1)完全不关注　(2)不太关注　(3)一般　(4)比较关注　(5)强烈关注

23. 您是否经常就合作社的各项事务管理向理事会、监事会、社员代表等反映自己的想法和意见？

(1)从不　(2)较少　(3)一般　(4)比较频繁　(5)很频繁

24. 您加入合作社后主要获得了哪些方面的好处？

(1)更优惠化肥、种子、农药价格　(2)更有吸引力的产品销售价格

(3)分享农机设备以及更便宜的农业技术服务

(4)获得专业的农业技术培训,有利于提高产量或质量

(5)按交易额返利　　　　　　(6)按股分红

(7)稳定的销售渠道　　　　　(8)更容易获得贷款

(9)获得农业生产信息　　　　(10)其他

25. 2015 年度,您获得过合作社年度盈余的二次返还吗?

(1)是　　(2)否

如果是,您的交易额占全社的比例是______%,盈余返还______元。

26. 2015 年度,您获得过股份分红吗?　(1)是　　(2)否

如果是,获得了______元。

27. 您有自己的成员账户吗?　(1)是　　(2)否

28. 合作社提取的公积金、公益金、风险金和发展基金有没有量化到您的成员账户?　(1)是　　(2)否

29. 合作社获得的政府扶持资金是否量化到了您的成员账户?

(1)是　　(2)否

30. 合作社的健康发展离不开社员的积极参与,例如,社员应该投资入股,为合作社发展业务提供必要的资金;将生产的产品卖给合作社,从合作社购买生产资料,扩展合作社的业务;执行合作社的技术要求和标准,改进产品质量;社员还要关心合作社的重大事务决策,抽出时间和精力参加合作社的会议,就修改合作社章程、选举和罢免合作社领导、决定重要财产处置、对外投资等重大事项、批准年度业务报告和盈余分配方案等发表意见。下面是对社员参与行为的一些描述,请选择最能代表您看法的数字,数字越大表示您越赞同这种看法。

1	2	3	4	5
完全不同意	不太同意	一般	比较同意	完全同意

请根据您在一般情形下所持有的最直接的反应来作答，不需要考虑太久。这不是测验，与个人的价值标准无关，没有标准答案。您填写的信息对本研究极其重要，请您将所有题目答完。

编号	问题	选项
1	参与合作社的事务有利于解决我的产品销售和生产资料购买问题	
2	参与合作社的事务有利于解决我的生产技术问题	
3	参与合作社的事务可以提高我的收入	
4	参与合作社的事务可以帮我赢得其他社员的尊重	
5	参与合作社的事务可以使合作社发展得更好	
6	参与合作社的事务可以使每个社员的境况都变得更好	
7	参与合作社的事务可以带动地方产业发展	
8	如果合作社需要，我愿意向合作社追加投资	
9	我愿意保持并扩大与合作社的交易	
10	我愿意执行合作社推行的操作规程和技术标准	
11	我愿意抽出时间和精力参与合作社的民主管理	
12	参与合作社的事务是每个社员的权利和义务	
13	参与合作社的事务对我很重要	
14	我愿意劝说其他社员也积极参与合作社的事务	
15	我的家人和朋友认为我应该参与合作社的事务	
16	合作社的其他社员认为我应该参与合作社的事务	
17	合作社的管理层认为我应该参与合作社的事务	
18	政府主管部门鼓励我积极参与合作社的事务	
19	我能够获得有关合作社民主管理的知识	
20	我能够获得有关合作社经营管理的知识	
21	我有能力参与合作社的事务	
22	我有足够的时间、金钱和精力参与合作社的事务	

续表

编号	问题	选项
23	我有机会参与合作社的事务	
24	我计划积极参与合作社的各项事务	
25	我愿意克服困难参与合作社的事务	
26	在现有条件下我打算参与合作社的事务	
27	未来我会经常参与合作社的事务	
28	参与合作社事务能带来的收入提高对我参与合作社事务有影响	
29	参与合作社事务需要花费的时间和精力对我参与合作社的事务有影响	
30	投资合作社的风险对我参与合作社的事务有影响	
31	政府的宣传和鼓励对我参与合作社的事务有影响	
32	政府对合作社的规范和引导对我参与合作社的事务有影响	
33	政府对合作社的优惠政策对我参与合作社的事务有影响	
34	其他社员的参与对我参与合作社的事务有影响	

附录三：农民合作社带头人对社员有效参与的激发行为调查问卷

填表说明：

请根据您在一般情形下所持有的最直接的观念、感觉或行为来作答，不需要考虑太久。这不是测验，与个人的价值标准无关，没有标准答案。您填写的信息对本研究极其重要，请您将所有题目答完，我们会对您的回答严格保密。谢谢！

你所在的省份：

您的联系方式：

一、您的基本情况

1. 请填表（在相应题号前打√）

年龄	性别	受教育年限	是否党员	是否村干部	户口	常年居住地
岁	①男 ②女	年	①是 ②否	①是 ②否	①农业 ②城镇	①城市 ②农村

2. 您办合作社前从事的行业是：

0 无业　①农业　②工业　③商业服务业　④建筑业

3. 办合作社前,您的职业是:

0 无业　①农业劳动者　②外出务工　③农业雇工

④个体工商户　⑤合伙企业主　⑥民营公司所有者

⑦高级职业经理人　⑧乡村知识分子(乡村教师、医生等)

⑨政府工作人员　⑩军人或学生　⑪下岗职工　⑫工矿业职工

⑬养殖业　⑭其他(请注明)________________

4. 除合作社外,你是否其他企业的法人或大股东?　①是　②否

5. 办社前您的年纯收入约______万元,目前约为______万元。

6. 目前,您本人还从事与合作社业务相关的农业生产吗?　①是　②否

二、所在合作社的情况

1. 贵社于____年注册成立,注册资金____万元,注册时有社员____名,目前合作社有社员____名。

2. 贵社具体从事什么行业?

①粮食作物种植　②棉花、油料、糖料种植　③园艺、蔬果、药材

④林果业　⑤畜牧业　⑥水产养殖　⑦渔业　⑧育种

⑨农机服务　⑩设施农业承建

⑪特色产业(如保健垫等,请说明____________)　⑫销售联合社

⑬其他(请注明)________________

3. 贵社本身目前主要经营的业务包括:(可多选)

①向社员提供技术和信息服务

②向社员提供农机和病虫害防治等服务

③农资采购和销售

④牵线农产品销售(指经纪业务,赚取佣金)

⑤产品运销(指先购后销,赚取差价)

⑥产品粗加工

⑦产品深加工

⑧为农户从银行贷款提供融资担保

⑨直接为农户提供贷款

⑩其他（请注明）__________

4. 贵社的理事会、监事会是如何产生的？

①发起者商定　　②社员开会推举

5. 贵社的章程是如何制定的？

①由理事会制定　　②由理事会和监事会制定

③由社员（代表）大会讨论制定

6. 仅从货币出资的角度，合作社核心社员（指出大股的人员）持有的股份占全社的比例是______%。

7. 目前，合作社社员的产品大约______%是通过合作社进行交易的。

8. 目前，合作社的监事会制度运转如何？

①完全不运转　　②较少起作用　　③一般　　④运转比较完善

⑤非常完善

9. 目前，合作社的社员代表大会制度运转如何？

①完全不运转　　②较少起作用　　③一般　　④运转比较完善

⑤非常完善

10. 目前，合作社《农民专业合作社财务会计制度》落实得如何？

①完全未落实　　②落实较少　　③一般　　④落实较好

⑤完全落实

三、带头人对合作社的认识

1. 您最早从______年开始了解合作社？

2. 您通过什么渠道了解合作社的？

①政府相关部门　②媒体　③亲朋介绍

3. 最初,您是出于什么想法注册合作社?

①政府有优惠政策　②稳定货源　③稳定销售市场

④想带动农民致富　⑤其他(请注明)________

4. 作为合作社的主要负责人,请您评价您对合作社知识的了解程度:

①一点儿也不了解　②不太了解　③一般　④比较了解

⑤完全了解

5. 您认为给普通社员投票权合理吗?

①不合理　②合理　③说不好

6. 请问,您认为下列哪些项目属于二次返利?(可多选)

①地租　②雇工工资　③优惠的技术和农机服务　④按股分红

⑤优惠的生产资料和产品销售价格　⑥利润中的按交易额分配部分

7. 近三年,贵社以下几项指标是增加了还是减少了?

社员的数量	①增加了　②不变　③减少了
普通社员在合作社的持股比例	①增加了　②不变　③减少了
社员通过合作社销售或者购买的产品比例	①增加了　②不变　③减少了
二次返利在利润中的比例	①增加了　②不变　③减少了
召开社员(代表)大会的次数	①增加了　②不变　③减少了

四、合作社带头人对社员有效参与的激发行为

社员参与是指社员通过各种形式参与合作社的生产经营活动。例如,社员应该投资入股,为合作社发展提供必要的资金;将生产的产品卖给合作社,从合作社购买生产资料,参加合作社的生产技术培训,执行合作社的生产标准;社员还要抽出时间和精力参加合作社的会议,就合作社重大事务(如修改章程、选举和罢免合作社领导、决定重要财产处置、对外投资、批准年度业务报

告和盈余分配方案等）发表意见；合作社的盈余主要按惠顾额返还等。下面是合作社理事长个人对提高社员有效参与的看法，请选择最能代表您看法的数字，数字越大表示您越赞同题目描述的看法。

1	2	3	4	5
完全不同意	有点不同意	一般	有点同意	完全同意

1. 提高社员的有效参与可以使合作社更好地发展　1　2　3　4　5

2. 提高社员的有效参与可以带动社员致富　1　2　3　4　5

3. 提高社员的有效参与可以使我赢得他人的尊重　1　2　3　4　5

4. 提高社员的有效参与可以满足政府的要求　1　2　3　4　5

5. 提高社员的有效参与对我很重要　1　2　3　4　5

6. 社员的积极参与对合作社很重要　1　2　3　4　5

7. 我愿意克服困难使社员有机会参与合作社的管理事务　1　2　3　4　5

8. 即使降低我的个人收入我也愿意提高社员的有效参与　1　2　3　4　5

9. 我愿意积极劝导其他合作社带头人也鼓励社员的积极参与　1　2　3　4　5

10. 合作社社员认为我应该提高其有效参与　1　2　3　4　5

11. 我的家人和朋友认为我应该努力提高合作社社员的有效参与　1 2 3 4　5

12. 我应该响应政府的号召提高社员的积极参与　1　2　3　4　5

13. 合作社的法律法规对我提高社员的有效参与行为有影响　1　2　3　4　5

14. 示范社的遴选机制对我提高社员的有效参与行为有影响　1　2　3　4　5

15. 同行对待社员有效参的态度和做法对我有影响　1　2　3　4　5

16. 我能够提高社员的有效参与　1　2　3　4　5

17. 我具有提高社员有效参与的方法和手段　1　2　3　4　5

18. 就提高合作社社员的有效参与方面我可以获得有关部门的支持　　1　2　3　4　5

19. 我能够通过与其他理事长进行交流获得提高社员有效参与的经验　　1　2　3　4　5

20. 我可以通过参加合作社知识培训了解如何提高社员的有效参与　　1　2　3　4　5

21. 我愿意努力提高社员的惠顾额　　1　2　3　4　5

22. 我愿意增加合作社社员获得的二次返利的比例　　1　2　3　4　5

23. 我愿意增加普通社员持股比例　　1　2　3　4　5

24. 我愿意吸引更多的社员入社　　1　2　3　4　5

26. 我愿意创造条件使社员有机会表达意见　　1　2　3　4　5

27. 我会定期将合作社财务情况向社员公开　　1　2　3　4　5

28. 我积极鼓励社员关注合作社的各项事务　　1　2　3　4　5

本问卷到此结束,再次对您的合作表示衷心感谢!!!

参考文献

一、著作

[1][以色列]Y.巴泽尔:《产权的经济分析》,上海三联书店、上海人民出版社 1997 年版。

[2][美]亨利·汉斯曼:《企业所有权论》,中国政法大学出版社 2001 年版。

[3][美]曼瑟尔·奥尔森:《集体行动的逻辑》,格致出版社、上海三联书店、上海人民出版社 1995 年版。

[4][美]西奥多·舒尔茨:《改造传统农业》,商务印书馆 1999 版。

[5][美]詹姆斯·C.斯科特:《农民的道义经济学》,译林出版社 2013 年版。

[6]张德峰:《美国合作社法》,法律出版社 2019 年版。

[7]张维迎:《企业的企业家—契约理论》,上海三联书店 1995 年版。

[8]张五常:《佃农理论》,商务印书馆 2000 年版。

二、论文

[1]蔡荣、李丰、胡应得:《成员异质性对集体行动的影响——来自村落共用设施和资源管理的研究证据》,《华中农业大学学报(社会科学版)》2014 年第 5 期。

[2]蔡荣:《农业合作社的合约安排:生产决策权配置——基于农户视角的实证分析》,《中国农村经济》2013 年第 4 期。

[3]曹斌:《清理空壳农民专业合作社中面临的"四难"问题和对策建议》,《农村金融研究》2020 年第 8 期。

[4]促进农民专业合作社健康发展研究课题组:《空壳农民专业合作社的形成原

因、负面效应与应对策略》,《改革》2019 年第 4 期。

[5]陈会广、钱忠好:《土地股份合作制中农民土地财产的剩余权与退出权研究》,《中国土地科学》2011 年第 7 期。

[6]陈江华、陶志、彭安明:《农民合作社理事长企业家才能对合作社绩效的影响》,《福建农林大学学报(哲学社会科学版)》2016 年第 3 期。

[7]陈楠、郝庆升:《基于 TPB 的龙头企业牵头合作经济组织的行为动力分析》,《中国农机化学报》2013 年第 6 期。

[8]陈燕、任晓冬、李晟之:《新形势下社员对专业合作社参与程度、合作行为与意愿分析——基于贵州省五个合作社的案例分析》,《农村经济》2019 年第 1 期。

[9]崔宝玉、刘峰、杨模荣:《内部人控制下的农民专业合作社治理——现实图景、政府规制与制度选择》,《经济学家》2012 年第 6 期。

[10]崔宝玉、孙倚梦:《农民合作社的贫困治理功能会失灵吗——基于结构性嵌入的理论分析框架》,《农业经济问题》2020 年第 12 期。

[11]崔宝玉、谢煜:《农民专业合作社:"双重控制"机制及其治理效应》,《农业经济问题》2014 年第 6 期。

[12]崔宝玉:《政府规制、政府俘获与合作社发展》,《南京农业大学学报(社会科学版)》2014 年第 5 期。

[13]邓衡山、王文烂:《合作社的本质规定与现实检视——中国到底有没有真正的农民合作社?》,《中国农村经济》2014 年第 7 期。

[14]邓衡山、徐志刚、柳海燕:《中国农民专业合作经济组织发展现状及制约因素分析——基于全国 7 省 760 个村的大样本调查》,《现代经济探讨》2010 年第 8 期。

[15]邓衡山、徐志刚、应瑞瑶、廖小静:《真正的农民专业合作社为何在中国难寻?——一个框架性解释与经验事实》,《中国农村观察》2016 年第 4 期。

[16]邓衡山、徐志刚:《〈农民专业合作社法〉需要大改吗?——兼论名实之辨的意义与是否需要发展中国特色合作社理论》,《农业经济问题》2016 年第 11 期。

[17]邓衡山:《不规范的合作社是不是真正的合作社》,《中国农民合作社》2016 年第 8 期。

[18]杜吟棠、潘劲:《我国新型农民合作社的雏形——京郊专业合作组织案例调查及理论探讨》,《管理世界》2000 年第 1 期。

[19]段文婷、江光荣:《计划行为理论述评》,《心理科学进展》2008 年第 2 期。

[20]樊红敏:《新型农民专业合作经济组织内卷化及其制度逻辑——基于对河南省 A 县和 B 市的调查》,《中国农村观察》2011 年第 6 期。

[21]范小建:《农民专业合作经济组织面临的机遇与挑战——在农民专业合作经济组织工作座谈会上的开幕词》,《农村合作经济经营管理》1999 年第 11 期。

[22]冯小:《农民专业合作社制度异化的乡土逻辑——以“合作社包装下乡资本”为例》,《中国农村观察》2014 年第 2 期。

[23]傅晨:《“新一代合作社”:合作社制度创新的源泉》,《中国农村经济》2003 年第 6 期。

[24]高华云:《盈余分配、契约选择与农民专业合作社发展——基于核心成员、普通成员及政府之间的博弈分析》,《中南民族大学学报(人文社会科学版)》2018 年第 5 期。

[25]宫哲元:《集体行动逻辑视角下合作社原则的变迁》,《中国农村观察》2008 年第 5 期。

[26]郭红东、陈敏:《农户参与专业合作社的意愿及影响因素》,《商业研究》2010 年第 6 期。

[27]郭玮:《农民的合作:经济学家不应过度热情》,《经济学消息报》2005 年 6 月 17 日。

[28]国鲁来:《合作社制度及专业协会实践的制度经济学分析》,《中国农村观察》2001 年第 4 期。

[29]何慧丽:《合作社如何“不空壳”》,《人民论坛》2019 年第 4 期。

[30]何苏娇:《农民专业合作社示范社评定研究》,河北经贸大学 2020 年硕士学位论文。

[31]胡联、卢杨、张小雨、王唤明:《新形势下我国农民专业合作社外部监管完善的必要性》,《农业经济问题》2020 年第 3 期。

[32]黄洁、鲁冰蕊、郭圆:《制度逻辑、制度矛盾与合作社的“公司化”》,《农业经济问题》2020 年第 1 期。

[33]黄珺、顾海英、朱国玮:《中国农户合作行为的博弈分析和现实阐释》,《中国软科学》2005 年第 12 期。

[34]黄胜忠、伏红勇:《成员异质性、风险分担与农民专业合作社的盈余分配》,《农业经济问题》2014 年第 8 期。

[35]黄胜忠、林坚、徐旭初:《农民专业合作社治理机制及其绩效实证分析》,《中国农村经济》2008 年第 3 期。

[36]黄胜忠、张海洋:《农民专业合作社理事长胜任特征及其绩效的实证分析》,《经济与管理》2014 年第 5 期。

[37]黄胜忠:《转型时期农民专业合作社的组织行为研究——基于成员异质性的视角》,浙江大学2007年博士学位论文。

[38]黄胜忠、林坚、徐旭初:《农民专业合作社治理机制及其绩效实证分析》,《中国农村经济》2008年第3期。

[39]黄宗智、龚为纲、高原:《“项目制”的运作机制和效果是“合理化”吗?》,《开放时代》2014年第5期。

[40]黄宗智:《略论华北近数百年的小农经济与社会变迁——兼及社会经济史研究方法》,《中国社会经济史研究》1986年第2期。

[41]黄祖辉、梁巧:《小农户参与大市场的集体行动——以浙江省箬横西瓜合作社为例的分析》,《农业经济问题》2007年第9期。

[42]黄祖辉、邵科:《合作社的本质规定性及其漂移》,《浙江大学学报(人文社会科学版)》2009年第4期。

[43]黄祖辉、徐旭初、冯冠胜:《农民专业合作组织发展的影响因素分析——对浙江省农民专业合作组织发展现状的探讨》,《中国农村经济》2002年第3期。

[44]黄祖辉、徐旭初:《基于能力和关系的合作治理——对浙江省农民专业合作社治理结构的解释》,《浙江社会科学》2006年第1期。

[45]黄祖辉、徐旭初:《中国的农民专业合作社与制度安排》,《山东农业大学学报(社会科学版)》2005年第4期。

[46]黄祖辉:《农民合作:必然性、变革态势与启示》,《中国农村经济》2000年第8期。

[47]冀县卿:《企业家才能、治理结构与农地股份合作制制度创新——对江苏渌洋湖土地股份合作社的个案解析》,《中国农村经济》2009年第10期。

[48]解安、朱慧勇:《股份合作制的治理机制及其创新实践——西班牙蒙德拉贡合作社的借鉴与启示》,《中共浙江省委党校学报》2016年第5期。

[49]李二超:《当前我国农民专业合作社适用税收优惠政策解读》,《中国农民合作社》2010年第9期。

[50]李凤玉:《仁发合作社启示录》,《农村经营管理》2017年第7期。

[51]李京诚:《合理行为、计划行为与社会认知理论预测身体锻炼行为的比较研究》,《天津体育学院学报》1999年第2期。

[52]李荣耀:《农户对农业社会化服务的需求优先序研究——基于15省微观调查数据的分析》,《西北农林科技大学学报(社会科学版)》2015年第1期。

[53]梁巧、黄祖辉:《关于合作社研究的理论和分析框架:一个综述》,《经济学家》

2011 年第 12 期。

[54]梁巧:《合作社对农户生产效益和规模效率的影响——基于理论模型和经验研究》,浙江大学 2010 年博士学位论文。

[55]廖景风:《金融支持农民专业合作社的现实问题及对策建议——以衡阳为例》,《金融经济》2019 年第 2 期。

[56]廖小静、应瑞瑶、邓衡山、徐志刚:《收入效应与利益分配:农民合作效果研究——基于农民专业合作社不同角色农户受益差异的实证研究》,《中国软科学》2016 年第 5 期。

[57]廖晓明、方婷、邱俊柯:《农民合作社发展:社会资本与合作参与——基于多案例比较研究》,《南京农业大学学报(社会科学版)》2023 年第 2 期。

[58]林坚、黄胜忠:《成员异质性与农民专业合作社的所有权分析》,《农业经济问题》2007 年第 10 期。

[59]林坚、马彦丽:《农业合作社和投资者所有企业的边界——基于交易费用和组织成本角度的分析》,《农业经济问题》2006 年第 3 期。

[60]林琳:《拖延行为的干预:计划行为理论和实施意向的影响》,《心理学报》2017 年第 7 期。

[61]林毅夫:《90 年代中国农村改革的主要问题与展望》,《管理世界》1994 年第 3 期。

[62]林毅夫、沈明高:《我国农业技术变迁的一般经验和政策含义》,《经济社会体制比较》1990 年第 2 期。

[63]刘登高:《试点示范　典型引路　积极扶持农民专业合作经济组织发展》,《农村经营管理》2004 年第 3 期。

[64]刘慧君、蔡艳芝:《计划行为模型在 HIV 性风险行为领域的应用与发展》,《心理科学进展》2008 年第 1 期。

[65]刘老石:《合作社实践与本土评价标准》,《开放时代》2010 年第 12 期。

[66]刘同山、孔祥智:《精英行为、制度创新与农民合作社成长——黑龙江省克山县仁发农机合作社个案》,《商业研究》2014 年第 5 期。

[67]刘同山、苑鹏:《农民合作社是有效的益贫组织吗?》,《中国农村经济》2020 年第 5 期。

[68]刘同山:《让家庭农场作为农民合作社发展的根基》,《中国农民合作社》2019 年第 4 期。

[69]刘宇翔、王征兵:《芬兰农民合作组织管理的分析与借鉴:影响农民参与组织

管理的因素研究》,《农业经济问题》2009 年第 3 期。

[70]刘宇翔:《农民专业合作社发展中信任的影响因素分析——以陕西省为例》,《农业经济问题》2012 年第 9 期。

[71]柳金平:《农民专业合作社税收优惠政策的深化》,《农业经济问题》2010 年增刊。

[72]罗玉峰、邓衡山、陈菲菲、徐志刚:《农民专业合作社的农户参与:自选择还是被参与》,《农业现代化研究》2017 年第 1 期。

[73]罗剑朝、张珩:《农村信用社发展现状及改革方向》,《人民论坛》2023 年第 21 期。

[74]马彦丽、林坚:《集体行动的逻辑与农民专业合作社的发展》,《经济学家》2006 年第 2 期。

[75]马彦丽、孟彩英:《我国农民专业合作社的双重委托—代理关系——兼论存在的问题及改进思路》,《农业经济问题》2008 年第 5 期。

[76]马彦丽、施轶坤:《农户加入农民专业合作社的意愿、行为及其转化——基于 13 个合作社 340 个农户的实证研究》,《农业技术经济》2012 年第 6 期。

[77]马彦丽:《规范的合作社为何难发现》,《中国农民合作社》2017 年第 6 期。

[78]马彦丽:《农地股份合作社的固定租金契约优于分成契约——兼论农地股份合作社的功能定位和发展空间》,《农业经济问题》2019 年第 3 期。

[79]米新丽:《论农民专业合作社的盈余分配制度——兼评我国〈农民专业合作社法〉相关规定》,《法律科学(西北政法大学学报)》2008 年第 6 期。

[80]倪细云:《菜农参与蔬菜专业合作社的意愿及影响因素——基于 3 省 607 户的调查分析》,《西北农林科技大学学报(社会科学版)》2014 年第 3 期。

[81]潘劲:《中国农民专业合作社:数据背后的解读》,《中国农村观察》2011 年第 6 期。

[82]恰亚诺夫:《农民经济组织》,中央编译出版社 1996 年版。

[83]秦愚、苗彤彤:《合作社的本质规定性》,《农业经济问题》2017 年第 4 期。

[84]秦愚:《利用新集体行动理论揭示农民合作社制度》,《农业经济问题》2018 年第 3 期。

[85]秦愚:《农业合作社的资本问题——基于相关理论与实践的思考》,《农业经济问题》2015 年第 7 期。

[86]曲英、朱庆华:《城市居民生活垃圾源头分类行为意向研究》,《管理评论》2009 年第 9 期。

[87]任大鹏、郭海霞:《多主体干预下的合作社发展态势》,《农村经营管理》2009年第3期。

[88]任大鹏、于欣慧:《论合作社惠顾返还原则的价值——对"一次让利"替代二次返利的质疑》,《农业经济问题》2013年第2期。

[89]任梅:《农民专业合作社政府规制的价值取向:偏差与矫正》,《中国行政管理》2013年第10期。

[90]邵科、徐旭初:《合作社社员参与:概念、角色与行为特征》,《经济学家》2013年第1期。

[91]申端锋:《乡村治理的博弈术与正当性》,《读书》2008年第4期。

[92]沈苏彦:《国外基于计划行为理论的旅游者行为研究综述》,《商业经济》2011年第14期。

[93]孙亚范、余海鹏:《农民专业合作社制度安排对成员行为及组织绩效影响研究》,《南京农业大学学报(社会科学版)》2012年第4期。

[94]孙亚范:《农民专业合作社利益机制构建问题研究》,《扬州大学学报(人文社会科学版)》2014年第3期。

[95]孙亚范:《农民专业合作社治理中的社员参与意愿影响因素研究——基于江苏省的调查数据》,《经济问题》2014年第3期。

[96]谭智心、孔祥智:《不完全契约、内部监督与合作社中小社员激励——合作社内部"搭便车"行为分析及其政策含义》,《中国农村经济》2012年第7期。

[97]仝志辉、温铁军:《资本和部门下乡与小农户经济的组织化道路——兼对专业合作社道路提出质疑》,《开放时代》2009年第4期。

[98]王敬培、任大鹏:《"典范"标准:农民专业合作社示范社评选标准的研究》,《中国农业大学学报(社会科学版)》2016年第3期。

[99]王敬培:《典范制——基于对农民专业合作社示范社的研究》,中国农业大学2016年博士学位论文。

[100]王军、苑鹏、马旺林:《农民专业合作社示范社的示范效应分析——基于8省12县市614家农民专业合作社的比较研究》,《学习与实践》2021年第1期。

[101]王军:《中国农民专业合作社社员机会主义行为的约束机制分析》,《中国农村观察》2011年第5期。

[102]王曙光:《农民合作社的全要素合作、政府支持与可持续发展》,《农村经济》2008年第11期。

[103]王小映:《土地股份合作制的经济学分析》,《中国农村观察》2003年第6期。

[104]魏后凯:《新常态下中国城乡一体化格局及推进战略》,《中国农村经济》2016年第1期。

[105]温涛、张林:《农村金融发展的现实困境、模式创新与政策协同——基于产业融合视角》,《财经问题研究》2019年第2期。

[106]温铁军:《部门和资本“下乡”与农民专业合作经济组织的发展》,《经济理论与经济管理》2009年第7期。

[107]文婷、张应良:《土地股份合作社内部能形成利益联结机制吗?》,《西北农林科技大学学报(社会科学版)》2020年第1期。

[108]吴彬、徐旭初:《农民专业合作社的益贫性及其机制》,《农村经济》2009年第3期。

[109]吴金红、马丁丑:《欠发达地区农民专业合作社异化测度及实证分析——基于甘肃省示范性合作社的调研》,《农业现代化研究》2015年第1期。

[110]吴锐光、赵维清:《葡萄合作社社员产品交易行为影响因素分析——基于浙江省实证研究》,《农村经济与科技》2014年第2期。

[111]肖荣荣、任大鹏:《合作社资本化的解释框架及其发展趋势——基于资本短缺视角》,《农业经济问题》2020年第7期。

[112]肖云、陈涛、朱治菊:《农民专业合作社成员“搭便车”现象探究——基于公共治理的视角》,《中国农村观察》2012年第5期。

[113]谢平:《中国农村信用合作社体制改革的争论》,《金融研究》2001年第1期。

[114]熊万胜:《合作社:作为制度化进程的意外后果》,《社会学研究》2009年第5期。

[115]徐建春、李长斌、徐之寒、李翠珍:《农户加入土地股份合作社意愿及满意度分析——基于杭州4区387户农户的调查》,《中国土地科学》2014年第10期。

[116]徐旭初、黄祖辉:《转型中的供销社——问题、产权与演变趋势》,《浙江大学学报(人文社会科学版)》2006年第3期。

[117]徐旭初:《大家伙儿合起来商量着做些事》,《中国农民合作社》2016年第9期。

[118]徐旭初:《农民合作社发展中政府行为逻辑:基于赋权理论视角的讨论》,《农业经济问题》2014年第1期。

[119]徐旭初:《农民专业合作:基于组织能力的产权安排——对浙江省农民专业合作社产权安排的一种解释》,《浙江学刊》2006年第3期。

[120]徐旭初:《如何看待没有“惠顾”的惠顾问题》,《中国农民合作社》2018年第

8期。

[121]徐旭初:《谈谈合作社的真假:先谈“理想类型”》,《中国农民合作社》2015年第11期。

[122]徐旭初:《再谈土地股份合作社》,《中国农民合作社》2019年第7期。

[123]徐祎飞、李彩香、姜香美:《计划行为理论(TPB)在志愿服务行为研究中的应用》,《人力资源管理》2012年第11期。

[124]徐勇:《村民自治的成长:行政放权与社会发育——1990年代后期以来中国村民自治发展进程的反思》,《华中师范大学学报(人文社会科学版)》2005年第2期。

[125]徐志刚、谭鑫、廖小静:《农民合作社核心成员社会资本与政策资源获取及成员受益差异》,《南京农业大学学报(社会科学版)》2017年第6期。

[126]许建明:《政府如何科学有效扶持合作社发展》,《中国农民合作社》2016年第10期。

[127]薛建良、朱守银:《转型中的“仁发农业经营模式”:压力与突破——基于克山县仁发现代农机专业合作社的分析》,《当代经济管理》2018年第2期。

[128]闫岩:《计划行为理论的产生、发展和评述》,《国际新闻界》2014年第7期。

[129]杨灿君:《“能人治社”中的关系治理研究——基于35家能人领办型合作社的实证研究》,《南京农业大学学报(社会科学版)》2016年第2期。

[130]杨广勇、杨林:《财政涉农资金整合解决农业增产不增收问题了吗?——基于中部A省51个县域数据的双重差分检验》,《中国经济问题》2020年第6期。

[131]杨瑞龙、周业安:《一个关于企业所有权安排的规范性分析框架及其理论含义——兼评张维迎、周其仁及崔之元的一些观点》,《经济研究》1997年第1期。

[132]杨小凯:《企业理论的新发展》,《经济研究》1994年第7期。

[133]易棉阳、陈俭:《中国农村信用社的发展路径与制度反思》,《中国经济史研究》2011年第2期。

[134]应瑞瑶、唐春燕、邓衡山、徐志刚:《成员异质性、合作博弈与利益分配——一个对农民专业合作社盈余分配机制安排的经济解释》,《财贸研究》2016年第3期。

[135]应瑞瑶:《合作社的异化与异化的合作社——兼论中国农业合作社的定位》,《江海学刊》2002年第6期。

[136]应瑞瑶:《论农业合作社的演进趋势与现代合作社的制度内核》,《南京社会科学》2004年第1期。

[137]袁惠民:《把示范社建设作为开展工作的重要抓手和新的平台》,《中国农民合作社》2009年第4期。

[138]苑鹏、曹斌:《“空壳社”的解题思路》,《决策》2020 年第 Z1 期。

[139]苑鹏、刘凤芹:《美国政府在发展农民合作社中的作用及其启示》,《农业经济问题》2007 年第 9 期。

[140]苑鹏:《〈农民专业合作社法〉颁布后的新动向及相关建议》,《中国经贸导刊》2008 年第 1 期。

[141]苑鹏:《发展农民专业合作组织推进农村小康社会建设——对供销社领办的两家农民专业合作社的个案分析》,《经济研究参考》2003 年第 43 期。

[142]苑鹏:《关乎合作社发展的两大问题:合作社性质以及合作社与政府的关系》,《中国合作经济》2009 年第 10 期。

[143]苑鹏:《基层供销社领办专业合作社与龙头企业领办有何不同?》,《中国合作经济》2007 年第 12 期。

[144]苑鹏:《农民专业合作经济组织:农业企业化的有效载体》,《农村经营管理》2003 年第 5 期。

[145]苑鹏:《农民专业合作社联合社发展的探析——以北京市密云县奶牛合作联社为例》,《中国农村经济》2008 年第 8 期。

[146]苑鹏:《农民专业合作组织的财政扶持政策研究》,《学习与实践》2009 年第 8 期。

[147]苑鹏:《试论合作社的本质属性及中国农民专业合作经济组织发展的基本条件》,《农村经营管理》2006 年第 8 期。

[148]苑鹏:《试论合作社与股份公司的本质区别与相互联系》,《农村经营管理》2007 年第 2 期。

[149]苑鹏:《中国农村市场化进程中的农民合作组织研究》,《中国社会科学》2001 年第 6 期。

[150]苑鹏:《专业合作社成为大兴区建设现代生猪产业的排头兵——“大兴”养猪业的领头合作社》,《中国合作经济》2008 年第 5 期。

[151]张冬平、丁鹭、夏海龙:《基于 Logit 模型下农民加入专业合作社的意愿分析》,《河南农业大学学报》2007 年第 3 期。

[152]张高亮、张璐璐、邱咸、朱文征:《基于计划行为理论的渔民参与专业合作组织行为的产生机理》,《农业经济问题》2015 年第 8 期。

[153]张林、温涛:《农村金融发展的现实困境、模式创新与政策协同——基于产业融合视角》,《财经问题研究》2019 年第 2 期。

[154]张红霞、谢毅:《动机过程对青少年网络游戏行为意向的影响模型》,《心理

学报》2008年第12期。

[155]张梅、杨志勇、高志杰:《农机合作社的管理机制和模式——来自法国和加拿大的经验》,《世界农业》2016年第2期。

[156]张梅、杨志勇、高志杰:《现代农机合作社政府管理的绩效评价——基于黑龙江省44家现代农机合作社的调查》,《农业经济与管理》2016年第3期。

[157]张明林、付春:《集体选择、智猪博弈与农业组织的合作机制研究——一个林业合作社的例子》,《商业研究》2006年第6期。

[158]张启文、周洪鹏、吕拴军、胡乃鹏:《农户参与合作社意愿的影响因素分析——以黑龙江省阿城市料甸乡为例》,《农业技术经济》2013年第3期。

[159]张维迎、余晖:《西方企业理论的演进与最新发展》,《经济研究》1994年第11期。

[160]张晓山:《促进以农产品生产专业户为主体的合作社的发展——以浙江省农民专业合作社的发展为例》,《中国农村经济》2004年第11期。

[161]张雪莲、冯开文:《农民专业合作社决策权分割的博弈分析》,《中国农村经济》2008年第8期。

[162]张耀文、郭晓鸣:《农民合作社的产业链整合能否促进社员参与?——兼论合作效率与公平之间的转化平衡》,《农业技术经济》2023年第11期。

[163]张自然、魏晓妹:《城市化水平与产业结构演化的国际比较——基于38个国家和地区的数据》,《北京工商大学学报(社会科学版)》2015年第2期。

[164]赵鼎新:《社会科学研究的困境:从与自然科学的区别谈起》,《社会学评论》2015年第4期。

[165]赵建欣:《农户安全蔬菜供给决策机制研究》,浙江大学2008年博士学位论文。

[166]赵铁桥:《对社区合作社若干问题的认识》,《中国农村经济》1991年第10期。

[167]赵晓峰、付少平:《多元主体、庇护关系与合作社制度变迁——以府城县农民专业合作社的实践为例》,《中国农村观察》2015年第2期。

[168]赵晓峰:《合作社中骨干社员与普通社员的关系研究——以新型农民合作社的生命周期为视角》,《中共天津市委党校学报》2015年第6期。

[169]赵晓峰:《农民专业合作社制度演变中的“会员制”困境及其超越》,《农业经济问题》2015年第2期。

[170]赵杨、王林、时勘:《微博网民情绪敏感度、行为意向与执行意向的关系》,

《心理与行为研究》2015 年第 1 期。

[171]浙江省农业农村厅合作经济指导处:《浙江省泰顺县 10 项措施目标准,“空壳社”注销不再难》,《农业机械》2019 年第 10 期。

[172]周波、刘小春、万洁:《农户参与专业合作社意愿和认知程度实证分析》,《江西农业大学学报(社会科学版)》2010 年第 1 期。

[173]周慧颖、王杰、张辉:《农民专业合作社必须从精英治理向合意治理变革》,《农业经济问题》2019 年第 6 期。

[174]周振、孔祥智:《盈余分配方式对农民合作社经营绩效的影响——以黑龙江省克山县仁发农机合作社为例》,《中国农村观察》2015 年第 5 期。

[175]朱哲毅、邓衡山、应瑞瑶:《价格谈判、质量控制与农民专业合作社农资购买服务》,《中国农村经济》2016 年第 7 期。

三、英文

[1]Ajzen I.,“From intentions to actions: A theory of planned behavior”, In: Kuhl J., Beckman J.(Eds.), *Action Control: From Cognition to Behavior*. Heidelberg, Springer-Verlag, 1985.11-39.

[2]Ajzen I.,“The theory of planned behavior”, *Organizational Behavior and Human Decision Processes*, 1991, 50(2).

[3]Alchian A.A., Demsetz H.,“Production, information costs, and economic organization”, *The American Economic Review*, 1972, 62(5).

BarzelY.,“Economic analysis of property rights”, *Cambridge University Press*, 1989.

[4]Bayard B., Jolly C., “Environmental behavior structure and socio-economic conditions of hillside farmers: A multiple-group structural equation modeling approach”, *Ecological Economics*, 2007, 62(5).

[5]Bergevoet R., Ondersteijn C., Saatkamp H., Woerkum C., Huirnea R., “Entrepreneurial behavior of Dutch dairy farmers under a milk quota system: goals, objectives and attitude”, *Agricultural Systems*, 2004, 80(1).

[6]Chaddad F., Iliopoulos C.,“Control Rights, Governance, and the Costs of Ownership in Agricultural Cooperatives”, *Agribusiness*, 2013, 29(1).

[7]Chaddad F. R., Cook M. L., “Understanding New Cooperative Models: An Ownership-Control Rights Typology”, *Review of Agricultural Economics*, 2004, 26(3).

[8]Cheung S.N.S.,“The Contractual Nature of the Firm”, *The Journal of Law and Eco-*

nomics,1983,26(1).

[9]Cheung,S.N.S.,"Theory of Share Tenancy with Special Application to Asian Agriculture and the First Phase of Taiwan Land Reform",*International Affairs*,1969,47(1).

[10]Coase R.H.,"The Nature of the Firm",*Econmica*,1937,4(16).

[11]Cook M.L.,Iliopoulos C.,"Ill-Defined Property Rights in Collective Action:The Case of US Agricultural Cooperatives",In:Ménard C(Ed.),*Institutions,contracts,and organizations:perspectives from new institutional economics*,Edward Elgar Publishing Limited,2000.

[12]Cook M.L.,"The Future of US Agricultural Cooperatives:A Neo - Institutional Approach",*American Journal of Agricultural Economics*,1995,77(5).

[13]Dow G.K.,"Why Capital Hires Labor:A Bargaining Perspective",*The American Economic Review*,1993,83(1).

[14]Fishbein M.,Ajzen I.,*Belief, attitude, intention, and behavior:An introduction to theory and research*,Addison-Wesley Publishing Company,1975.

[15]Fishbein M.,"An investigation of the relationships between beliefs about an object and the attitude toward that object",*Human Relations*,1963,16(3).

[16]FitzRoy F.R.,Mueller D.C.,"Cooperation and conflict in contractual organizations",*Quarterly Review of Economics and Business*,1984,24(4).

[17]Fulton M.,"The future of Canadian agricultural cooperatives:a property rights approach",*American journal of agricultural economics*,1995,77(5).

[18]Gollwitzer P.M.,Sheeran P.,"Implementation intentions and goal achievement:A meta-analysis of effects and processes",*Advances in Experimental Social Psychology*,2006,38(5).

[19]Grashuis J.,Cook M.L.,"Farmer cooperatives as systems of attributes:An analysis of ownership and investment complementarities",In:Hendrikse GWJ,Gérard Cliquet G,Thomas Ehrmann T,Windsperger J(Eds.),*Management and Governance of Networks:Franchising,Cooperatives,and Strategic Alliances*,Springer Cham,2017.

[20]Grashuis J.,"Joint ownership by farmers and investors in the agri-food industry:an exploratory study of the limited cooperative association",*Agricultural and Food Economics*,2018,6(1).

[21]Grossman S.J.,Hart O.D.,"The costs and benefits of ownership:A theory of vertical and lateral integration",*Journal of political economy*,1986,94(4).

[22]Hansmann H.,"A reform agenda for the law of nonprofit organizations",*Stiftung-*

srecht in Europa,2001,4(3).

[23]Hansmann H.,*The ownership of enterprise*,Harvard University Press,1996.

[24]Hart O.,Moore J.,"The governance of exchanges: members' cooperatives versus outside ownership",*Oxford review of economic policy*,1996,12(4).

[25]Hart O.,Moore J.,"Property Rights and the Nature of the Firm",*Journal of Political Economy*,1990,98(6).

[26]Helmberger P.H.S.,"Cooperative enterprise and organization theory",*Journal of Farm Economics*,1962,44(2).

[27]Iliopoulos C.N.,"Public Policy Support for Agricultural Cooperatives: An Organizational Economics Approach",*Annals of Public and Cooperative Economics*,2013,84(3).

[28]Iliopoulos C.N.,"Support for Farmers' Cooperatives Country Report Greece",Wageningen UR,2012.

[29]Klein B,Crawford R.G.,Alchian A A,"Vertical integration,appropriable rents,and the competitive contracting process",*The Journal of Law and Economics*,1978,21(2).

[30]Maskur A.,"Local Government Action for Developing Primary Cooperatives in Indonesia",*Social and Behavioral Sciences*,2016,219(5).

[31]Ondersteijn C.J.M.,Giesena G.W.J.,Huirnea R.B.M.,"Identification of Farmer Characteristics and Farm Strategies Explaining Changes in Environmental Management and Environmental and Economic Performance of Dairy Farmers",*Agricultural System*,2003,78(1).

[32]Reynolds B.J.,"A Property Rights Approach to Preserving Subsidized Multifamily Rural Housing with Cooperatives",*NCERA* 194 *Annual Meeting*,2005.

[33]Rhodes V.J.,"The large Agricultural Cooperative as a Competitor",*American Journal of Agricultural Economics*,1983,65(5).

[34]Ribašauskienė E.,Šumylė D.,Volkov A.,Baležentis T.,Štreimikienė D.,Mork-unas M.,"Evaluating Public Policy Support for Agricultural Cooperatives",*Sustainability*,2019,11(14).

[35]Robotka F.,"A Theory of Cooperation",*American Journal of Agricultural Economics*,1947,29(1).

[36]Scott J. H.,"A Theory of Optimal Capital Structure",*The Bell Journal of Economics*,1976,7(1).

[37]Porter P.K.,Scully G.W.,"Economic Efficiency in Cooperatives",*The Journal of

Law and Economics, 1987, 30(2).

[38] Sexton R.J., "Imperfect Competition in Agricultural Markets and the Role of Cooperatives: A Spatial Analysis", *American Journal of Agricultural Economics*, 1990, 72(3).

[39] Sexton R.J., "The Formation of Cooperatives: a Game-theoretic Approach with Implications for Cooperative Finance, Decision Making, and Stability", *American Journal of Agricultural Economics*, 1986, 68(2).

[40] Staatz J.M., "Cooperative as a Coalition: a Game-theoretic Approach", *American Journal of Agricultural Economics*, 1983, 65(5).

[41] Staatz J.M., "Farmers'Incentives to Take Collective Action via Cooperatives: a Transaction Cost Approach", In: Condon A.M.W., Rhodes V.J., Shaffer J.D., Staatz J.M., (Eds.), *Cooperative Theory: New Approaches*, Report, 1987, 87–107.

[42] Stefanson B., Fulton M.E., "New generation co-operatives: Responding to changes in agriculture", Miscellaneous Publications, 1997.

[43] Williamson O.E., "The economics of organization: The Transaction Cost Approach", *American Journal of Sociology*, 1981, 87(3).

[44] Zusman P., "Constitutional Selection of Collective-choice Rules in a Cooperative Enterprise", *Journal of Economic Behavior & Organization*, 1992, 17(3).

[45] Zusman P., "Public policy for agriculture: the Role of Constitutions, Institutions and Political Economy", Proceedings of The Twenty-second International Conference of Agricultural Economists, 1995.

责任编辑：柴晨清
封面设计：石笑梦
版式设计：胡欣欣

图书在版编目(CIP)数据

我国农民专业合作社规范化问题研究 / 马彦丽著. 北京 ：人民出版社，2024. 10. -- ISBN 978 - 7 - 01 - 027014 - 2

Ⅰ. F321. 42-65

中国国家版本馆 CIP 数据核字第 2024GE9214 号

我国农民专业合作社规范化问题研究

WOGUO NONGMIN ZHUANYE HEZUOSHE GUIFANHUA WENTI YANJIU

马彦丽 著

人民出版社 出版发行
（100706 北京市东城区隆福寺街 99 号）

北京九州迅驰传媒文化有限公司印刷 新华书店经销

2024 年 10 月第 1 版 2024 年 10 月北京第 1 次印刷
开本:710 毫米×1000 毫米 1/16 印张:14. 5
字数:365 千字

ISBN 978 - 7 - 01 - 027014 - 2 定价:79.00 元

邮购地址 100706 北京市东城区隆福寺街 99 号
人民东方图书销售中心 电话 (010)65250042 65289539